KB161017

공동주택 법령에 관한

정부유권해석 해설

– 입주자대표회의 구성 · 운영을 중심으로 –

공동주택 법령에 관한

정부유권해석 해설

– 입주자대표회의 구성 · 운영을 중심으로 –

이 강 섭

머리말

•

•

•

우리나라 주거형태에서 공동주택이 약 70퍼센트를 차지한다고 한다. 그만큼 우리의 일상생활은 공동주택을 중심으로 돌아가고 있다고 해도 과언이 아니다. 그러다 보니 공동주택을 둘러싼 민원과 분쟁도 자주 발생한다. 그중 가장 빈도가 높은 분야가 공동주택 법령에 규정되어 있는 입주자대표회의 구성·운영과 관련된 아파트 입주민들 사이의 갈등일 것이다. 본서는 이러한 사례들에 대한 정부의 유권해석을 소개하고 각 유권해석 사례에 대한 심층적인 해설을 제공한다.

여기서 정부의 유권해석이라는 용어에 대해서는 설명이 필요하다. 법제처는 행정부의 최종적인 유권해석기관이다. 이 말은 예컨대, 국토교통부가 소관 법령을 해석하면서 의문이 있는 경우, 혹은 해석을 이미 했는데 그 해석이 잘못된 것 아니냐는 외부로부터의 의문이 제기될 때에 최종적으로 법제처가 권위 있는 해석을 내리게 된다는 뜻이다. 이것이 법제처의 유권해석을 정부유권해석이라고 칭하는 이유이고, 본서가 법제처에서 행한 유권해석을 그 연구대상으로 삼은 이유이다.

본서를 내기 위해서 법제처가 그동안 행한 정부유권해석 사례를 전부 조사하여 입주자대표회의 구성과 운영에 관한 사례를 수집하였다. 예상했던 대로 공동주택 법령에 관한 전체 정부유권해석 중 입주자대표회의와 관련한 유권해석 사례가 가장 많았다. 그런 다음 유권해석 결과를 반영하여 법령이 개정되거나 정비된 사례는 제외하고(다만, 법령해석의 원칙을 제시할 수 있거나 향

후 유사한 사례 발생 시에 참조할 만하다고 판단한 해석 사례는 포함시켰다), 주제별로 모든 사례를 분류하였다. 각 사례에 대해 예시 상황을 구성하여 무엇이 쟁점이 되어 유권해석에까지 이르게 되었는지를 한눈에 파악할 수 있게 하였다. 아울러 각각의 사례별로 그 질의가 나오게 된 배경을 서술하였다. 질문이 있다는 것은 답변도 시각에 따라서 다를 수 있다는 얘기가 되므로 제기된 질의에 대해 주장할 수 있는 의견은 어떤 것이 있을 수 있는지도 기술하였다. 마지막으로 최종 유권해석의 내용과 그에 대한 필자의 해설을 달았다.

본서가 일선에서 민원을 다루는 공무원 및 입주자대표회의 구성, 운영에 관련된 의문이 있는 분들에게 도움을 줄 수 있는 길라잡이가 되기를 기대한다.

끝으로 이 책의 발간에 즈음하여 지금의 나를 있게 하신 부모님(故 이은학 장로님, 故 최윤숙 권사님), 든든한 후원자이신 장인, 장모님(한우동 장로님, 이월자 권사님), 그리고 아내 한송이, 큰딸 故 이수아, 막내딸 이수지에게 존경과 감사와 사랑의 인사를 드린다.

2022년 봄
清史 李 康 爕

목차

·
·
·

PART I

정부유권해석 제도 개관

제1장 **법령해석의 의의**

제2장 **법령해석 실무**

PART II

입주자대표회의 구성·운영에 관한
정부유권해석 사례 해설

Part I

정부유권해석
제도 개관

여기에서는 입주자대표회의의 구성·운영에 관련된 개별적인 정부유권해석 사례를 설명하기에 앞서 정부유권해석이란 무엇인지 그 개념과 중요성에 대하여 살펴보고 법제처가 행하는 정부유권해석의 실무에 대해 소개하고자 한다.[1]

---

1 법제처의 법령해석 업무편람을 참조하였다.

제1장
법령해석의 의의

1. 법령해석의 개념

　법령해석이란 법령이 객관적 타당성과 법적 안정성을 유지할 수 있도록 법령의 표준적 의미를 밝히는 것을 말한다.[2] 법령해석은 그 주체가 누구인지에 따라 입법기관, 즉 국회가 특정한 법규의 내용이나 의미를 법규 형식으로 밝히는 입법해석, 법원이나 헌법재판소가 구체적 쟁송을 해결하는 과정에서 법령의 의미를 밝히는 사법해석, 그리고 행정기관이 소관 법령의 집행관청으로서 직접 하거나 또는 상급관청이 하급관청에 대한 회답, 훈령 형식으로 법령의 의미를 밝히는 행정해석으로 구분된다. 이 중 행정해석은 다시 그 법령 소관 행정기관(예컨대, 해석 대상이 「공동주택관리법」이라면 국토교통부장관)이 1차적으로 수행하는 법령해석과 법제처(예외적으로 민형사 분야 법령의 경우 법무부)가 2차적으로 수행하는 법령해석(이하 "정부유권해석"이라 한다)으로 구분된다.

---

2 대법원 2009. 4. 23. 선고 2006다81035 판결례 참조.

2. 행정기관의 1차적 법령해석

일선 행정기관은 각종 인·허가업무 등 법령을 집행하는 과정에서 그 해석·적용에 의문이 있으면 법령 소관 중앙행정기관이나 정부유권 해석기관(법제처)에 질의하여 회신을 받은 후 업무를 집행하고 있고, 민원인 등이 법령에 대한 의문이 있어 행정기관에 질의하는 경우 그에 답변하는 것은 행정기관의 의무라는 점에서 행정해석은 매우 중요하다.

공무원에게는 법령을 준수하고 성실히 직무를 수행해야 할 의무가 있으며 이를 위반하면 징계를 받게 된다. 특히 일선 지방자치단체 공무원이 법령 소관 중앙행정기관 또는 정부유권해석기관의 법령해석 지침이나 질의회신을 따르지 않은 경우 중앙행정기관의 감독기능과 감사원의 감사기능 등을 통해 징계 책임을 질 수 있다.[3] 한편, 공무원이 행정업무를 수행함에 있어 나름대로 신중을 기하여 합리적인 근거를 찾아 법령해석을 하고 거기에 근거하여 집행을 했다면 「국가배상법」상의 고의·과실이 인정되지 않아 손해배상책임을 면할 수도 있다.[4] 그러나 손해배상책임을 면한다고 하여 잘못된 행정처분이 적법한 것이 되거나 그로 인해 국민이 입은 피해가 당연히 회복되는 것은 아니다. 그렇기 때문에 공무원에게는 부단히 법령해석과 집행에 대한 관심과 주의를 가지고 최선의 행정을 할 수 있도록 노력해야 할 의무가 있다.

---

3 대법원 1991. 5. 10. 선고 91누2090 판결례 및 대법원 1986. 2. 11. 선고 85누849 판결례 참조.

4 대구지방법원 2007. 5. 16. 선고 2006나15517 판결례 참조.

3. 법제처의 2차적 법령해석

가. 정부유권해석의 의미

원칙적으로 행정기관의 1차적 법령해석은 행정쟁송으로 발전되지 않는 한 최종적이고 확정적인 해석이 되지만, 행정기관도 법령조문의 모호, 전문 법률 지식 부족 등으로 인해 법령해석을 할 때 분명하게 결론을 내리기 어려울 때가 있다. 이와 같이 행정기관이 법령을 집행하기 위한 전제로서 법령해석을 할 때 의문이 있거나 해당 법령과 관련된 행정기관 간에 서로 법령해석이 다른 경우에 정부 견해의 통일을 위하여 2차적으로 정부 전체 차원에서 법령해석에 대한 전문적인 의견을 제시하는 것이 정부유권해석이다.

현재 정부유권해석은 법무부가 수행하는 민사 · 상사 · 형사, 행정소송, 국가배상 관계 법령 및 법무부 소관 법령과 다른 법령의 벌칙조항에 대한 해석을 제외하고는 정부입법의 총괄기관인 법제처에서 이를 수행하고 있다.[5] 하지만, 우리나라 5,000여 건의 법령 중 90퍼센트 이상이 행정관련(즉, 법무부 소관의 민형사 분야가 아닌) 법령이고 각 중앙행정기관의 정책집행이나 일반 국민들의 일상생활과 밀접한 연관이 있는 법령도 대부분 행정관련 법령이기 때문에 일반적으로 정부유권해석이라고 하면 법제처가 행하는 유권해석을 의미한다.

---

5 「법제업무 운영규정」 제26조제1항 참조.

나. 정부유권해석의 기속력

행정기관인 법제처의 정부유권해석은 법원의 사법해석과 달리 관계 행정기관을 법적으로 구속하는 효력은 없다.

그러나 정부유권해석은 국법 체계 전반의 법령해석에 관하여 정부 견해의 통일을 기하고 일관성 있는 행정운영을 도모하기 위해 대통령 내지 국무총리의 행정각부 통할권에 기초하여 법제사무를 전문적으로 관할하는 법제처에 부여된 권한이므로 관계 행정기관이 정부유권해석과 달리 집행할 경우 감사원의 감사 등을 통한 책임 문제가 제기될 수 있기 때문에 정부유권해석은 대통령에 소속된 행정기관 전체에 대해 사실상의 구속력을 가진다고 볼 수 있다.

제2장

법령해석 실무

1. 정부유권해석의 요청

정부유권해석 요청의 요건

① 적법한 법령해석 요청 주체가,
② 적법한 법령해석 대상(법령)에 대하여,
③ 적법한 양식(법령해석요청서)을 갖추어,
④ 적법한 절차에 따라 요청

가. 정부유권해석 요청 주체

1) 중앙행정기관의 장

법제처에 법령해석을 요청할 수 있는 "중앙행정기관의 장"은 "부, 처, 청" 및
"합의제행정기관(위원회)⁶의 장"이다.

---

6 방송통신위원회, 공정거래위원회, 금융위원회, 국민권익위원회 등이 그 예이다. 이러한 합의제행정기관이 아닌 그 밖의
위원회(의결기관인 위원회, 자문위원회 등)는 법령해석 요청권한이 없는데, 외관상 중앙행정기관인 위원회인지 그 밖의 위
원회인지 구분되지 않는 경우가 많으므로 개별적인 검토가 필요하다.

중앙행정기관의 장은 소관 법령을 운영·집행하는 과정에서 해석상 의문이 있는 경우에는 법제처에 법령해석을 요청할 수 있고,[7] 자기 소관이 아닌 다른 중앙행정기관 소관 법령에 대해서도 필요하다면 해석요청을 할 수 있는데(예: 행정안전부장관이 국토교통부장관 소관의 「건축법」에 대하여 해석요청), 다만 이 경우에는 해당 법령 소관 중앙행정기관의 장(예: 「건축법」의 경우 국토교통부장관)의 의견을 먼저 들어야 한다.[8]

중앙행정기관의 소속기관, 산하기관 등은 직접 법령해석을 요청할 수 없으므로 법령해석이 필요한 경우 중앙행정기관의 해당 부서에 해석요청을 하도록 해야 한다. 하지만 그 소속기관이 중앙행정기관(예: 농림축산식품부 소속 산림청)이라면 직접 법제처에 해석요청을 할 수 있다.

관련 실무: 중앙행정기관 요청 안건 중 반려 대표 사례

☑ 중앙행정기관의 소속기관 명의로 해석 요청하는 경우
☑ 다른 중앙행정기관 소관 법령에 대하여 해당 중앙행정기관의 의견을 듣지 않은 경우

---

2) 지방자치단체의 장

법제처에 법령해석 요청을 할 수 있는 지방자치단체의 장은 「지방자치법」 제2조에 따른 지방자치단체[특별시, 광역시, 특별자치시, 도, 특별자치도, 시, 군, 구(자치구를 말함)]의 장을 말한다. 다만 지방자치단체의 교육·학예에 관한 사무에 대해서는 "교육감"이 "지방자치단체의 장"의 지위에 있다고 볼 수 있으

---

7 「법제업무 운영규정」 제26조제1항 참조.

8 「법제업무 운영규정」 제26조제2항 참조.

므로,[9] 해당 사무에 대해서는 교육감도 법령해석 요청권이 있다. 다만 시 · 도의 "교육감"이 아닌 기초자치단체의 교육(지원)청 "교육장"은 지방자치단체의 장에 해당하지 아니하여 직접 법령해석을 요청할 수 없으므로 교육감을 통하여 법령해석을 요청하여야 한다.

지방자치단체의 장은 법령해석기관에 법령해석을 요청하려면 그 법령 소관 중앙행정기관의 장에게 법령해석을 요청하여 회신을 받아야 한다.[10] 이 경우 지방자치단체의 장은 중앙행정기관의 장의 회신 내용이 불명확(회신은 있으나 사실상 의견이 없는 경우를 포함함)하거나 잘못되었다고 판단되는 경우에는 그 회신 내용을 첨부하여 법령해석기관에 법령해석을 요청할 수 있고, 중앙행정기관의 장이 법령해석을 요청받고도 1개월 이내(특별한 사유가 있는 경우에는 그 지연사유를 통보함으로써 1회에 한하여 연장할 수 있음)에 회신을 하지 아니하는 경우에는 법령 소관 중앙행정기관의 장의 회신내용을 첨부하지 아니할 수 있다.[11]

관련 실무: 지방자치단체 요청 안건 중 반려 · 이송 대표 사례

☑ 지방자치단체의 소속기관 명의로 해석 요청하는 경우

☑ 법령 소관 중앙행정기관의 회신 기간(1개월, 연장한 경우에는 2개월)을 경과하지 않았음에도 법령 소관 중앙행정기관의 해석을 첨부하지 않고 해석 요청한 경우.

☑ 법령 소관 중앙행정기관의 회신 기간(1개월, 연장한 경우에는 2개월)을 경과하였다는 이유로 해석 요청하였으나 회신 기간이 경과하였음을 입증하는 서류를 첨부하지 않고 해석 요청한 경우

---

9 「지방자치법」 제121조 및 「지방교육자치에 관한 법률」 제3조 · 제18조 참조.

10 「법제업무 운영규정」 제26조제3항 참조.

11 「법제업무 운영규정」 제26조제4항 참조.

3) 민원인

민원인은 법제처에 법령해석을 요청하기 전에 법령 소관 중앙행정기관의 장(예:「건축법」의 경우에는 국토교통부장관)에게 법령해석을 요청하여 법령해석을 받아야 하고, 그 해석이 법령에 위반된다고 판단되는 경우 해당 중앙행정기관의 장에게 법제처에 법령해석을 요청하도록 의뢰하거나 중앙행정기관의 장의 법령해석 의견을 덧붙여 직접 법제처에 해석을 요청할 수 있다.[12]

민원인으로부터 법령해석 요청을 의뢰받은 중앙행정기관의 장은 민원인에게 회신한 내용(민원인의 법령질의 사항을 포함한다)에 추가할 의견이 있는 경우 그 의견을 첨부하여 지체 없이 법제처에 법령해석을 요청해야 하고, 다만 법령해석 요청 기준에 맞지 않는 경우 등「법제업무 운영규정」제26조제8항 각 호의 어느 하나에 해당하는 경우에는 법령해석을 요청하지 않을 수 있다.

법제처는 법령해석을 요청받은 경우 그 사안이 법령해석 요청 기준에 맞지 않는 사유가 있는 경우에는 이를 반려한다.

관련 실무: 민원인 요청 안건 중 반려 · 이송 대표 사례

☑ 민원인이 법령 소관 중앙행정기관의 장에게 법령해석을 요청하여 법령해석을 받지 않고 직접 법제처에 법령해석을 요청한 경우

☑ 지방자치단체 소속 공무원이 지방자치단체 내부의 결재를 거치지 않고 민원인 형식으로 직접 해석을 요청한 경우. 다만, 공무원 개인의 인사 · 보수 등과 관련되어 공무원이 개인 신분으로 요청할 수밖에 없는 경우는 제외

12「법제업무 운영규정」제26조제7항 참조.

4) 정부유권해석 요청 주체와 관련된 쟁점

먼저 정부유권해석은 행정기관이 법령을 해석·집행하는 과정에서 의문이 생기거나 행정기관 간에 해석이 다른 경우에 정부 견해의 통일을 기하기 위한 것이므로 정부에 속하지 않는 국회(중앙선거관리위원회, 헌법재판소, 법원 등 정부에 속하지 않는 다른 헌법기관의 경우도 같다)는 이 제도의 이용대상이 아니다.

다음으로 지방자치단체가 법제처에 정부유권해석을 요청할 때에는 해당 지방자치단체의 장의 명의로 하도록 되어 있기 때문에 지방의원이나 지방의회는 직접 법제처에 법령해석을 요청할 수 없고 지방자치단체의 장에게 법제처에 해석을 요청하도록 의뢰해야 한다.

나. 정부유권해석 대상

1) 정부유권해석의 대상

정부유권해석의 대상은 정부 소속 중앙행정기관이 소관하는 협의의 "법령", 즉 "법률·대통령령·총리령 및 부령"으로 한정된다.[13] 따라서 법령에 해당하더라도 정부 소속이 아닌 다른 헌법기관이 소관하는 법령(예: 국회 소관 「국회법」)은 정부유권해석의 대상에서 제외되고 해당 헌법기관이 최종적 해석권한을 가지게 된다.

---

13 「법제업무 운영규정」 제2조 참조.

2) 행정규칙의 해석 문제

중앙행정기관의 장은 소관 훈령·예규 등의 행정규칙을 운영·집행하는 과정에서 해석상 의문이 있는 경우 법제처에 소관 훈령·예규 등의 해석을 요청할 수 있다.[14] 즉, 행정규칙에 대한 해석요청은 중앙행정기관만이 가능하다.

3) 자치법규에 대한 해석 문제

지방의회 또는 지방자치단체의 장에 의해 제정되는 자치법규(조례·규칙)의 경우도 상위 법령과의 관계에서 위임한 법령과 일체가 되어 하나의 법령을 구성한다고 볼 수 있는 위임조례(규칙)의 경우에도 조례 자체에 대한 해석이 아닌 상위 법령에 대한 해석이 되는 경우 법령해석이 가능하다. 다만, 해당 자치법규 내의 상호적인 규정이나 문언에 대한 해석 등은 법제처 정부유권해석의 범주에 포함되지 않는다. 이처럼 정부유권해석의 대상에 해당하지 않는 자치법규의 해석이 문제 되는 경우 법제처에서 운영하고 있는 자치법규 의견제시 제도[15]를 이용할 수 있다.

다. 법령해석요청서

법제처에 법령해석을 요청하는 경우에는 법령해석요청서[해당 서식은 법제처 정부입법지원센터(https://www.lawmaking.go.kr/)에서 다운로드받을 수 있

---

14 「법제업무 운영규정」 제26조의2 참조.

15 법제처에서는 지방자치단체가 자치법규를 입안하는 과정에서 상위 법령 위반 여부의 확인 또는 입법기술상의 지원이 필요하거나 자치법규를 집행하는 과정에서 자치법규 자체의 해석에 의문이 있는 경우 지방자치단체의 요청을 받아 자치법규의 입안과 해석을 지원하는 "자치법규 의견제시 제도"를 운영하고 있다.

다. 해당 서식에는 법령해석요청 체크리스트가 첨부되어 있는데 이를 꼼꼼히 확인하여 해석 요청이 반려되지 않도록 주의할 필요가 있다]를 충실히 작성해야 한다.

1) 기재사항

법령해석요청서 기재사항은 그 요청 주체가 중앙행정기관의 장 또는 지방자치단체의 장인지, 아니면 민원인인지에 따라 조금 다르다. 전자의 경우에는 ① 질의 요지, ② 해석대상 법령조문 및 관련 법령, ③ 대립되는 의견 및 이유, ④ 해석요청기관의 의견, ⑤ 민원인 의뢰 여부, ⑥ 법령 소관 중앙행정기관의 장의 의견을 적고, ⑦ 참고자료를 첨부하도록 하고 있으며, 후자의 경우에는 ① 질의 요지, ② 해석대상 법령조문 및 관련 법령, ③ 대립되는 의견 및 이유, ④ 법령 소관 중앙행정기관의 장의 의견, ⑤ 민원인의 의견 및 이유를 적고, ⑥ 참고자료를 첨부하도록 하고 있다.

2) 작성방법

이때 "질의 요지, 해석대상 법령조문 및 관련 법령, 대립되는 의견 및 이유"란은 법령해석 절차를 진행하기 위해 반드시 필요하고 중요한 내용이므로 해당 사항은 구체적으로 명시해야 한다.[16] 특히 법령해석은 사실관계에 따라 해석대상 법령조항이 달라지는 등 차이가 생길 수 있으므로 해석을 요청하기 전에 문제 되는 사실관계를 명확히 파악한 후[그와 같은 사실관계(질의 배경)는 법령해석요청서의 필수적 기재사항에는 해당하지 않으나 안건의 내용 파악에 도

---

[16] 「법제업무 운영규정 시행규칙」 제22조 참조.

움이 되므로 사안에 따라 필요한 경우에는 이를 상세히 기재하도록 한다] 해당 사실관계에 적용되는 법령을 구체적으로 특정해 질의할 필요가 있고, 대립되는 의견 및 이유에는 그에 대한 법원 또는 학계의 입장·논거와 실무관행 등 법리적·정책적 근거를 구체적으로 밝혀 해석 시 참고할 수 있도록 한다.

"해석요청기관의 의견"란과 "민원인의 의견 및 이유"란에는 "대립되는 의견 및 이유"란에 기재한 각 설 중 어떤 설을 취하고 있는지를 밝히고 추가의견이 있으면 이를 덧붙이는 정도로만 기재해도 된다.

"민원인 의뢰 여부"란은 민원인이 법령 소관 중앙행정기관의 장의 법령해석이 법령을 위반했다고 판단하여 법제처에 법령해석을 의뢰할 것을 법령 소관 중앙행정기관의 장에게 요청하여 법제처에 법령해석이 의뢰되는 사안인 경우 기재하되, 법제처에 법령해석이 의뢰될 때까지의 경과를 간략히 기재한다.

"법령 소관 중앙행정기관의 장의 의견"란은 법령 소관 중앙행정기관의 장이 직접 요청하는 경우에는 기재할 필요가 없고, 중앙행정기관의 장이 다른 중앙행정기관의 장 소관 법령에 대해 해석요청을 하거나 지방자치단체의 장이 해석요청을 하는 경우 또는 민원인이 해석요청을 하는 경우에 「법제업무 운영규정」 제26조제2항·제3항 또는 제9항에 따라 해당 법령 소관 중앙행정기관의 장으로부터 회신받은 내용을 기재하고 공문을 첨부하되, 같은 조 제4항 단서에 따라 해당 법령 소관 중앙행정기관의 장이 지방자치단체의 장으로부터 해석을 요청받고도 1개월(연장 시 2개월) 이내에 회신을 하지 않은 경우에는 간략히 그 경위를 기재하고 1개월(연장 시 2개월) 이내에 회신을 하지 않았음을 입증하는 자료(질의서가 중앙행정기관에 접수된 문서 등)를 첨부한다.

"참고자료"란에는 관련 판결례, 결정례, 해석례, 재결례, 입법례, 입법자료, 자문결과 등을 기재하고 필요한 경우에는 해당 자료를 첨부한다.

라. 정부유권해석 요청 절차

유권해석의 요청 절차를 그 요청 주체에 따라 구분해 보면 아래 표와 같다.

1) 중앙행정기관의 장이 요청하는 경우

2) 지방자치단체의 장이 요청하는 경우

3) 민원인이 요청하는 경우

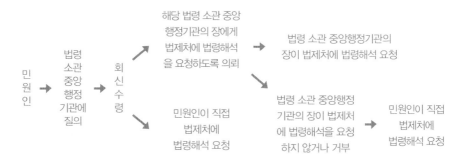

2. 정부유권해석 업무처리

가. 업무처리 절차 개관

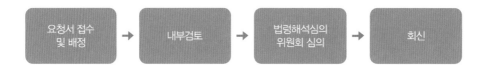

나. 법령해석심의위원회 심의/의결

법제처는 법령해석을 할 때 반드시 법령해석심의위원회의 심의/의결 절차를 거쳐야 하므로,[17] 법령해석 안건은 모두 법령해석심의위원회에 상정하게 된다.

법령해석심의위원회의 회의는 위원장(법제처 차장), 지명위원(법령해석국장) 및 150명 내외의 위촉위원(교수, 변호사 등 법령해석에 관한 지식과 경험이 풍부한 자 중 법제처장이 위촉하는 외부위원을 말한다) 중에서 위원장이 회의 시마다 지정하는 7명의 위원으로 구성(따라서 위원장 포함 총 9명으로 구성)된다. 안건 의결 정족수는 원칙적으로 출석위원 과반수 찬성이지만 지방자치단체의 장이나 민원인이 법령해석을 요청한 안건으로서 법령 소관 중앙행정기관의 장의 당초 회신 내용과 다른 해석을 하려는 경우 등에는 출석위원 6명 이상 찬성이라는 가중 정족수가 적용된다.[18]

---

17 「법제업무 운영규정」 제27조제3항 참조.

18 「법제업무 운영규정」 제27조의2 및 제27조의3 참조.

다. 해석결과 회신

　법령해석심의위원회에서 안건이 의결되면 법령해석 요청자 및 해당 법령 소관 중앙행정기관 등에 회신문이 발송된다. 아울러 법제처는 현재 모든 법령해석 결과를 국가법령정보센터(www.law.go.kr)를 통해 공개하고 있다.

Part Ⅱ

입주자대표회의의
구성·운영에 관한
정부유권해석 사례 해설

제1장
동별 대표자 입후보를 위한 주민등록·거주요건

1	주택소유자의 배우자·직계존비속이 동별 대표자에 입후보하려는 경우 주택소유자도 거주요건을 갖추어야 하는지 (법제처 2012. 5. 11. 회신 12-0080 해석례)

예시 상황[19]

甲 아파트에서 동별 대표자를 선출하려고 하는데 해당 아파트에 거주하고 있는 A가 동별 대표자에 입후보 신청을 하였다. 그런데 A는 해당 아파트의 소유자가 아니고 해당 아파트의 소유자는 이 아파트에 거주하고 있지 않은 A의 남편인 B이다. 아파트 관리소장 C는 남편 B가 주택법령에 따른 거주요건을 갖추지 못하고 있어 동별 대표자로 선출될 수 없는데 B의 대리자에 불과한 A가 동별 대표자에 입후보하여 선출될 수 있는지 의문이 들었다. 이 경우 A는 동별 대표자에 입후보할 수 있을까?

---

19 예시 상황은 독자의 이해를 돕기 위해 해석 사례를 활용하여 재구성한 것으로서 실제 해석 사례의 사실관계와는 차이가 있을 수 있음.

민원인은 동별 대표자에 입후보하려는 주택소유자의 배우자나 직계존비속 외에 주택소유자도 「주택법 시행령」 제50조제3항에 따른 거주요건을 갖추고 있어야 한다고 판단하여 국토해양부[20]에 질의를 하여 그 회신을 받았으나, 이견이 있어 법제처에 직접 법령해석을 요청하게 됨.

질의 요지

「주택법」 제2조제12호다목은 같은 법 제42조부터 제45조까지, 제55조 및 제59조의 경우에는 주택의 소유자 또는 그 소유자를 대리하는 배우자 및 직계존비속을 입주자로 정의하고 있는바, 위 규정에 따라 입주자로서 주택소유자의 배우자나 직계존비속이 「주택법」 제43조 및 같은 법 시행령 제50조에 따라 동별 대표자에 입후보하려는 경우, 입후보하려는 주택소유자의 배우자나 직계존비속 외에 주택소유자도 「주택법 시행령」 제50조제3항에 따른 거주요건(동별 대표자 선출공고일 현재 공동주택단지 안에서 주민등록을 마친 후 계속하여 6개월 이상 거주)을 갖추고 있어야 하는지 여부

주장 가능한 의견

가. 입후보하려는 주택소유자의 배우자나 직계존비속 외에 그 주택소유자도 「주택법 시행령」 제50조제3항에 따른 거주요건을 갖추어야 하는 것은 아님

---

20 현재는 국토교통부로 명칭이 바뀌었다. 이하 본서에서 동일함.

○ 주택소유자의 배우자 등은 동별 대표자 피선자격이 아닌 소유자의 입주자로서의 지위를 대신하는 것임.

○ 주택소유자와 그 주택소유자의 배우자 등은 서로 별도의 입주자로 거주요건은 직접 입후보하는 사람이 갖추어야 하는 것임.

나. 입후보하려는 주택소유자의 배우자나 직계존비속 외에 그 주택소유자도 「주택법 시행령」 제50조제3항에 따른 거주요건을 갖추어야 함

주택의 소유자는 동별 대표자로 선출될 수 없는데, 그 소유자를 대리하는 배우자 등이 동별 대표자로 선출될 수 있다고 보는 것은 타당하지 않음.

최종 해석 내용

가. 결론

입주자로서 주택소유자의 배우자나 직계존비속이 동별 대표자에 입후보하려는 경우, 입후보하는 주택소유자의 배우자나 직계존비속은 「주택법 시행령」 제50조제3항에 따른 거주요건(동별 대표자 선출공고일 현재 해당 공동주택단지 안에서 주민등록을 마친 후 계속하여 6개월 이상 거주)을 갖추고 있어야 하나, 그 주택의 소유자는 위 거주요건을 갖추지 않아도 된다고 할 것입니다.

나. 이유

먼저, 「주택법」 제2조제12호에서는 "입주자"의 정의를 획일적으로 규정하지 않고 같은 호 가목의 경우에는 "주택을 공급받는 자"를, 나목의 경우에는 "주

택의 소유자"를, 또 이 사안에서 문제 되는 다목의 경우에는 "주택의 소유자 또는 그 소유자를 대리하는 배우자 및 직계존비속"을 입주자로 정의하고 있는바, 위 다목에서 입주자의 하나로서 주택소유자를 대리하는 배우자 및 직계존비속을 규정하고 있는 것은 공동주택의 관리·감독 등과 관련된 권리·의무를 주택의 소유자가 직접 행사 또는 이행할 필요가 없거나, 해당 주택에 거주하지 않는 등의 이유로 소유자가 직접 행사 또는 이행할 수 없는 경우 주택의 소유자와 일정한 신분관계가 있는 자 중에서 특히 주택소유자를 대리하는 배우자 및 직계존비속을 입주자로 보아 권리를 행사하거나 의무를 이행하도록 하려는 것입니다.

한편, 「주택법 시행령」 제50조제3항에서는 동별 대표자는 동별 대표자 선출공고일 현재 당해 공동주택단지 안에서 주민등록을 마친 후 계속하여 6개월 이상 거주하고 있는 입주자 중에서 선출하도록 규정하여 동별 대표자가 될 수 있는 적극적 요건으로 거주요건을 규정하고 있는데, 「주택법」 제2조제12호다목에서는 동별 대표자의 선출 등 입주자대표회의의 구성과 관련된 같은 법 제43조의 경우 입주자를 주택의 소유자 또는 그 소유자를 대리하는 배우자 및 직계존비속으로 규정하여 "주택의 소유자"와는 별도로 "주택의 소유자를 대리하는 배우자 및 직계존비속"을 입주자에 포함하고 있고, 특히 「주택법 시행령」 제50조제3항은 입주자 중에서 동별 대표자에 입후보하려는 자의 거주요건을 규정한 것이므로, 주택의 소유자가 직접 동별 대표자에 입후보하려는 것이 아니라 그 주택소유자의 배우자나 직계존비속이 동별 대표자에 입후보하려는 경우에는 입후보하려는 배우자나 직계존비속만 「주택법 시행령」 제50조제3항의 거주요건을 갖추고 있으면 될 뿐, 그 소유자가 위 규정에 따른 거주요건을 갖추어야 하는 것은 아니라 할 것입니다.

만일, 동별 대표자에 입후보하려는 주택소유자의 배우자나 직계존비속 외에 주택소유자도 「주택법 시행령」 제50조제3항에 따른 거주요건을 갖추고 있어야 한다고 해석한다면, 이는 주택소유자의 미거주 등의 사유에 대비하여 입주자를 "주택소유자" 외에 "주택소유자를 대리하는 배우자 및 직계존비속"도 규정하고 있는 「주택법」 제2조제12호다목의 입법취지에도 반한다고 할 것입니다.

해설

먼저, 본 유권해석은 구 주택법령 규정에 대한 해석이지만 현행 공동주택관리법령에도 유사한 조항이 있으므로 여전히 유효한 해석이라고 보아야 한다. 다만, 구 법령하에서는 거주요건 판단기준 시점이 동별 대표자 선출공고일로 되어 있었으나 현행 법령에서는 동별 대표자 선출공고에서 정한 서류 제출 마감일로 바뀌었다(「공동주택관리법」 제14조제3항 참조). 그리고 이 유권해석과 혼동하지 않아야 하는 것이 있는데, 「공동주택관리법 시행령」 제11조제5항에서는 공동주택 소유자의 결격사유가 그를 대리하는 자, 즉 배우자 등에게 미친다고 하고 있다. 즉, 소유자가 동별 대표자로서 자격이 없다면(예컨대 동별 대표자를 사퇴한 날부터 1년이 지나지 않은 경우), 배우자 등도 마찬가지라는 뜻이다. 이와 달리 본 사안은 결격사유와는 무관하게 동별 대표자로 입후보하지 않는 주택소유자도 거주요건을 갖추어야 하는지에 대해 판단한 것이다.

〈주택법〉

제2조(정의) 이 법에서 사용하는 용어의 뜻은 다음과 같다.

　1. ~ 11. (생 략)

　12. "입주자"란 다음 각 목의 구분에 따른 자를 말한다.

　　가. 제13조·제38조·제86조·제89조 및 제98조의 경우: 주택을 공급

　　　받는 자

　　나. 제54조 및 제57조의 경우: 주택의 소유자

　　다. 제42조부터 제45조까지, 제55조 및 제59조의 경우: 주택의 소유자

　　　또는 그 소유자를 대리하는 배우자 및 직계존비속(直系尊卑屬)

　13. ~ 16. (생 략)

〈주택법 시행령〉

제50조(입주자대표회의의 구성 등) ①·② (생 략)

　③ 동별 대표자는 동별 대표자 선출공고일 현재 당해 공동주택단지안에서

주민등록을 마친 후 계속하여 6개월 이상(최초의 입주자대표회의를 구성

하거나 제2항 단서의 규정에 의한 입주자대표회의를 구성하기 위하여 동

별 대표자를 선출하는 경우는 제외한다) 거주하고 있는 입주자(입주자가

법인의 경우에는 대표자를 말한다) 중에서 다음 각 호의 구분에 따라 선거

구 입주자등의 보통·평등·직접·비밀선거를 통하여 선출한다.

　1. 입후보자가 2명 이상인 경우: 다득표자를 선출

---

21 관련조문은 정부유권해석 당시의 현행 법령은 제명만을 표기하고, 정부유권해석 당시를 기준으로 종전 법령은 구(舊)
를, 원고 작성 당시 현행법령은 현(現)을 표기하면서 해당 법령의 공포번호를 병기함.

2. 입후보자가 1명인 경우: 입주자등의 과반수 찬성으로 선출

④ ~ ⑧ (생 략)

〈現 공동주택관리법(법률 제17544호)〉

제14조(입주자대표회의의 구성 등) ① · ② (생 략)

③ 동별 대표자는 동별 대표자 선출공고에서 정한 각종 서류 제출 마감일 (이하 이 조에서 "서류 제출 마감일"이라 한다)을 기준으로 다음 각 호의 요건을 갖춘 입주자(입주자가 법인인 경우에는 그 대표자를 말한다) 중에서 대통령령으로 정하는 바에 따라 선거구 입주자등의 보통 · 평등 · 직접 · 비밀선거를 통하여 선출한다. 다만, 입주자인 동별 대표자 후보자가 없는 선거구에서는 다음 각 호 및 대통령령으로 정하는 요건을 갖춘 사용자도 동별 대표자로 선출될 수 있다.

1. 해당 공동주택단지 안에서 주민등록을 마친 후 계속하여 대통령령으로 정하는 기간 이상 거주하고 있을 것(최초의 입주자대표회의를 구성하거나 제2항 단서에 따른 입주자대표회의를 구성하기 위하여 동별 대표자를 선출하는 경우는 제외한다)

2. 해당 선거구에 주민등록을 마친 후 거주하고 있을 것

④ ~ ⑪ (생 략)

〈現 공동주택관리법 시행령(대통령령 제32076호)〉

제11조(동별 대표자의 선출) ① ~ ④ (생 략)

⑤ 공동주택 소유자 또는 공동주택을 임차하여 사용하는 사람의 결격사유 (법 제14조제4항 및 이 조 제4항에 따른 결격사유를 말한다. 이하 같다)는 그를 대리하는 자에게 미치며, 공유(共有)인 공동주택 소유자의 결격사유를 판단할 때에는 지분의 과반을 소유한 자의 결격사유를 기준으로 한다.

동별 대표자 입후보요건인 "6개월 이상의 거주"는 임차인이 아닌 입주자로서의 거주만을 의미하는지 (법제처 2015. 4. 15. 회신 15−0164 해석례)

예시 상황

A는 甲 아파트 1동 101호에 주민등록을 하고 전세로 거주하여 왔다. 이후 A는 같은 아파트 1동 301호를 구입하여 주민등록을 하고 주택 소유자로 거주하여 왔다. 그 직후 甲 아파트는 새로운 동별 대표자를 선출하는 선거를 실시하게 되었는데 A가 이 선거에 출마하려고 한다. 그런데 A는 전세 세입자로서는 오랜 기간 거주하여 왔지만 주택 소유자로는 2개월 밖에 거주하지 않았는데 동별 대표자 입후보자의 거주요건인 6개월 이상의 거주요건을 충족하는지에 대하여 논란이 발생하였다. A가 임차인으로 거주한 기간은 주택법령에 따른 6개월 이상의 거주기간에 포함될 수 있을까?

질의 배경

공동주택단지에 주민등록을 하고 임차인으로 거주하고 있던 사람이 같은 공동주택단지의 다른 공동주택을 구입하여 주민등록을 마친 경우, 해당 입주자가 동별 대표자 선거에 출마할 수 있는지에 대하여 국토교통부와 민원인의 의견이 대립하여 법령해석을 요청함.

「주택법 시행령」 제50조제3항에 따른 "주민등록을 마친 후 계속하여 6개월 이상 거주"가 해당 공동주택단지에서 주민등록을 마친 후 반드시 입주자(공동주택의 소유자 또는 그 배우자 및 직계존비속을 말하며, 이하 같음)로서 6개월 이상 거주해야 하는 것을 의미하는지?

주장 가능한 의견

가. 반드시 입주자로서 6개월 이상 거주해야 한다는 것은 아님

거주와 소유는 서로 다른 요건이므로, 사용자 또는 입주자인지와 무관하게 공동주택단지 안에서 주민등록을 마친 후 6개월 이상 거주하는 것을 의미함.

나. 반드시 입주자로서 6개월 이상 거주해야 한다는 것임

「주택법」상 입주자와 사용자는 구분되는 개념이고, 「주택법 시행령」 제50조에서 6개월 이상 거주하고 있는 "입주자"라고 규정하고 있으므로 입주자로서 6개월 이상 거주하는 것을 의미함.

최종 해석 내용

가. 결론

「주택법 시행령」 제50조제3항에 따른 "주민등록을 마친 후 계속하여 6개월

이상 거주"가 해당 공동주택단지에서 주민등록을 마친 후 반드시 입주자로서 6개월 이상 거주해야 하는 것을 의미하지는 않습니다.

나. 이유

먼저, 「주택법」 제43조제2항 및 제3항에 따르면 입주자대표회의는 해당 공동주택의 입주자등을 대표하는 입주자 또는 사용자의 대의기구로서 그 공동주택을 관리하는 주체이고, 그러한 입주자대표회의를 구성하는 동별 대표자를 선출하는 것은 공동주택 입주자 또는 사용자의 권리를 보호하고 공동주택 관리를 효율적으로 하기 위한 것이라 할 수 있습니다. 그런데, 「주택법」 제2조제12호다목에서는 주민등록이나 실제 거주와 관계없이 소유권이 있는 경우 입주자의 지위를 인정하면서 동별 대표자에 대해서는 같은 법 시행령 제50조제3항에서 동별 대표자가 되기 위한 요건으로 입주자일 뿐만 아니라 해당 공동주택단지 안에서 주민등록을 하고 6개월 이상 실제 거주할 것을 규정하고 있습니다.

이는 해당 공동주택의 관리와 관련하여 수시로 발생하는 이해관계를 조정하게 되는 입주자대표회의의 지위와 성격상 공동주택을 소유만 하고 실제 거주하지는 않는 자가 동별 대표자가 되는 것을 방지하고, 아울러 해당 공동주택에 실제로 일정 기간 이상 거주하여 해당 공동주택단지의 사정을 어느 정도 파악하고 있는 사람이 동별 대표자로 선출될 수 있게 하기 위하여 마련된 것으로, 동별 대표자의 요건을 오로지 소유자로서 6개월 이상 거주한 자로 제한하려는 취지는 아니라 할 것입니다. 또한 법령에 6개월 이상의 기간을 반드시 입주자의 지위에서 거주해야 한다는 명문의 규정이 있는 것도 아니므로, 동별 대표자 선출공고일 현재 입주자라는 요건을 충족하고 있다면 과거 사용자로서 거주하였다고 하더라도 그 기간은 거주 요건인 "6개월"에 포함될 수 있다고 할 것입니다.

한편, 「주택법」에서 입주자와 사용자를 각각 구분하여 규정하고 있고, 장기수선충당금의 적립 등에서 입주자와 사용자는 그 지위가 다르므로 "주민등록을 마치고 6개월 이상 거주"가 주민등록을 마치고 입주자로서 6개월 이상 거주하는 것을 의미한다는 의견이 있을 수 있습니다. 그러나 앞에서 살펴보았듯이 주민등록을 하고 거주를 한다는 측면에서는 사용자와 입주자를 달리 보아야 할 이유가 없고, 과거에 사용자였다 하더라도 동별 대표자 선출공고일 현재 입주자이고 계속 입주자의 지위를 유지하는 이상 장기수선충당금의 적립 등 입주자의 권리나 의무에 있어서도 다른 입주자와 달리 볼 이유가 없다고 할 것인바, 그와 같은 의견은 타당하지 않다고 할 것입니다.

해설

본 유권해석에서는 구 주택법령의 "6개월 이상 거주" 요건과 "입주자" 요건을 각각 분리하여 해석해야 한다고 보았다. 즉, 6개월 거주라는 요건은 동별 대표자가 되기 위해서는 해당 공동주택에 일정 기간 실제로 살아보아야 한다는 데에서 기인한 것인데, 반드시 입주자로서만 살아야 그러한 취지가 달성된다고 보기는 어렵고 세입자로서 거주해 온 것으로도 충분하다는 것이다. 거기에다 동별 대표자로 입후보하기 위한 시점에서 입주자이기만 하면 된다는 것이다.

이 해석은 현행 공동주택관리법령에도 동일한 내용이 있으므로 여전히 유효한 해석이다. 참고로 구 주택법령 적용시기에는 동별 대표자는 반드시 입주자여야만 한다는 원칙에 예외를 인정하지 않았으나 현행 규정에서는 입주자 중에서 후보가 없는 선거구에서는 사용자, 즉 임차인도 동별 대표자로 선출될 수 있도록 개선하였다(「공동주택관리법」 제14조제3항 및 같은 법 시행령 제11조 제2항 참조).

관련조문

〈주택법〉

제2조(정의) 이 법에서 사용하는 용어의 뜻은 다음과 같다.

　1. ~ 11. (생 략)

　12. "입주자"란 다음 각 목의 구분에 따른 자를 말한다.

　　가. 제13조·제38조·제86조·제89조 및 제98조의 경우: 주택을 공급받는 자

　　나. 제54조 및 제57조의 경우: 주택의 소유자

　　다. 제42조부터 제45조까지, 제55조 및 제59조의 경우: 주택의 소유자 또는 그 소유자를 대리하는 배우자 및 직계존비속(直系尊卑屬)

　13. ~ 18. (생 략)

제43조(관리주체 등) ① (생 략)

　② 입주자는 제1항에 해당하는 공동주택을 제4항에 따라 자치관리하거나 제53조에 따른 주택관리업자에게 위탁하여 관리하여야 한다.

　③ 입주자는 제1항에 따른 요구를 받았을 때에는 그 요구를 받은 날부터 3개월 이내에 입주자대표회의를 구성하고, 그 공동주택의 관리방법을 결정(주택관리업자에게 위탁하여 관리하는 방법을 선택한 경우에는 그 주택관리업자의 선정을 포함한다)하여 이를 사업주체에게 통지하고, 관할 시장·군수·구청장에게 신고하여야 한다.

　④ ~ ⑪ (생 략)

〈주택법 시행령〉

제50조(입주자대표회의의 구성 등) ① · ② (생 략)

③ 동별 대표자는 동별 대표자 선출공고일 현재 당해 공동주택단지안에서 주민등록을 마친 후 계속하여 6개월 이상(최초의 입주자대표회의를 구성하거나 제2항 단서의 규정에 의한 입주자대표회의를 구성하기 위하여 동별 대표자를 선출하는 경우는 제외한다) 거주하고 있는 입주자(입주자가 법인의 경우에는 대표자를 말한다) 중에서 다음 각 호의 구분에 따라 선거구 입주자등의 보통 · 평등 · 직접 · 비밀선거를 통하여 선출한다.

1. 입후보자가 2명 이상인 경우: 다득표자를 선출

2. 입후보자가 1명인 경우: 입주자등의 과반수가 투표하고 투표자의 과반수 찬성으로 선출

④ ~ ⑨ (생 략)

〈現 공동주택관리법(법률 제17544호)〉

제14조(입주자대표회의의 구성 등) ① · ② (생 략)

③ 동별 대표자는 동별 대표자 선출공고에서 정한 각종 서류 제출 마감일(이하 이 조에서 "서류 제출 마감일"이라 한다)을 기준으로 다음 각 호의 요건을 갖춘 입주자(입주자가 법인인 경우에는 그 대표자를 말한다) 중에서 대통령령으로 정하는 바에 따라 선거구 입주자등의 보통 · 평등 · 직접 · 비밀선거를 통하여 선출한다. 다만, 입주자인 동별 대표자 후보자가 없는 선거구에서는 다음 각 호 및 대통령령으로 정하는 요건을 갖춘 사용자도 동별 대표자로 선출될 수 있다.

1. 해당 공동주택단지 안에서 주민등록을 마친 후 계속하여 대통령령으로 정하는 기간 이상 거주하고 있을 것(최초의 입주자대표회의를 구성하거

나 제2항 단서에 따른 입주자대표회의를 구성하기 위하여 동별 대표자를 선출하는 경우는 제외한다)

2. 해당 선거구에 주민등록을 마친 후 거주하고 있을 것

④ ~ ⑪ (생 략)

〈現 공동주택관리법 시행령(대통령령 제32076호)〉

제11조(동별 대표자의 선출) ① (생 략)

② 사용자는 법 제14조제3항 각 호 외의 부분 단서 및 같은 조 제9항에 따라 2회의 선출공고(직전 선출공고일부터 2개월 이내에 공고하는 경우만 2회로 계산한다)에도 불구하고 입주자(입주자가 법인인 경우에는 그 대표자를 말한다. 이하 이 조에서 같다)인 동별 대표자의 후보자가 없는 선거구에서 직전 선출공고일부터 2개월 이내에 선출공고를 하는 경우로서 같은 조 제3항 각 호와 다음 각 호의 어느 하나에 해당하는 요건을 모두 갖춘 경우에는 동별 대표자가 될 수 있다. 이 경우 입주자인 후보자가 있으면 사용자는 후보자의 자격을 상실한다.

1. 공동주택을 임차하여 사용하는 사람일 것. 이 경우 법인인 경우에는 그 대표자를 말한다.

2. 제1호 전단에 따른 사람의 배우자 또는 직계존비속일 것. 이 경우 제1호 전단에 따른 사람이 서면으로 위임한 대리권이 있는 경우만 해당한다.

③ ~ ⑤ (생 략)

제2장
동별 대표자 입후보를 위한 대리권 위임

<table>
<tr>
<td>1</td>
<td>입후보 결격사유인 "동별 대표자의 사퇴나 해임"에 소유자로
부터 대리권을 위임받은 배우자가 사퇴 · 해임된 경우도 포함
되는지 (법제처 2016. 2. 15. 회신 15-0753 해석례)</td>
</tr>
</table>

예시 상황

A는 부인 B와 甲 아파트 1동 101호를 공동으로 소유하고 있다. A는 부인 B로부터 대리권을 위임받아 아파트 동별 대표자로 출마하여 당선되었는데, 어떤 사정으로 그 임기가 만료되기 전에 사퇴를 하게 되었다. 이에 따라 해당 아파트에서는 아파트 동별 대표자 보궐선거를 실시하게 되었는데 이 보궐선거에 부인 B가 입후보하려고 한다. 그런데 주택법령은 동별 대표자로 선출된 사람이 임기만료 전에 사퇴한 경우 일정기간 동안 동별 대표자 선거에 입후보하지 못하도록 결격사유를 두고 있다. B가 대리권을 위임했던 A의 사퇴로 실시되는 보궐선거의 경우 B는 A와의 대리관계를 청산하고 입후보할 수 있는 것일까? 아니면 B와 A는 동일체이므로 입후보할 수 없는 것일까?

민원인은 주택의 소유자로부터 서면으로 대리권을 위임받은 소유자의 배우자가 동별 대표자로 당선되어 임기 개시 후 임기가 만료되기 전에 사퇴한 경우, 주택의 소유자는 배우자의 사퇴에 따라 실시되는 동별 대표자의 보궐선거에서 「주택법 시행령」 제50조제4항제9호에 따른 동별 대표자 결격사유에 해당하는지에 대하여 국토교통부에 질의하였는데, 국토교통부에서 결격사유에 해당하지 않는다고 답변하자, 이에 이의가 있어 직접 법제처에 법령해석을 요청함.

질의 요지

「주택법」 제2조제12호다목에서는 같은 법 제43조에 따른 입주자대표회의에서의 "입주자"의 범위를 "주택의 소유자" 또는 "그 소유자를 대리하는 배우자 및 직계존비속"으로 정의하고 있고, 같은 법 제43조 및 그 위임에 따른 같은 법 시행령 제50조제4항제9호에서는 입주자대표회의의 구성원인 동별 대표자의 결격사유로 "해당 공동주택의 동별 대표자를 사퇴하거나 해임된 날로부터 4년[22]이 지나지 아니한 사람"을 규정하고 있는바, 주택의 소유자로부터 서면으로 대리권을 위임받은 소유자의 배우자가 동별 대표자로 당선되어 임기 개시 후 그 임기가 만료되기 전에 사퇴한 경우, 주택의 소유자는 배우자의 사퇴에 따라 실시되는 동별 대표자의 보궐선거에서 「주택법 시행령」 제50조제4항제9호에 따른 동별 대표자 결격사유에 해당하는지?

---

22 이 결격기간은 그 후 개정되어 사퇴의 경우 1년, 해임의 경우 2년으로 바뀌었다(「공동주택관리법 시행령」 제11조제4항제5호).

주장 가능한 의견

가. 결격사유에 해당하지 않음

주택의 소유자는 그 소유자를 대리하는 배우자나 직계존비속이 동별 대표자 결격사유에 해당하게 된 시점을 기준으로 대리관계를 청산하고 직접 입주자의 지위를 행사할 수도 있으므로, 결격사유에 해당하지 않음.

나. 결격사유에 해당함

부부의 경우에는 동일체로 보아, 주택의 소유자로부터 대리권을 위임받은 배우자가 동별 대표자로 선출된 후에 사퇴한 경우에, 주택 소유자는 「주택법 시행령」 제50조제4항제9호에 해당한다고 할 것임.

최종 해석 내용

가. 결론

주택의 소유자로부터 서면으로 대리권을 위임받은 소유자의 배우자가 동별 대표자로 당선되어 임기 개시 후 그 임기가 만료되기 전에 사퇴한 경우, 주택의 소유자는 배우자의 사퇴에 따라 실시되는 동별 대표자의 보궐선거에서 「주택법 시행령」 제50조제4항제9호에 따른 동별 대표자 결격사유에 해당하지 않습니다.

나. 이유

먼저, 동별 대표자의 선거권 및 자격에 관하여, 「주택법 시행령」 제50조제1항 전단에서는 입주자대표회의를 동별 세대수에 비례하여 공동주택관리규약으로 정한 선거구에 따라 선출된 대표자(동별 대표자)로 구성하도록 함으로써 세대 단위별로 소유자 여부에 관계없이 동별 대표자의 선거권을 부여할 수 있도록 하고 있는 반면, 같은 조 제3항에서는 동별 대표자는 동별 대표자 선출공고일 현재 당해 공동주택단지 안에서 주민등록을 마친 후 계속하여 6개월 이상 거주하고 있는 입주자 중에서 선출하도록 함으로써 동별 대표자가 될 수 있는 자격을 제한하고 있는데, 이는 동별 대표자가 입주자들의 대의기구로서 공동주택 관리방법의 제안(「주택법 시행령」 제51조제1항제1호의3) 등 해당 공동주택의 관리에 중요한 영향을 미치는 사항을 결정하고 주택의 관리에 관하여 입주자들의 다양한 이해관계를 조정하여야 하는 입주자대표회의의 구성원인 점을 고려하여, 주택의 소유자가 아닌 세대에 대해서는 동별 대표자를 선출하는 선거권만을 부여하고, 동별 대표자로 입후보할 수 있는 자격은 주택의 소유자이거나 최소한 그 소유자로부터 대리권을 위임받은 소유자의 배우자 및 직계존비속에게만 부여하기 위한 취지라고 할 것입니다.

그리고, 한 세대에서 한 명만 입후보할 수 있음에도 불구하고 입주자대표회의의 구성원이 될 수 있는 자격인 입주자의 범위에 주택의 소유자 외에 그 소유자의 배우자 및 직계존비속도 포함하고 있는 것은, 원칙적으로 주택의 소유자가 입주자의 지위를 행사하여야 할 것이지만, 소유자의 미거주 등의 사유로 주택의 소유자가 입주자의 지위를 행사할 수 없는 경우에는 그 소유자를 대신하여 그 소유자의 배우자나 직계존비속으로 하여금 입주자로서의 지위를 행사할 수 있도록 하려는 취지라고 할 것입니다(법제처 2012. 5. 11. 회신 12-0030

해석례 참조).

그런데, 주택 소유자의 배우자나 직계존비속이 동별 대표자에 입후보할 수 있는 "입주자"의 지위를 가지기 위해서는, 주택의 소유자로부터 대리권을 위임받는 것이 필요하므로(「주택법」 제2조제12호다목), 대리권의 근거가 되는 주택의 소유자에게 결격사유가 있게 되면 그로부터 대리권을 위임받은 배우자나 직계존비속도 같은 결격사유에 해당하여 동별 대표자가 될 수 없다고 할 것이나(법제처 2012. 5. 11. 회신 12-0030 해석례 참조), 주택의 소유자는 대리권의 위임이라는 절차 없이 본인 스스로 동별 대표자에 입후보할 수 있는 입주자의 지위에 있는 자이므로 배우자나 직계존비속에게 결격사유가 있더라도 본인은 그 영향을 받지 않는다고 할 것입니다.

또한, 주택 소유자의 배우자나 직계존비속이 일단 주택의 소유자로부터 대리권을 위임받아 입주자로서의 지위를 갖춘 이후부터는 「주택법」 제2조제12호다목에 따라 주택의 소유자와는 별개의 독립적인 "입주자"로서의 지위를 가지게 되므로, 배우자나 직계존비속이 입주자로서의 지위에서 한 행위의 결과로 인하여 결격사유에 해당하더라도 이는 배우자나 직계존비속에 한정하여 영향을 미치고 본인인 주택의 소유자에게까지 영향을 미치지는 않는다고 할 것입니다.

해설

본 유권해석에 대해서는 「민법」 제114조와의 관계를 언급할 수 있겠다. 즉 동조 제1항에서는 대리행위의 효력은 본인에게 귀속된다고 하고 있는데, 이를 본 사안에 적용하면 대리인인 배우자 등이 동별 대표자로서 지위를 행사하는 과정에서 결격사유에 해당했다면 본인인 소유자에게 그 효과를 귀속할 수 있지 않느냐는 주장이다. 그렇지만 해석대상인 구 주택법령에서는 주택의 소유자와는 별개로 소유자의 대리인인 배우자 등을 독립적인 "입주자"로 규정하고 그에 따른 지위를 부여하고 있기 때문에 「민법」상의 대리인과는 달리 보아야 할 것이라고 생각한다. 정부의 유권해석에서는 이처럼 공법(公法)인 행정법 분야의 규정과 사법(私法)인 민법, 상법 조항과의 관계가 문제 되는 경우가 종종 있다.

참고로, 이 건과 유사한 2012년 유권해석이 있다. 쟁점은 소유자를 대리하는 배우자나 직계 존비속이 동별 대표자가 된 후 금고 이상의 실형을 선고받아 자격을 상실하게 된 경우 주택 소유자도 결격사유에 해당하는지이었다. 이에 대해서도 법제처는 동별 대표자에 입후보할 수 있다고 해석한 바 있다(12-0030 해석례).

특기할 것은 그 당시 또 하나의 질의가 있었는데 소유자에게 결격사유가 발생했을 때 그 사람을 대리하는 배우자 등에게도 결격사유의 효력이 미치는지이었다. 이에 대해서는 결격사유가 미치므로 배우자 등은 동별 대표자에 입후보할 수 없고, 이미 동별 대표자인 경우에는 그 자격이 상실된다고 법제처는 유권해석을 내렸다. 그 후 국토교통부는 관련 조항을 개정하면서 위 두 가지 사례 중 소유자의 결격사유가 있는 경우에 대해서만 법령을 보완하여 그를 대리하는 자에게 미친다는 내용을 추가하였다(「공동주택관리법 시행령」 제11조제5항). 따라서 여전히 이 건과 같은 사례, 즉 대리권을 위임받은 사람의 결격사유가 소유자에게 미치는지에 대해서는 입법적으로는 공백인 상태이고 법제처의 유권해석이 유효하다고 볼 수 있다.

〈주택법〉

제2조(정의) 이 법에서 사용하는 용어의 뜻은 다음과 같다.

  1. ~ 11. (생 략)

  12. "입주자"란 다음 각 목의 구분에 따른 자를 말한다.

    가. 제13조·제38조·제86조·제89조 및 제98조의 경우: 주택을 공급
    받는 자

    나. 제54조 및 제57조의 경우: 주택의 소유자

    다. 제42조부터 제45조까지, 제55조 및 제59조의 경우: 주택의 소유자
    또는 그 소유자를 대리하는 배우자 및 직계존비속(直系尊卑屬)

  13. ~ 17. (생 략)

〈주택법 시행령〉

제50조(입주자대표회의의 구성 등) ① 법 제43조제8항제2호에 따라 입주자대
  표회의는 4명 이상으로 구성하되, 동별 세대수에 비례하여 법 제44조제2항
  에 따른 공동주택관리규약(이하 "관리규약"이라 한다)으로 정한 선거구에
  따라 선출된 대표자(이하 "동별 대표자"라 한다)로 구성한다. 이 경우 선거
  구는 2개동 이상으로 묶거나 통로나 층별로 구획하여 정할 수 있다.

  ② (생 략)

  ③ 동별 대표자는 동별 대표자 선출공고일 현재 당해 공동주택단지안에서
  주민등록을 마친 후 계속하여 6개월 이상(최초의 입주자대표회의를 구성
  하거나 제2항 단서의 규정에 의한 입주자대표회의를 구성하기 위하여 동
  별 대표자를 선출하는 경우는 제외한다) 거주하고 있는 입주자(입주자가
  법인의 경우에는 대표자를 말한다) 중에서 다음 각 호의 구분에 따라 선거

구 입주자등의 보통·평등·직접·비밀선거를 통하여 선출한다.

1. 입후보자가 2명 이상인 경우: 다득표자를 선출

2. 입후보자가 1명인 경우: 입주자등의 과반수가 투표하고 투표자의 과반
   수 찬성으로 선출

④ 다음 각 호의 어느 하나에 해당하는 사람은 동별 대표자가 될 수 없으
며 그 자격을 상실한다.

1. ~ 8. (생 략)

9. 해당 공동주택의 동별 대표자를 사퇴하거나 해임된 날로부터 4년이 지
   나지 아니한 사람

10. (생 략)

⑤ ~ ⑩ (생 략)

〈現 공동주택관리법 시행령(대통령령 제32076호)〉

제11조(동별 대표자의 선출) ① ~ ④ (생 략)

⑤ 공동주택 소유자 또는 공동주택을 임차하여 사용하는 사람의 결격사
유(법 제14조제4항 및 이 조 제4항에 따른 결격사유를 말한다. 이하 같다)
는 그를 대리하는 자에게 미치며, 공유(共有)인 공동주택 소유자의 결격
사유를 판단할 때에는 지분의 과반을 소유한 자의 결격사유를 기준으로
한다.

〈現 민법(법률 제17905호)〉

제114조(대리행위의 효력) ① 대리인이 그 권한내에서 본인을 위한 것임을
표시한 의사표시는 직접 본인에게 대하여 효력이 생긴다.

② 전항의 규정은 대리인에게 대한 제삼자의 의사표시에 준용한다.

주택의 소유자의 대리인(배우자·직계존비속)이 결격사유에 해당하는 경우 주택 소유자도 동별 대표자에 입후보할 수 없는지 (법제처 2012. 5. 11. 회신 12-0030 해석례)

예시 상황

A는 甲 아파트 1동 101호를 소유하고 있는데 A는 다른 곳에 거주하고 있고, 그 아파트에는 부인 B가 거주하고 있다. 부인 B는 남편 A를 대리해서 동별 대표자에 출마·선출되어 활동 중이었는데 금고 이상의 실형을 선고받아 동별 대표자의 자격을 상실하게 되었다. 이에 따라 甲 아파트는 새로 동별 대표자를 선출하려고 하는데 아파트의 소유주인 A가 거주요건을 갖추어 동별 대표자에 입후보하려고 한다. 이에 대하여 A는 대리권을 철회할 수 있으므로 입후보할 수 있다는 의견과 민법상 대리인의 법률행위에 따른 법적 효과는 본인에게 귀속되므로 대리인이 결격사유에 해당하면 본인도 결격사유가 적용된다는 의견이 맞서고 있다. A는 동별 대표자에 입후보할 수 있을까?

질의 배경

주택의 소유자가 아닌 배우자 등이 동별 대표자인 경우, 그 배우자 등이 결격사유에 해당하는 경우 주택의 소유자도 동별 대표자가 될 수 없는지 여부에 대해서 국토해양부 내부에서 이견이 있어 명확히 하고자 법령해석을 요청함.

주택의 소유자를 대리하는 배우자나 직계존비속이 동별 대표자가 된 이후에 금고 이상의 실형을 선고 받아 「주택법 시행령」 제50조제4항제3호에 따른 동별 대표자 결격사유에 해당하게 된 경우, 주택의 소유자도 동별 대표자 결격사유에 해당하여 동별 대표자에 입후보할 수 없는지?

주장 가능한 의견

가. 주택의 소유자는 동별 대표자 결격사유에 해당하지 않아 동별 대표자에 입후보할 수 있음

주택의 소유자는 언제든지 대리관계를 청산하고 직접 입주자의 지위를 행사할 수 있음.

나. 주택의 소유자는 동별 대표자 결격사유에 해당하여 동별 대표자에 입후보할 수 없음

민법상 대리인의 법률행위에 따른 법적 효과는 본인에게 귀속됨.

최종 해석 내용

가. 결론

주택의 소유자를 대리하는 배우자나 직계존비속이 동별 대표자가 된 이후에

금고 이상의 실형을 선고 받아 「주택법 시행령」 제50조제4항제3호에 따른 동별 대표자 결격사유에 해당한다고 하더라도 주택의 소유자는 동별 대표자에 입후보할 수 있다고 할 것입니다.

나. 이유

「주택법」 제2조제12호다목에서는 "주택의 소유자"와는 별도로 "주택의 소유자를 대리하는 배우자 및 직계존비속"을 입주자로 포함하고 있는데, 이는 원칙적으로 주택의 소유자가 입주자로서 그 지위를 행사하지만 소유자의 미거주 등의 사유로 주택의 소유자가 입주자의 지위를 행사할 수 없는 경우에는 그 소유자를 대신하여 그 소유자의 배우자나 직계존비속으로 하여금 입주자로서의 지위를 행사할 수 있도록 하려는 것이므로 주택의 소유자는 언제든지 직접 입주자로서의 지위를 행사할 수 있고, 또한 주택의 소유자로서는 주택소유자를 대리하는 배우자나 직계존비속이 금고 이상의 실형을 선고 받아 동별 대표자 결격사유에 해당하게 된 시점을 기준으로 대리관계를 청산하고 직접 입주자의 지위를 행사할 수도 있다 할 것이므로, 주택의 소유자가 금고 이상의 실형을 선고 받아 동별 대표자 결격사유에 해당하게 된 경우와 달리 그 주택소유자를 대리하는 배우자나 직계존비속이 동별 대표자가 된 이후에 금고 이상의 실형을 선고 받았다고 해서 이것이 곧바로 주택의 소유자에게 동별 대표자가 될 수 있는 자격이 박탈되는 결격사유가 된다고 볼 수는 없다고 할 것입니다.

해설

이 사안과는 반대로, 만약 소유자에게 결격사유가 발생했을 때 그 사람을 대리하는 배우자 등에게도 결격사유의 효력이 미칠까? 사실 이 당시 해석요청서에는 그 질문도 포함되어 있었고 그에 대한 유권해석도 내려진 바 있다. 여기에 따로 포함시키지 않은 것은 그 후 법령이 개정되어 입법적으로 해결되어서이다. 즉「공동주택관리법 시행령」제11조제5항에서는 주택 소유자의 결격사유는 그를 대리하는 자에게 미친다고 규정하고 있다. 따라서 배우자 등은 동별 대표자에 입후보할 수 없고, 이미 동별 대표자인 경우에는 그 자격이 상실된다. 한편 본 유권해석은 구 주택법령에 대한 것이지만 현행 공동주택관리법령도 유사한 체계를 갖고 있기 때문에 여전히 유효한 해석이라고 볼 수 있다.

관련조문

〈주택법〉

제2조(정의) 이 법에서 사용하는 용어의 뜻은 다음과 같다.

　　1. ~ 11. (생 략)

　　12. "입주자"란 다음 각 목의 구분에 따른 자를 말한다.

　　　　가. 제13조 · 제38조 · 제86조 · 제89조 및 제98조의 경우: 주택을 공급받는 자

　　　　나. 제54조 및 제57조의 경우: 주택의 소유자

　　　　다. 제42조부터 제45조까지, 제55조 및 제59조의 경우: 주택의 소유자 또는 그 소유자를 대리하는 배우자 및 직계존비속(直系尊卑屬)

　　13. ~ 16. (생 략)

〈주택법 시행령〉

제50조(입주자대표회의의 구성 등) ① ~ ③ (생 략)

　　④ 다음 각 호의 어느 하나에 해당하는 사람은 동별 대표자가 될 수 없으며 그 자격을 상실한다.

1. ~ 3. (생 략)

4. 금고 이상의 형의 집행유예선고를 받고 그 유예기간 중에 있는 사람

5. ~ 10. (생 략)

⑤ ~ ⑧ (생 략)

〈現 공동주택관리법 시행령(대통령령 제32076호)〉

제11조(동별 대표자의 선출) ① ~ ④ (생 략)

⑤ 공동주택 소유자 또는 공동주택을 임차하여 사용하는 사람의 결격사유 (법 제14조제4항 및 이 조 제4항에 따른 결격사유를 말한다. 이하 같다)는 그를 대리하는 자에게 미치며, 공유(共有)인 공동주택 소유자의 결격사유 를 판단할 때에는 지분의 과반을 소유한 자의 결격사유를 기준으로 한다.

제3장

공유자의 동별 대표자 입후보

1	공동소유자(각각 2분의 1 지분)가 나머지 공동소유자의 동의 없이 동별 대표자로 입후보할 수 있는지 (법제처 2013. 11. 19. 회신 13-0526 해석례)

예시 상황

A는 부인 B와 甲 아파트 1동 101호를 각각 50%의 지분을 갖고 공동으로 소유하고 있다. 부인 B는 동별 대표자 선거에 입후보하고 싶어 하는데 남편 A가 입후보를 반대하고 있다. 부인 B는 남편 A의 동의 없이 동별 대표자로 입후보할 수 있을까?

질의 배경

○ 민원인은 배우자와 아파트를 1/2 지분씩 소유한 공동소유자인데, 공동소유자도 다른 공동소유자와 관계없이 단독으로 동별 대표자에 입후보할 수 있는지 여부에 관하여 소관 부처인 국토교통부에 질의하였음.

○ 국토교통부는 원칙적으로 공동주택을 구성하는 각각의 주택에 대하여 하나의 피선거권이 있다는 전제에서 공동소유자(A)가 동별 대표자에 입후

보하려는 경우 다른 공동소유자(B)로부터 해당 아파트의 피선거권을 A에게 위임 또는 피선거권을 포기한다는 취지의 동의를 받아야 한다는 의견을 회신하자, 민원인이 이와 의견을 달리하여 법제처에 법령해석을 요청한 사안임.

질의 요지

공동주택(아파트)의 공동소유자(2분의 1 지분)로서 동별 대표자 선출공고일 현재 당해 공동주택단지 안에서 주민등록을 마친 후 계속하여 6개월 이상 거주하고 있는 자가 「주택법 시행령」 제50조제3항에 따라 동별 대표자로 입후보하기 위하여 나머지 공동소유자의 동의나 위임을 받아야 하는지?

주장 가능한 의견

가. 나머지 공동소유자의 동의나 위임을 받아야 함

동별 대표자에 입후보할 수 있는 입주자로서 "주택의 소유자"란 원칙적으로 전부 소유자를 말하는 것인바, 단독 소유의 경우에는 1인만이 동별 대표자에 입후보할 수 있음에 반해, 해당 주택이 공동소유인 경우에 공동소유자들이 모두 동별 대표자에 입후보할 수 있다고 하는 것은 형평에 맞지 않아 불합리하므로, 공동소유자 1인이 입후보하기 위해서는 나머지 공동소유자로부터 자신들이 입후보를 포기한다는 취지(해당 주택을 대표하여 공동소유자 1인이 입후보한다는 취지 포함)의 동의나 위임을 받아야 함.

나. 나머지 공동소유자의 동의나 위임을 받을 필요가 없음

피선거권은 국민의 기본권으로서 이를 제한하는 규정은 엄격하게 해석하여야 할 것인데, 주택법령에서는 동별 대표자가 될 수 있는 입주자로 주택의 소유자라고만 되어 있을 뿐이고, 여기서 말하는 소유자는 단독소유자뿐 아니라 공동소유자도 포함된다고 보아야 하므로, 나머지 공동소유자의 동의를 받을 필요가 없음.

최종 해석 내용

가. 결론

공동주택의 공동소유자(2분의 1 지분)로서 동별 대표자 선출공고일 현재 당해 공동주택단지 안에서 주민등록을 마친 후 계속하여 6개월 이상 거주하고 있는 자가 「주택법 시행령」 제50조제3항에 따라 동별 대표자로 입후보하기 위해서는 나머지 공동소유자의 동의나 위임을 받아야 할 것입니다.

나. 이유

살피건대, 「주택법」 제2조제1호에 따르면 "주택"이란 세대(世帶)의 구성원이 장기간 독립된 주거생활을 할 수 있는 구조로 된 건축물의 전부 또는 일부 및 그 부속토지를 말하는 것으로서 이를 단독주택과 공동주택으로 구분한다고 규정하고 있고, 같은 조 제2호에 따르면 "공동주택"이란 건축물의 벽·복도·계단이나 그 밖의 설비 등의 전부 또는 일부를 공동으로 사용하는 각 세대가 하나의 건축물 안에서 각각 독립된 주거생활을 할 수 있는 구조로 된 주택을 말한다고 규정하고 있으므로, 공동주택을 구성하는 각각의 주택은 세대 단위로 구성된다고 할 것이고, 「주택법 시행령」 제50조제1항에서는 입주자대표회의를 동별 세대수에 비례하여 공동주택관리규약으로 정한 선거구에 따라 선출된 대표자(동별 대표자)로 구성하도록 함으로써 세대 단위로 동별 대표자의 선거권을 부여할 수 있도록 하고 있는바(법제처 2013. 5. 28. 회신 13-0156 해석례 참조), 그렇다면 동별 대표자를 선출하는 선거권뿐 아니라 피선거권도 공동주택을 구성하는 각각의 주택(세대) 단위로 행사하도록 하는 것이 타당하다고 할 것입니다.

그런데, 「주택법」 제2조제12호 및 같은 법 시행령 제50조제3항에 따르면 동별 대표자가 될 수 있는 자로서 해당 공동주택의 입주자란 원칙적으로 "주택의 소유자"라고 할 것인바, 주택의 소유형태는 단독소유뿐 아니라 공동소유도 포함된다고 할 것이므로, 여기서 말하는 주택의 소유자가 단독소유자에 한정된다고 보는 것은 곤란하다고 할 것이나, 동별 대표자의 피선거권이 공동주택을 구성하는 각각의 주택(세대) 단위로 부여된다는 점을 고려해 볼 때, 주택의 공동소유자 모두에게 아무런 제한 없이 해당 동별 대표자 선거에 입후보할 수 있도록 하는 것은 허용되기 어렵다고 할 것입니다.

다만, 공유물의 관리에 관한 사항은 공유자 지분의 과반수로써 결정하는 것이고, 과반수 지분을 가진 공유자는 다른 공유자와 사이에 미리 공유물의 관리방법에 관한 협의가 없었다 하더라도 공유물의 관리에 관한 사항을 단독으로 결정할 수 있는 점(대법원 2001. 11. 27. 선고 2000다33638, 33645 판결 참조)에 비추어 볼 때, 주택의 공동소유자가 동별 대표자 선거에 입후보하려는 경우에는 해당 주택에 부여된 피선거권을 행사할 수 있는 권원을 확보하는 의미에서 나머지 공동소유자로부터 동의 또는 위임(그 동의 또는 위임의 방식이 명시적이어야 하는지 여부는 별론으로 함)을 받도록 하되, 그 동의 또는 위임은 동별 대표자로 입후보하려는 공유자 자신의 지분을 포함하여 해당 주택 공유지분의 과반수에 상당하는 동의면 족하다고 보는 것이 합리적이라고 할 것입니다.

아울러, 「주택법」 제43조제2항 및 제3항에 따르면 입주자대표회의는 해당 공동주택의 입주자들을 대표하여 그 공동주택을 관리하는 주체이고, 같은 법 시행령 제50조제1항에 따르면 동별 대표자는 입주자대표회의의 구성원으로서 동별 세대수에 비례하여 공동주택관리규약으로 정한 선거구에 따라 선출된 대표자라고 할 것인바, 이처럼 입주자들의 대의기구로서 해당 공동주택의 관리에 관하여 입주자들의 다양한 이해관계를 조정하여야 하는 입주자대표회의의 지위와 성격에 비추어 볼 때, 입주자대표회의를 구성하는 동별 대표자도 다양성과 대표성을 가지는 것이 타당하다고 할 것인데, 하나의 주택(세대)을 공동 소유한 공동소유자들에게 아무런 제한 없이 동별 대표자의 피선거권을 부여할 경우 하나의 주택(세대)에서 복수의 동별 대표자가 선출될 수 있는 가능성을 열어둠으로써 위와 같은 법 취지에 부합하지 아니하는 결과가 초래된다고 할 것입니다.

해설

본 유권해석에서는 우선 하나의 세대에 하나의 피선거권이 있다는 기준을 제시하였다. 그러 다음 하나의 공동주택을 여러 사람이 공유하고 있는 경우 그 하나의 피선거권을 어떻게 행사하여야 하는지를 판단하였는데, 하나의 피선거권이라면 이를 분리하는 것은 상정할 수 없기 때문에 이 문제를 해결하기 위해서 민법의 규정을 유추 적용하는 방법을 택했다. 즉, 동별 대표자로 입후보하는 것을 공유물의 관리에 관한 것으로 보고, 이 경우에는 공유자 지분의 과반수로 처리한다는 「민법」 제265조의 규정을 들어 이 사안의 경우 공유자 어느 쪽도 과반의 지분을 보유하고 있지 않으므로 과반을 확보하기 위해서는 상대방의 동의가 필요하다고 본 것이다. 본 유권해석은 구 주택법령에 관한 것인데, 현행 공동주택관리법령의 규정내용과 체계도 유사하므로 여전히 유효한 해석으로 볼 수 있다.

관련조문

〈주택법〉

제2조(정의) 이 법에서 사용하는 용어의 뜻은 다음과 같다.

1. "주택"이란 세대(世帶)의 구성원이 장기간 독립된 주거생활을 할 수 있는 구조로 된 건축물의 전부 또는 일부 및 그 부속토지를 말하며, 이를 단독주택과 공동주택으로 구분한다.

1의2. "준주택"이란 주택 외의 건축물과 그 부속토지로서 주거시설로 이용가능한 시설 등을 말하며, 그 범위와 종류는 대통령령으로 정한다.

2. "공동주택"이란 건축물의 벽·복도·계단이나 그 밖의 설비 등의 전부 또는 일부를 공동으로 사용하는 각 세대가 하나의 건축물 안에서 각각 독립된 주거생활을 할 수 있는 구조로 된 주택을 말하며, 그 종류와 범위는 대통령령으로 정한다.

3. ~ 11. (생 략)

12. "입주자"란 다음 각 목의 구분에 따른 자를 말한다.

　가. 제13조·제38조·제86조·제89조 및 제98조의 경우: 주택을 공급받는 자

　나. 제54조 및 제57조의 경우: 주택의 소유자

　다. 제42조부터 제45조까지, 제55조 및 제59조의 경우: 주택의 소유자

또는 그 소유자를 대리하는 배우자 및 직계존비속(直系尊卑屬)

13. ~ 17. (생 략)

제43조(관리주체 등) ① (생 략)

② 입주자는 제1항에 해당하는 공동주택을 제4항에 따라 자치관리하거나 제53조에 따른 주택관리업자에게 위탁하여 관리하여야 한다.

③ 입주자는 제1항에 따른 요구를 받았을 때에는 그 요구를 받은 날부터 3개월 이내에 입주자대표회의를 구성하고, 그 공동주택의 관리방법을 결정(주택관리업자에게 위탁하여 관리하는 방법을 선택한 경우에는 그 주택관리업자의 선정을 포함한다)하여 이를 사업주체에게 통지하고, 관할 시장·군수·구청장에게 신고하여야 한다.

④ ~ ⑧ (생 략)

〈주택법 시행령〉

제50조(입주자대표회의의 구성 등) ① 법 제43조제7항제2호에 따라 입주자대표회의는 4명 이상으로 구성하되, 동별 세대수에 비례하여 법 제44조제2항에 따른 공동주택관리규약(이하 "관리규약"이라 한다)으로 정한 선거구에 따라 선출된 대표자(이하 "동별 대표자"라 한다)로 구성한다. 이 경우 선거구는 2개동 이상으로 묶거나 통로나 층별로 구획하여 정할 수 있다.

② (생 략)

③ 동별 대표자는 동별 대표자 선출공고일 현재 당해 공동주택단지안에서 주민등록을 마친 후 계속하여 6개월 이상(최초의 입주자대표회의를 구성하거나 제2항 단서의 규정에 의한 입주자대표회의를 구성하기 위하여 동별 대표자를 선출하는 경우는 제외한다) 거주하고 있는 입주자(입주자가

법인의 경우에는 대표자를 말한다) 중에서 다음 각 호의 구분에 따라 선거구 입주자등의 보통 · 평등 · 직접 · 비밀선거를 통하여 선출한다.

1. 입후보자가 2명 이상인 경우: 다득표자를 선출

2. 입후보자가 1명인 경우: 입주자등의 과반수가 투표하고 투표자의 과반수 찬성으로 선출

④ ~ ⑨ (생 략)

〈現 민법(법률 제17905호)〉

제265조(공유물의 관리, 보존) 공유물의 관리에 관한 사항은 공유자의 지분의 과반수로써 결정한다. 그러나 보존행위는 각자가 할 수 있다.

예시 상황

A는 부인 B와 甲 아파트 1동 101호를 각각 50%의 지분을 갖고 공동으로 소유하고 있다. 부인 B는 남편 A의 동의를 받아 동별 대표자 선거에 입후 보하여 당선되었다. 그런데 부인 B가 동별 대표자로 선출된 이후 甲 아파트는 위탁관리업체를 A가 근무하고 있는 업체로 변경하였고, 이로 인해 주택법령상 A는 동별 대표자에 출마할 자격이 없는 결격사유에 해당하게 되었다. 이 경우 남편 A의 결격사유가 부인 B에게도 영향을 미쳐 동별 대표자로서의 자격을 상실하게 되는 것일까?

질의 배경

B는 공동소유자인 배우자 A의 동의를 받아 동별 대표자 선거에 입후보하여 동별 대표자로 선출되었는데, ○○아파트의 위탁관리업체가 배우자 A가 근무하고 있는 업체로 변경되어 배우자 A가 동별 대표자 결격사유에 해당되게 되었고, ○○아파트 내부에서 B도 동별 대표자 자격을 상실한다는 지적이 나오자 법령해석을 요청함.

질의 요지

공동주택(아파트)을 각각 2분의 1 지분으로 공동소유하는 경우로서 공동소유자의 일방(A)이 해당 공동주택 관리주체의 소속 임직원이 되어 「주택법 시행령」 제50조제4항제8호에 따른 동별 대표자 결격사유에 해당하는 경우, 결격사유가 있는 공동소유자(A)의 동의를 받아 동별 대표자에 입후보하여 선출된 다른 공동소유자(B)는 그 동별 대표자 자격이 상실되는지?

주장 가능한 의견

가. 공동소유자의 동의가 결격사유에 영향을 미치므로 동별 대표자의 자격을 상실함

공동주택을 각 2분의 1 지분으로 공동소유하고 있는 경우 공동소유자 중 한 명이 결격사유에 해당한다면, 결격사유가 있는 공동소유자(A)는 동별 대표자에 입후보할 권한이 없어 다른 공동소유자(B)에게 동별 대표자 피선거권에 대한 지분 위임을 하거나 다른 공동소유자(B)가 공동소유자 모두를 대표하여 동별 대표자에 입후보하는 데 동의할 권한이 없으므로 결격사유가 없는 다른 공동소유자(B)가 이미 동별 대표자인 경우라도 그 자격을 상실함.

나. 공동소유자 간에는 결격사유가 서로 영향을 미치지 않으므로 결격사유가 없는 공동소유자는 동별 대표자의 자격을 상실하지 않음

○ 소유권이 없는 배우자 등이 소유자로부터 대리권을 위임받아 동별 대표자로 입후보할 때에는 소유자가 동별 대표자로서 결격사유가 없어야 하겠지만,

 - 공동주택을 각 2분의 1 지분으로 공동소유하는 경우에는 공동소유자(A)는 본인이 아무런 결격사유가 없다면 본인 스스로의 지위(해당 주

택의 소유자의 지위)에서 다른 공동소유자(B)의 동의를 받아 입후보할 수 있으므로 다른 공동소유자(B)의 결격사유가 영향을 미치지 않는다고 보아야 함.

최종 해석 내용

가. 결론

이 경우 결격사유가 있는 A의 동의를 받아 동별 대표자에 입후보하여 선출된 B는 그 동별 대표자 자격이 상실됩니다.

나. 이유

먼저, 공동주택을 각각 2분의 1 지분으로 공동소유하는 경우로서 공동소유자의 일방(B)이 동별 대표자가 되려는 경우 다른 공동소유자(A)의 동의가 필요한지에 대하여 살펴보면, 「주택법」 제2조제12호 및 같은 법 시행령 제50조제3항에서 동별 대표자의 자격을 해당 공동주택의 소유자 또는 그 소유자를 대리하는 배우자 및 직계존비속(直系尊卑屬)으로 규정하고 있는바, 주택의 소유형태는 단독소유뿐 아니라 공동소유도 포함되므로 여기서 "주택의 소유자"는 "단독소유자"뿐만 아니라 "공동소유자"도 포함된다고 할 것입니다. 그런데, 동별 대표자의 피선거권은 공동소유자 각각에 대해서 부여되는 것이 아니라 공동주택을 구성하는 각각의 주택(세대) 단위로 부여되고 있으므로, 주택의 공동소유자가 동별 대표자 선거에 입후보하려는 경우에는 해당 주택에 부여된 피선거권을 단독으로 행사할 수 있는 권원을 확보하는 의미에서 나머지 공동소유자로부터 동의 또는 위임(그 동의 또는 위임의 방식이 명시적이어야 하는지 여부는 별론으로 함)을 받도록 하되, 그 동의 또는 위임은 동별 대표자로 입후보하려는 공유자 자신의 지분을 포함하여 해당 주택 공유지분의 과반수에 상당하는 동의를 필요로 한다고 할 것입니다(법제처 2013. 11. 19. 회신 13-0526 해석례 참조). 따라서, 2분의 1 지분으로 주택을 공동소유하는 경우에는 어느 일방이 과반수의 지분을 가지고 있지 못한 상태이므로 다른 공동소유자의 동의나 위임 없이는 동별 대표자로 입후보할 수 없다고 보아야 할 것입니다.

다음으로, 어느 일방이 과반수의 지분을 가지고 있지 못한 상태여서 공동소유자 일방(B)이 동별 대표자에 입후보하는 데 다른 공동소유자 일방(A)의 동의가 필요한 경우, 다른 공동소유자 일방(A)에게만 해당하는 결격사유가 이미 동별 대표자로 선출된 결격사유가 없는 공동소유자에게 영향을 미치는지에 대하여 살펴보면, 주택의 공동소유자 일방이 입주자로서 동별 대표자가 될 수 있는지는 다른 공동소유자를 떠나서 별개로 판단하기 어렵다 할 것이고, 공동소유자가 동별 대표자에 입후보할 수 있는 자격의 일부는 동의를 한 다른 공동소유자에게서 유래한 것이므로, 비록 동의를 할 당시에는 공동소유자(A)에게 결격사유가 없었다 하더라도 추후 그러한 결격사유에 해당하게 되는 경우에는 그 동의를 받아 동별 대표자에 선출된 공동소유자(B)도 동별 대표자의 자격을 상실한다고 할 것입니다.

더욱이, 공동소유자의 결격사유 해당 여부를 공동소유자별로 독립적으로 판단하여야 하는 것으로 해석한다면, 주택의 공동소유자 일방이 결격사유에 해당하여 동별 대표자의 지위가 상실됨에도, 그 동의를 받은 다른 공동소유자는 동별 대표자의 지위를 상실하지 않는 것으로 보아야 하는 결론에 이른다고 할 것이고, 입주자의 지위에 있는 공동소유자 일방이 해당 공동주택 관리주체의 소속 임직원이 되었음에도 불구하고 다른 공동소유자가 동별 대표자로 계속 그 지위를 유지할 수 있게 되는바, 동별 대표자의 결격사유를 규정하여 공동주택 관련 각종 비리 등을 예방하고 공정한 의사결정을 기하고자 하는 「주택법 시행령」 제50조제4항제8호의 입법취지에 부합하지 않는다고 할 것입니다.

해설

가. 본 유권해석에 대해 제기될 수 있었던 반론

첫째, 결격사유란 임용·고용·위임관계 등에서 사용되는 개념으로 고도의 전문기술 또는 윤리성이 요구되는 직(職)이나 사업 영역에 종사하는 자의 자질을 일정 수준 이상으로 유지함으로써 일반 국민을 불완전한 서비스로부터 보호하기 위한 것이지만, 그 결과로 해당 자격요건을 갖추지 못한 자는 특정 분야의 직업이나 사업을 영위할 수 없게 되어 헌법상 보장되는 기본권인 직업선택의 자유나 경제활동의 자유 등 사회활동에 있어 제한을 받게 된다고 할 것인바,[23] 결격사유를 정한 규정은 그 직이나 일정 영역에 종사하는 자, 즉 당사자 본인에게 적용된다고 보는 것이 타당하다고 할 것이므로, 당사자가 아닌 다른 사람의 결격사유를 당사자에 적용하여 당사자가 불이익을 받도록 확대해석한다거나, 당사자가 아닌 사람에게 당사자의 결격사유를 유추적용하지 않도록 엄격하게 적용하여야 할 것이고, 둘째, 공동주택의 공동소유자 중 일방과 나머지 공동소유자는 별개의 경제주체로서 법률의 적용 효과 역시 개별적으로 나타나는 것이 원칙이라는 점이다.

---

[23] 법제처 2012. 6. 28. 회신 12-0346 해석례 참조.

나. 본 유권해석의 추가논거

위와 같은 반론에도 불구하고 본 유권해석은 그 논거가 탄탄하여 타당하다고 보며, 그 본문에서 언급된 것 외에 다음과 같은 점을 그 논거로 추가할 수 있을 것이다.

「민법」 제265조에 따르면 공유물의 관리에 관한 사항은 공유자 지분의 과반수로써 결정한다. 따라서 동별 대표자로 입후보하는 것이 아파트의 관리에 관한 사항이라고 본다면, 이 사안처럼 어느 일방도 지분의 과반수를 확보하지 못한 경우에는 과반수를 확보하기 위한 동의나 위임이 필요한 것이고, 만일 그 동의나 위임을 한 자에게 흠이 있다면 그 흠이 나머지 일방에게 미치는 것으로 보아야 할 것이다.

다. 입법적인 해결 및 구체적 사례

본 유권해석은 구 주택법령 조항에 관한 것인데 그 후 법제처의 유권해석 등을 반영하여 입법적인 해결을 도모하여 현재는 공동주택관리법령에 이와 같은 사안에 답을 줄 수 있는 규정을 보완하였다. 즉 공동주택 소유자의 결격사유는 그를 대리하는 자에게 미치며, 공유인 공동주택 소유자의 결격사유를 판단할 때에는 지분의 과반수를 소유한 자의 결격사유를 기준으로 하도록 되어 있다(「공동주택관리법 시행령」 제11조제5항). 이 규정에 따른 사례를 보기로 한다. 우선 갑과 을이 50%씩 동일하게 지분을 나누어 갖고 있는 경우. ① 두 사람 모두 결격사유에 해당하지 않으면 상대방의 동의를 받아 둘 중의 한 사람이 동별 대표자가 될 수 있다. ② 만약 둘 중의 한 사람이 결격사유에 해당한다면, 상대방의 동의를 받는다 해도 결격사유에 해당하게 된다. 다음으로, 공유자들의 지분율이 서로 다른 경우에는 어떻게 될 것인가? 예컨대, 배우자 갑이 60%, 을이 40%의 지분을 갖고 있다고 치자. ① 두 사람 모두 결격사유에 해당하지 않는 다면, 갑은 과반수의 지분을 갖고 있으므로 을과는 무관하게 동별 대표자로 선출될 수 있다. 을은 과반에 미치지 못하므로 갑의 동의를 받아 입후보할 수 있다. ② 만약 갑이 결격사유에 해당하면 을의 동의를 받는다고 해도 결격사유에 해당하므로 갑은 입후보할 수 없다. ③ 갑에게 결격사유가 있으면 을이 결격사유에 해당하지 않는다 해도 을은 동별 대표자가 될 수 없다. ④ 갑에게는 결격사유가 없지만 을이 결격사유에 해당하는 경우, 갑이 동의를 해주면 을은 입후보할 수 있을까? 비록 갑의 동의로 절반이 넘는 지분의 동의는 있으나 입후보하는 본인에게 결격사유가 있으므로 안 된다고 보아야 할 것이다.

관련조문

〈주택법〉

제2조(정의) 이 법에서 사용하는 용어의 뜻은 다음과 같다.

1. ~ 11. (생   략)

12. "입주자"란 다음 각 목의 구분에 따른 자를 말한다.

　가. 제13조·제38조·제86조·제89조 및 제98조의 경우: 주택을 공급
　　　받는 자

　나. 제54조 및 제57조의 경우: 주택의 소유자

　다. 제42조부터 제45조까지, 제55조 및 제59조의 경우: 주택의 소유자
　　　또는 그 소유자를 대리하는 배우자 및 직계존비속(直系尊卑屬)

13. ~ 17. (생   략)

〈주택법 시행령〉

제50조(입주자대표회의의 구성 등) ① · ② (생 략)

③ 동별 대표자는 동별 대표자 선출공고일 현재 당해 공동주택단지안에서 주민등록을 마친 후 계속하여 6개월 이상(최초의 입주자대표회의를 구성하거나 제2항 단서의 규정에 의한 입주자대표회의를 구성하기 위하여 동별 대표자를 선출하는 경우는 제외한다) 거주하고 있는 입주자(입주자가 법인의 경우에는 대표자를 말한다) 중에서 다음 각 호의 구분에 따라 선거구 입주자등의 보통 · 평등 · 직접 · 비밀선거를 통하여 선출한다.

1. 입후보자가 2명 이상인 경우: 다득표자를 선출

2. 입후보자가 1명인 경우: 입주자등의 과반수가 투표하고 투표자의 과반수 찬성으로 선출

④ 다음 각 호의 어느 하나에 해당하는 사람은 동별 대표자가 될 수 없으며 그 자격을 상실한다.

1. ~ 7. (생 략)

8. 해당 공동주택 관리주체의 소속 임직원과 관리주체에 용역을 공급하거나 사업자로 지정된 자의 소속 임원

9. · 10. (생 략)

⑤ ~ ⑨ (생 략)

〈現 민법(법률 제17905호)〉

제265조(공유물의 관리, 보존) 공유물의 관리에 관한 사항은 공유자의 지분의 과반수로써 결정한다. 그러나 보존행위는 각자가 할 수 있다.

3	공동소유자(각각 2분의 1 지분) 일방의 직계존속이 동별 대표자로 입후보하려는 경우 자신의 직계비속이 아닌 공동소유자로부터 대리권의 위임·동의를 받을 수 있는지
	(법제처 2014. 3. 5. 회신 13-0532 해석례)

예시 상황

A는 부인 B와 甲 아파트 1동 101호를 각각 50%의 지분을 갖고 공동으로 소유하고 있다. 한편 A와 B 부부는 시아버지 C를 모시고 살고 있는데 시아버지 C는 아파트 동별 대표자 선거에 출마하려고 한다. 시아버지 C가 동별 대표자 선거에 입후보하려면 아들 A의 동의만 받으면 될까? 아니면 며느리 B의 동의도 받아야 할까? 만약 며느리 B의 동의도 받아야 한다면 C는 자신의 직계비속이 아닌 며느리 B의 동의를 받는 것이 가능한 것일까?

질의 배경

○ 민원인이 "부부가 각각 2분의 1 지분으로 아파트를 공동소유한 경우, 남편의 아버지가 동별 대표자로 입후보하기 위하여 남편의 지분만을 위임받아도 되는지, 그 배우자(며느리)의 지분까지 위임받아야 하는지"에 대하여 국토교통부에 문의하였음.

○ 이에 대해 국토교통부는 "부부가 공동소유하는 경우, 남편은 그 배우자(며느리)로부터 지분위임을 받아 소유권을 온전하게 한 뒤, 직계존속인 아버지에게 서면으로 동별 대표자 피선거권을 위임할 수 있다"고 회신함.

○ 이에 대하여 민원인은 "남편의 아버지(시아버지)는 며느리의 직계존속이 아니므로 며느리 소유의 지분은 시아버지에게 위임될 수 없다"고 주장

하자, 국토교통부에서는 법제처의 법령해석을 받아 회신하겠다고 답변한 후, 법제처에 법령해석을 요청한 사안임.

질의 요지

공동주택(세대)을 각각 2분의 1 지분을 가지고 공동으로 소유(공유)하는 경우, 그 공동소유자 일방만의 직계존속이 동별 대표자로 입후보하기 위하여 자신의 직계비속인 공동소유자의 대리권 위임 또는 동의 외에 다른 공동소유자의 대리권 위임 또는 동의도 받을 수 있는지?

주장 가능한 의견

가. 위임 등을 받을 수 있음

부부가 각각 1/2 지분으로 공동소유하는 경우, 공동소유자 중 한 명(A)이 나머지 공동소유자(B)의 동의를 받아 공유지분의 과반을 확보하여 동별 대표자 피선거권 자격을 갖추었다면, A는 자신이 직접 입후보할 수도 있고, A만의 직계존속 C에게 (B가 C에게 대리권을 위임할 수 있으므로) 그 피선거권을 서면으로 위임할 수 있음.

나. 위임 등을 받을 수 없음

부부가 각각 1/2 지분으로 공동소유하는 경우, 공동소유자 중 한 명(A)이 나머지 공동소유자(B)의 동의를 받아 공유지분의 과반을 확보하여 동별 대표자 피선거권 자격을 갖추었다면, A는 자신이 직접 입후보할 수는 있으나, A만의 직계존속 C는 B의 직계존속은 아니어서 B가 C에게 대리권을 위임할 수 없으므로, A가 그 피선거권을 서면으로 C에게 위임할 수 없음.

최종 해석 내용

가. 결론

공동주택(세대)을 각각 2분의 1 지분을 가지고 공동으로 소유(공유)하는 경우, 그 공동소유자 일방만의 직계존속이 동별 대표자로 입후보하기 위하여 자신의 직계비속인 공동소유자의 대리권 위임 또는 동의 외에 다른 공동소유자의 대리권 위임 또는 동의도 받을 수 있다고 할 것입니다.

나. 이유

살펴건대, 「주택법」 제43조제3항에 따라 입주자대표회의를 구성하여야 하는 "입주자"에 대하여 「주택법」 제2조제12호다목에서 "주택의 소유자 또는 그 소유자를 대리하는 배우자 및 직계존비속"이라고 정의하고 있는바, 여기서 "주택의 소유자"에는 주택의 소유형태에 따라 단독소유자뿐 아니라 공동소유자도 포함된다고 할 것입니다. "입주자"를 주택의 소유자 외에 그 소유자를 대리하는 배우자 및 직계존비속도 포함하여 규정한 것은 입주자대표회의의 구성 등 공동주택의 관리·감독 등과 관련된 권리의 행사 및 의무의 이행을 주택의 소유자와 일정한 신분관계가 있는 자에게까지 허용하여 공동주택 관리·감독의 적정을 기하려는 취지(법제처 2012. 5. 11. 회신 12-0080 해석례 참조)에 비추어 볼 때, "주택소유자의 직계존속"에는 단독소유자의 직계존속뿐 아니라 공동소유자의 직계존속도 포함된다고 보아야 할 것입니다. 그렇다면 공동주택의 소유자가 그 소유자의 직계존속에게 대리권을 위임한다는 의미는 공동소유자가 자신의 직계존속뿐만 아니라 다른 공동소유자의 직계존속에게 대리권을 위임하는 경우까지를 포함한다고 보는 것이 법령의 문언 및 공동주택을 관리·감독할 수 있는 자를 폭넓게 규정한 입법취지에도 부합한다고 할 것입니다.

또한, 입주자대표회의를 구성하는 동별 대표자의 선거권 및 피선거권은 입주자대표회의의 민주적 정당성을 확보하기 위한 기본적인 권리로서 최대한 보장되어야 한다는 점에 비추어 볼 때, 법령상 특별한 제한규정이 없는 한 그 선거권 및 피선거권과 관련한 규정은 그 권리를 최대한 보장하는 방향으로 해석하는 것이 타당하다고 할 것입니다. 「주택법 시행령」 제50조제4항에서 동별 대표자 피선거권 상실 사유를 열거하면서, 같은 항 제7호에 "주택의 소유자가 서면으로 위임한 대리권이 없는 소유자의 배우자나 직계존비속"을 규정한 취지는 주택의 소유자와 이해관계가 전혀 없는 사람이 입주자대표회의를 구성하는 동별 대표자가 되어서는 아니 된다는 것으로 보이는 점을 고려하면, 어느 하나의 공동소유자의 직계존속인 이상 다른 공동소유자의 직계존속이 아니라고 하더라도 다른 공동소유자로부터 대리권을 위임받거나 동의를 받을 수 있다(서울고등법원 2012. 3. 21. 2011라1350 결정례 참조)고 보아야 할 것입니다.

해설

본 유권해석 대상 법령 규정에서 "주택소유자의 직계존속"을 해석할 때 이 조항이 공동주택 관리와 관련하여 입주민의 지위를 보장하려는 취지를 가지고 있는 것이므로 굳이 그 의미를 좁게 해석해야 할 필요는 없을 것으로 본다. 더군다나 동별 대표자로 입후보하려는 사람이 많지 않아 입주자대표회의 구성이 어려운 현실을 고려할 때에도 그렇다. 따라서 "주택소유자의 직계존속"에는 공동소유자 중 일방의 직계존속도 포함된다고 보아야 하고, 그렇다면 공동주택 소유자가 그 소유자의 직계존속에게 대리권을 위임한다는 의미는 공동소유자 일방이 자신의 직계존속에게 위임하는 것은 물론이고, 다른 공동소유자의 직계존속에게 대리권을 위임하는 것까지를 포함하는 것으로 해석하는 것이 옳다고 생각한다. 만약 공동소유자 전원의 직계존속에게만 대리권을 위임할 수 있다고 본다면, 이 조항이 적용되는 경우는 공동소유자가 형제 · 자매인 경우밖에는 없다는 것이 되어 불합리하다. 현실적으로 공동소유자는 부부인 경우가 많기 때문이다.

이 유권해석은 구 주택법령에 대한 것이지만 현행 공동주택관리법령의 내용과 체계도 유사하므로 현재도 유효한 해석이라고 본다.

관련조문

〈주택법〉

제2조(정의) 이 법에서 사용하는 용어의 뜻은 다음과 같다.

　1. ~ 11. (생 략)

　12. "입주자"란 다음 각 목의 구분에 따른 자를 말한다.

　　가. 제13조 · 제38조 · 제86조 · 제89조 및 제98조의 경우: 주택을 공급받는 자

　　나. 제54조 및 제57조의 경우: 주택의 소유자

　　다. 제42조부터 제45조까지, 제55조 및 제59조의 경우: 주택의 소유자 또는 그 소유자를 대리하는 배우자 및 직계존비속(直系尊卑屬)

　13. ~ 17. (생 략)

제43조(관리주체 등) ① · ② (생 략)

③ 입주자는 제1항에 따른 요구를 받았을 때에는 그 요구를 받은 날부터 3개월 이내에 입주자대표회의를 구성하고, 그 공동주택의 관리방법을 결정(주택관리업자에게 위탁하여 관리하는 방법을 선택한 경우에는 그 주택관리업자의 선정을 포함한다)하여 이를 사업주체에게 통지하고, 관할 시장 · 군수 · 구청장에게 신고하여야 한다.

④ ~ ⑧ (생 략)

〈주택법 시행령〉

제50조(입주자대표회의의 구성 등) ① ~ ③ (생 략)

④ 다음 각 호의 어느 하나에 해당하는 사람은 동별 대표자가 될 수 없으며 그 자격을 상실한다.

1. ~ 6. (생 략)

7. 주택의 소유자가 서면으로 위임한 대리권이 없는 소유자의 배우자나 직계존비속

8. ~ 10. (생 략)

⑤ ~ ⑨ (생 략)

제4장

동별 대표자 결격사유인 관리주체 임직원의 의미

<table>
<tr>
<td>1</td>
<td>공동주택을 관리하고 있는 사업주체(지역주택조합)의 임원이 동별 대표자 결격사유에 해당하는지 (법제처 2020. 11. 19. 회신 20–0500 해석례)</td>
</tr>
</table>

예시 상황

甲 아파트는 지역주택조합이 사업주체가 되어 건설한 아파트이다. 甲 아파트 입주자등은 아파트 건설 후 최초의 입주자대표회의를 구성하고, 주택관리업체 선정 등의 후속 작업을 진행하려고 한다. 아직 주택관리업체가 선정되지 못하다 보니 지역주택조합이 아파트 관리주체로서의 역할을 수행하고 있는데 지역주택조합의 임원인 A가 동별 대표자 선거에 입후보하려고 한다. 주택법령에서는 관리주체 소속의 임직원은 동별 대표자에 입후보할 수 없도록 규정하고 있는데, A는 이러한 결격사유에 해당하는 것일까?

질의 배경

○○시는 공동주택 관리주체가 지역주택조합인 경우 지역주택조합의 임원은 「공동주택관리법 시행령」 제11조제4항제4호에 따른 동별 대표자 결격사유에 해

당하지 않는다고 판단하여 국토교통부에 질의하였으나, 국토교통부에서는 동별 대표자 결격사유에 해당한다고 회신하자, 법제처에 직접 법령해석을 요청함.

질의 요지

「주택법」 제2조제11호가목에 따른 지역주택조합(이하 "지역주택조합"이라 함)이 건설한 공동주택[24]의 입주자등[25]이 「공동주택관리법」 제11조제2항에 따라 최초로 입주자대표회의[26]를 구성하려는 경우, 해당 지역주택조합의 임원은 같은 법 제14조제4항제5호 및 같은 법 시행령 제11조제4항제4호에 따른 동별 대표자 결격사유에 해당하는지?

주장 가능한 의견

가. 결격사유에 해당함

○ 「공동주택관리법」에 따르면 "제13조제1항에 따라 관리업무를 인계하기 전의 사업주체"를 관리주체로 규정하고 있고(제2조제1항제10호), 관리주체의 소속 임직원은 동별 대표자가 될 수 없다고 규정하고 있는바(제14조제4항제5호 및 같은 법 시행령 제11조제4항제4호),

　　- 이 사안과 같이 사업주체가 지역주택조합인 경우, 사업주체가 공동주택의 관리업무를 주택관리업자 등에게 인계하기 전까지는 지역주택조합이

---

24 「공동주택관리법」 제2조제1항제2호에 따른 의무관리대상 공동주택을 전제함.

25 「공동주택관리법」 제2조제1항제7호에 따른 입주자등을 말하며, 이하 같음.

26 「공동주택관리법」 제2조제1항제8호에 따른 입주자대표회의를 말하며, 이하 같음.

해당 공동주택을 관리하는 관리주체에 해당하는 것은 법령상 명백하므로 해당 조합의 임원이 동별 대표자가 될 수 없는 것 또한 문언상 분명함.

○ 이와 같이 관리주체의 소속 임직원을 입주자대표회의 구성원인 동별 대표자의 결격사유로 규정한 취지는 관리주체와 입주자등의 이익충돌을 방지하여 입주자등의 이익을 보호하기 위한 것인데,
 - 지역주택조합이 건설한 공동주택의 입주자등이 지역주택조합의 조합원으로만 구성되는 것은 아니므로[27] 입주자등을 대표하는 기관인 입주자대표회의[28]와 사업주체이자 관리주체인 지역주택조합의 이익이 충돌하는 경우가 없다고 보기 어려움.

나. 결격사유에 해당하지 않음

○ 「공동주택관리법」 제14조제4항제5호 및 같은 법 시행령 제11조제4항제4호에서 관리주체의 소속 임직원을 동별 대표자의 결격사유로 두어 피선거권을 제한한 것은 관리주체의 소속 임직원이 동별 대표자가 된 경우 해당 동별 대표자는 입주자등의 이익보다 관리주체의 이익을 대변하는 등 입주자대표회의의 공정한 의사결정을 방해할 소지가 있으므로 사전에 동별 대표자가 되는 것을 금지하려는 취지인데,
 - 사업주체인 지역주택조합의 설립 목적은 일정한 주민들이 주택을 마련하기 위한 것으로 그 구성원은 주택 소유자(입주자)가 되므로 지역주택조합의 임원은 모두가 결국 주택 소유자(입주자)의 이익을 대변하는 자

---

27 「주택법 시행령」 제20조제5항제1호에 따르면 지역주택조합은 주택건설 예정 세대수의 50퍼센트 이상의 조합원으로 구성되면 됨.

28 「공동주택관리법」 제2조제1항제8호 참조.

라고 할 것인바, 비록 지역주택조합의 임원으로서 관리주체의 임원인 자라고 하더라도 주택 소유자(입주자)의 이익을 대변하는 자라는 점에서 동별 대표자의 역할과 이익충돌이 있다고 볼 수 없음.

○ 따라서 이 사안과 같이,「공동주택관리법」제11조제1항에 따라 사업주체인 지역주택조합이 관리주체의 역할을 하는 경우, 문언만을 근거로 지역주택조합의 임원이라고 하여 동별 대표자의 결격사유에 해당하는 것으로 보는 것은 이익충돌 방지라는 목적에 대한 수단의 적합성이 결여된 과도한 피선거권 제한에 해당하는바, 헌법합치적으로 해석하기 위해서는 지역주택조합의 임원은 결격사유에서 제외되는 것으로 보아야 함.

○ 아울러,「공동주택관리법 시행령」제11조제4항제4호의 관리주체의 소속 임직원은 관리주체의 구성원 전체를 지칭하는 것으로 보아야 하는바, 지역주택조합이 관리주체인 경우 관리주체의 임직원에는 조합 임원을 포함한 조합원 모두가 포함되는 것인데, 지역주택조합이 건설한 공동주택과 같이 조합원이 입주자등의 대다수를 차지하는 경우에도 조합원 모두에게 동별 대표자의 피선거권이 없다고 보는 것은 입주자대표회의 구성 자체가 불가능하게 될 수 있는 점도 고려해야 함.

최종 해석 내용

가. 결론

이 사안의 경우 지역주택조합의 임원은「공동주택관리법」제14조제4항제5호 및 같은 법 시행령 제11조제4항제4호에 따른 동별 대표자 결격사유에 해당합니다.

나. 이유

「공동주택관리법」제14조제4항 및 같은 법 시행령 제11조제4항에서는 입주자대표회의를 구성하는 동별 대표자의 결격사유에 해당하는 사람을 각 호로 열거하면서 그중 하나로 "해당 공동주택 관리주체의 소속 임직원"(영 제11조제4항제4호)을 규정하고 있고, 같은 법 제2조제1항제10호나목에서는 같은 법 제13조제1항에 따라 관리업무를 인계하기 전의 사업주체를 관리주체라고 정의하고 있습니다.

그리고 「공동주택관리법」제11조제2항에 따라 최초로 입주자대표회의를 구성하려는 경우 아직 입주자대표회의가 구성되지 않은 상태이고 해당 공동주택의 관리방법이 결정되기 전이므로 같은 법 제13조제1항에 따른 공동주택 관리업무의 인계가 이루어질 수 없는바, 이 사안의 지역주택조합은 사업주체이자 같은 법 제2조제1항제10호나목에 따른 관리주체로서 해당 조합의 임원은 동별 대표자의 결격사유에 해당하는 것이 문언상 명백합니다.

이와 같이 공동주택 관리주체의 소속 임직원을 동별 대표자의 결격사유로 두어 피선거권을 제한한 것은 관리주체의 소속 임직원이 동별 대표자가 될 경우 입주자등이 아닌 관리주체의 이익을 대변하는 등 입주자대표회의의 공정한 의사결정을 방해할 소지가 있으므로 이익충돌 상황을 사전에 방지함으로써 입주자등의 이익을 보호하려는 취지인데, 지역주택조합이 건설한 공동주택의 경우 지역주택조합의 조합원이 아닌 세대도 입주자등이 될 수 있으므로[29] 관리주체인 지역주택조합과 입주자대표회의 간 이익충돌 가능성이 없다고 볼 수 없

---

[29] 「주택법 시행령」제20조제5항제1호에 따르면 지역주택조합은 주택건설 예정 세대수의 50퍼센트 이상의 조합원으로 구성함.

는바, 지역주택조합이 관리주체인 경우에도 관리주체의 소속 임직원이 동별 대표자가 되는 것은 여전히 제한할 필요가 있습니다.

해설

　규정의 문언에서 바로 도출될 수 있는 타당한 해석이라고 할 수 있을 것이다. 그 외에도 실제 벌어질 수 있는 문제 상황을 해결하기 위해서도 그렇게 해석할 필요가 있는 것으로 보이는데, 사업주체는 입주가능일로부터 관리업무를 인계하기 전까지 관리업무를 수행하며, 일반적으로 입주자대표회의 구성 후 관리업무 인계까지는 6개월 정도 소요된다고 한다.

　그런데, 사업주체인 지역주택조합 청산 전에 지역주택조합은 공동주택 건설 관련 하자보수를 마무리해야 하는데, 지역주택조합 임원이 동별 대표자로 선출되면 시공사와 결탁하여 하자보수비를 주택건설사업비로 충당하지 않고, 입주자등의 관리비로 충당하도록 입주자대표회의에서 의결하는 등의 문제가 발생한 사례가 있었다고 한다. 이에 따라 이권 개입 및 비리 방지를 위해서도 결격사유에 해당한다고 해석하는 것이 타당하다는 결론이다.

〈공동주택관리법〉

제2조(정의) ① 이 법에서 사용하는 용어의 뜻은 다음과 같다.

   1. ~ 9. (생 략)

   10. "관리주체"란 공동주택을 관리하는 다음 각 목의 자를 말한다.

      가. 제6조제1항에 따른 자치관리기구의 대표자인 공동주택의 관리사무

        소장

      나. 제13조제1항에 따라 관리업무를 인계하기 전의 사업주체

      다. 주택관리업자

      라. 임대사업자

      마. 「민간임대주택에 관한 특별법」 제2조제11호에 따른 주택임대관리

        업자(시설물 유지·보수·개량 및 그 밖의 주택관리 업무를 수행하

        는 경우에 한정한다)

   11. ~ 21. (생 략)

   ② (생 략)

제11조(관리의 이관) ① (생 략)

   ② 입주자등이 제1항에 따른 요구를 받았을 때에는 그 요구를 받은 날부터 3

개월 이내에 입주자를 구성원으로 하는 입주자대표회의를 구성하여야 한다.

   ③ (생 략)

제13조(관리업무의 인계) ① 사업주체 또는 의무관리대상 전환 공동주택의

관리인은 다음 각 호의 어느 하나에 해당하는 경우에는 대통령령으로 정하

는 바에 따라 해당 관리주체에게 공동주택의 관리업무를 인계하여야 한다.

   1. 입주자대표회의의 회장으로부터 제11조제3항에 따라 주택관리업자의

      선정을 통지받은 경우

2. 제6조제1항에 따라 자치관리기구가 구성된 경우

3. 제12조에 따라 주택관리업자가 선정된 경우

② (생 략)

제14조(입주자대표회의의 구성 등) ① ~ ③ (생 략)

④ 서류 제출 마감일을 기준으로 다음 각 호의 어느 하나에 해당하는 사람은 동별 대표자가 될 수 없으며 그 자격을 상실한다.

1. ~ 4. (생 략)

5. 그 밖에 대통령령으로 정하는 사람

⑤ ~ ⑪ (생 략)

〈공동주택관리법 시행령〉

제11조(동별 대표자의 선출) ① ~ ③ (생 략)

④ 법 제14조제4항제5호에서 "대통령령으로 정하는 사람"이란 다음 각 호의 어느 하나에 해당하는 사람을 말한다.

1. ~ 3. (생 략)

4. 해당 공동주택 관리주체의 소속 임직원과 해당 공동주택 관리주체에 용역을 공급하거나 사업자로 지정된 자의 소속 임원. 이 경우 관리주체가 주택관리업자인 경우에는 해당 주택관리업자를 기준으로 판단한다.

5. ~ 7. (생 략)

⑤ (생 략)

예시 상황

K는 A아파트의 동별 대표자였는데 임기 중에 주택관리회사인 C회사에 채용되어 B아파트단지의 직원으로 근무하게 되었다. 그런데 A아파트도 C회사에 아파트단지의 관리업무를 위탁하고 있었다. 이에 따라 K는 A아파트 관리주체인 C회사 소속의 직원에 해당하여 주택법령에 따라 동별 대표자의 자격을 상실하게 되었다. 이후 C회사에서 퇴사한 K는 다시 A아파트 동별 대표자 선거에 입후보하려고 한다. K가 C회사를 퇴사한 이후라면 결격사유가 해소되어 다시 동별 대표자가 될 수 있는 것일까? 아니면 동별 대표자의 자격을 한 번 상실했으므로 동별 대표자는 될 수 없는 것일까? 만약 동별 대표자가 될 수 있다면 자격상실의 경우에도 사퇴·해임된 경우와 마찬가지로 자격상실일로부터 4년이 지나야 동별 대표자가 될 수 있는 것일까?

질의 배경

○ A아파트 동별 대표자로 선출된 K는 그 임기 중에 A아파트단지의 관리업무를 위탁받아 수행하고 있는 주택관리회사인 C회사 소속으로 B아파트단지 직원으로 근무하게 되었고, 「주택법 시행령」 제50조제4항제8호에 따라 동별 대표자의 자격을 상실하였음.

○ 이후 K가 해당 회사에서 퇴사하고 다시 A아파트단지 동별 대표자를 선출하는 선거에 입후보하자 민원인은 A의 자격 여부를 국토부에 질의하였는데, 국토부로부터 동별 대표자가 되기 전에 해당 공동주택 관리주체에서 퇴사하였다면 「주택법 시행령」 제50조제4항제8호, 같은 항 제9호에 따른 결격사유에 해당하지 않아 동별 대표자로 출마 가능하다는 답변을 받자, 이에 이의가 있어 직접 법제처에 법령해석을 요청함.

질의 요지

「주택법 시행령」 제50조제4항 각 호 외의 부분에서는 같은 항 각 호의 어느 하나에 해당하는 사람은 동별 대표자가 될 수 없으며 그 자격을 상실한다고 규정하고 있고, 같은 항 각 호에서는 입주자대표회의의 구성원인 동별 대표자의 결격사유를 규정하고 있는데, 같은 항 제8호에서는 해당 공동주택 관리주체의 소속 임직원과 관리주체에 용역을 공급하거나 사업자로 지정된 자의 소속 임원을, 같은 항 제9호에서는 해당 공동주택의 동별 대표자를 사퇴하거나 해임된 날부터 4년이 지나지 아니한 사람을 각각 규정하고 있는바,

가. 동별 대표자가 「주택법 시행령」 제50조제4항제8호에 해당하여 임기 중에 그 자격을 상실한 경우, 그 자격을 상실한 사람은 퇴사 등으로 해당 공동주택의 관리주체 소속 임직원이 아니게 된 이후에도 다시 동별 대표자가 될 수 없는지?

나. 동별 대표자가 「주택법 시행령」 제50조제4항제8호에 해당하여 별도로 사퇴나 해임의 절차를 거치지 않고 그 자격을 상실한 경우에도, 같은 항 제9호에 해당하는 경우와 동일하게 그 자격을 상실한 날부터 4년이 지나

지 아니하면 다시 동별 대표자가 될 수 없는지?

주장 가능한 의견

가. 질의 가

(1) 다시 동별 대표자가 될 수 있음

○ 동별 대표자가 해당 공동주택 관리주체인 회사에서 퇴사한 경우라면 더 이상「주택법 시행령」제50조제4항제8호에 따른 결격사유에 해당하지 않기 때문에 동별 대표자가 될 수 있음.

○ 그리고,「주택법 시행령」제50조제4항제8호에 따라 동별 대표자가 해당 공동주택 관리주체의 소속 임직원이 되어 결격사유에 해당되게 되고, 동별 대표자 자격이 자동 상실된 이후 관리 주체 소속 임직원을 사직한 경우에 대해서 주택법령에서는 별도의 복권 절차를 규정하고 있지 않음.

(2) 다시는 동별 대표자가 될 수 없음

국어사전상 "상실"의 의미는 어떤 것이 아주 없어지거나 사라진다는 뜻이고, 동별 대표자가 관리업체 소속 임직원이 되면 그 자격을 상실하게 된다는 의미는 사면복권이 되지 않으면 앞으로 영원히 동별 대표자가 될 수 없다는 뜻이므로 해당 관리업체에서 퇴사하더라도 다시 동별 대표자가 될 수 없음.

나. 질의 나

(1) 4년이 지나지 않아도 다시 동별 대표자가 될 수 있음

동별 대표자가 사퇴나 해임절차를 거치지 않고 결격사유에 해당하여 자격이 자동 상실된 경우에는 주택법 시행령 제50조제4항제9호에서 규정하고 있는 "사퇴나 해임"에 해당하지 않으므로 다른 결격사유가 없다면 4년이 지나지 않아도 동별 대표자가 될 수 있음.

(2) 4년이 지나야 다시 동별 대표자가 될 수 있음

○ 동별 대표자에서 사퇴한 사람도 4년이 지나야 동별 대표자가 될 수 있는 자격이 있는데 해당 공동주택의 관리업체 소속 임직원이라는 이유로 자격상실 된 자에게는 해당 관리업체에서 퇴사하면 자격제한이 해소된다고 보는 것은 형평성에 반함.
○ 따라서, 해당 공동주택의 관리업체 소속 임직원이라는 이유로 자격이 상실된 사람이 동별 대표자가 되려면 적어도 사퇴한 사람과 마찬가지로 그 자격상실이 된 때부터 4년이 지나야 한다고 보는 것이 타당한바, 그 자격을 상실한 날로부터 4년이 지나지 아니하면 다시 동별 대표자가 될 수 없음.

최종 해석 내용

가. 결론

(1) 동별 대표자가 「주택법 시행령」 제50조제4항제8호에 해당하여 임기 중

에 그 자격을 상실한 경우, 퇴사 등으로 해당 공동주택의 관리주체 소속 임직원이 아니게 된 이후에는 다시 동별 대표자가 될 수 있습니다.

(2) 동별 대표자가 「주택법 시행령」 제50조제4항제8호에 해당하여 별도로 사퇴나 해임의 절차를 거치지 않고 그 자격을 상실한 경우, 그 자격을 상실한 날부터 4년이 지나지 아니하더라도 다른 결격사유가 없다면 다시 동별 대표자가 될 수 있습니다.

나. 이유

1) 질의 가에 대하여

먼저, 「주택법 시행령」 제50조제4항 각 호 외의 부분에서는 같은 항 각 호의 어느 하나에 해당하는 사람은 동별 대표자가 될 수 없으며 그 자격을 상실한다고 규정하고 있는바, 이는 그 문언상 동별 대표자가 되려는 사람이 「주택법 시행령」 제50조제4항 각 호에서 규정하고 있는 결격사유 중 어느 하나에 해당하게 되면 동별 대표자가 될 수 없다는 것과 그러한 결격사유에 해당하지 아니한 사람이 동별 대표자가 되더라도 그 임기 중 그러한 결격사유에 해당하게 되면 별도의 사퇴나 해임 절차 등이 없어도 동별 대표자의 자격이 상실된다는 것을 의미한다고 할 것입니다.

그리고, 동별 대표자의 결격사유를 규정하고 있는 「주택법 시행령」 제50조제4항은 일정한 사유에 해당하게 되는 시기(始期)와 종기(終期)를 두어 그 기간 동안에는 동별 대표자의 자격을 취득할 수 없도록 하는 규정이라고 할 것인데(법제처 2016. 4. 11. 16-0055 해석례 참조), 같은 항 각 호에서는 동별 대표자가 될 수 없는 시기와 종기를 각 사유별로 각각 달리 정하고 있습니다. 즉, 「주택법 시행령」 제50조제4항제3호 · 제4호 및 제5호 등에서는 결격사유에 해당하는 일정한 사유를 규정하면서 해당 사유에 다시 일정한 제한기간을 두고 있는 반면, 같은 항 제1호 · 제2호 및 제8호 등에서는 결격사유에 해당하는 일정한 사유 외에 별도의 제한기간을 명시적으로 두고 있지 아니한바, 결격사유에 해당하는 일정한 사유 외에 별도의 제한기간을 두지 않은 후자의 경우에는 해당 규정에서 정하고 있는 결격사유가 해소되면 동별 대표자가 될 수 있는 자격을 취득할 수 없도록 하는 기간의 종기가 도래하게 되므로 그때부터는 다시 동별 대표자가 될 수 있다고 할 것입니다.

그렇다면, 「주택법 시행령」 제50조제4항제8호는 해당 공동주택 관리주체의 소속 임직원과 관리주체에 용역을 공급하거나 사업자로 지정된 자의 소속 임원이 된 시점이 결격사유에 해당하게 되는 "시기"가 되고, 퇴사 등으로 해당 공동주택 관리주체의 소속 임직원과 관리주체에 용역을 공급하거나 사업자로 지정된 자의 소속 임원의 지위를 갖지 않게 되는 시점이 "종기"가 된다고 보아야할 것인바, 동별 대표자가 「주택법 시행령」 제50조제4항제8호의 사유에 해당하여 임기 중 해당 동별 대표자의 자격을 상실하였더라도 그 이후 퇴사 등으로 해당 공동주택 관리주체 소속 임직원이 아니게 된 경우에는 더 이상 같은 항 제8호의 결격사유인 "해당 공동주택 관리주체의 소속 임직원"에 해당하지 않으므로 동별 대표자가 될 수 있는 자격을 취득할 수 없도록 하는 기간이 종료된다고 할 것입니다.

2) 질의 나에 대하여

먼저, 「주택법 시행령」 제50조제4항제9호에서의 "사퇴"는 어떤 직을 그만둠에 있어 행위자의 자발적인 행위를 요하고(법제처 2014. 11. 21. 회신 14-0632 해석례 참조), 같은 규정의 "해임"은 관리규약으로 정한 사유가 있는 경우에 해당 선거구 입주자등의 과반수가 투표하고 투표자 과반수 찬성으로 하도록 하고 있는바(같은 조 제7항제1호), 이와 같이 그 효력 발생을 위하여 일정한 행위 또는 절차가 요구되는 사퇴나 해임과 달리 동별 대표자의 임기 중 결격사유에 해당하게 되는 경우에는 별도의 절차를 거치지 않고 그 자격이 당연히 상실되는 것이므로 결격사유에 의한 자격 상실은 사퇴나 해임과 그 성격상 명확하게 구별된다고 할 것입니다.

다음으로, 법령상의 결격사유에 해당하게 되면 특정 분야의 직업이나 사업을 영위할 수 없게 되어 헌법상 보장되는 기본권인 직업선택의 자유나 경제활동의 자유 등 사회활동에 있어 제한을 받게 되므로, 결격사유를 규정하는 경우에는 공익상의 목적을 달성하는 데 필요한 최소한의 사유에 그쳐야 하고, 결격사유를 정한 규정을 해석할 때에도 문언의 범위를 넘어 확대 해석하거나 유추 적용하는 것은 허용되지 않는다고 할 것입니다(법제처 2014. 11. 21. 회신 14-0632 해석례 참조).

그런데, 「주택법 시행령」 제50조제4항제8호에서는 해당 공동주택 관리주체의 소속 임직원과 관리주체에 용역을 공급하거나 사업자로 지정된 자의 소속 임원을 결격사유로 규정하고 있을 뿐 그 외에 별도의 기간 제한은 두고 있지 아니한바, 그 문언상 해당 규정에서 정하고 있는 결격사유가 해소되면 다시 동별 대표자가 될 수 있는 것으로 보아야 하고, 「주택법 시행령」 제50조제4항제9호와 같이 동별 대표자의 사퇴나 해임 후 상당한 기간 동안 다시 동별 대표자로 선출될 수 없다고 보는 것은 「주택법 시행령」 제50조제4항제8호의 문언을 넘어서는 확대해석 또는 유추해석으로서 허용되지 않는다고 할 것입니다.

한편, 사퇴나 해임의 경우 4년 동안 동별 대표자가 될 수 없도록 하고 있는데, 공동주택의 관리주체 소속 임직원 등이 되어 동별 대표자가 될 수 없는 사람이 퇴사 등으로 해당 관리주체 소속 임직원이 아니게 된 이후 아무런 기간 제한 없이 다시 동별 대표자가 될 수 있다고 하는 것은 형평에 맞지 않다는 의견이 있을 수 있습니다. 그러나, 결격사유에 관한 규정은 엄격하게 해석·적용되어야 하고, 법령에서 명시적으로 결격사유 기간을 제한하지 않았음에도 불구하고 해석으로 결격사유 기간이 있다고 보는 것은 결격사유 규정에 대한 해석의 범위를 넘는 것으로 허용되지 아니하므로, 그러한 의견은 타당하지 않다고 할 것입니다.

해설

공동주택관리법령의 결격사유를 살펴보면 어떠한 사유를 규정하면서 거기에 더해 일정한 제한기간을 두고 있는 경우가 있다. 예를 들어 '벌금을 선고받고 2년이 지나지 않은 사람'이 그것이다. 반면에 사유만 규정하고 별도의 제한기간은 두고 있지 않은 이 유권해석 사안과 같은 결격사유도 있다. 그 둘의 차이는, 공동주택을 관리하는 업무를 수행하게 되는 동별 대표자가 제대로 주민의 대표로서 활동할 때에 어느 정도로 흠을 용인할 것인지의 문제라고 본다. 즉, 중대한 흠이라면 그 사유발생 후 일정한 기한까지 동별 대표자가 될 수 없게 할 필요가 있는 것이다. 이 사안과 같이 별도의 추가적인 제한기간이 없다면, 그 결격사유가 해소되면 즉시 동별 대표자가 될 수 있는 자격이 생긴다고 보는 것이 타당할 것이다.

이 해석의 대상 법령은 구 「주택법 시행령」인데, 해당 내용은 그 후 「공동주택관리법」이 제정되면서 이관되었다(「공동주택관리법」 제14조 및 동 시행령

제11조). 문언이 조금 수정된 것은 있으나 기본적인 구조는 유사하므로 본 유권해석은 여전히 유효한 것으로 보아야 한다.

관련조문

〈주택법 시행령〉

제50조(입주자대표회의의 구성 등) ① ~ ③ (생 략)

④ 다음 각 호의 어느 하나에 해당하는 사람은 동별 대표자가 될 수 없으며 그 자격을 상실한다.

1. 미성년자, 피성년후견인 및 피한정후견인

2. 파산자로서 복권되지 아니한 사람

3. 금고 이상의 실형 선고를 받고 그 집행이 끝나거나(집행이 끝난 것으로 보는 경우를 포함한다) 집행이 면제된 날로부터 5년이 지나지 아니한 사람

4. 금고 이상의 형의 집행유예선고를 받고 그 유예기간 중에 있는 사람

5. 공동주택 관리와 관련하여 벌금 100만원 이상의 형을 선고받은 후 5년이 지나지 아니 한 사람

6. · 7. (생 략)

8. 해당 공동주택 관리주체의 소속 임직원과 관리주체에 용역을 공급하거나 사업자로 지정된 자의 소속 임원

9. 해당 공동주택의 동별 대표자를 사퇴하거나 해임된 날로부터 4년이 지나지 아니한 사람

10. (생 략)

⑤ ~ ⑩ (생 략)

〈現 공동주택관리법(법률 제17544호)〉

제14조(입주자대표회의의 구성 등) ① ~ ③ (생 략)

④ 서류 제출 마감일을 기준으로 다음 각 호의 어느 하나에 해당하는 사람은 동별 대표자가 될 수 없으며 그 자격을 상실한다.

1. 미성년자, 피성년후견인 또는 피한정후견인

2. 파산자로서 복권되지 아니한 사람

3. 이 법 또는 「주택법」, 「민간임대주택에 관한 특별법」, 「공공주택 특별법」, 「건축법」, 「집합건물의 소유 및 관리에 관한 법률」을 위반한 범죄로 금고 이상의 실형 선고를 받고 그 집행이 끝나거나(집행이 끝난 것으로 보는 경우를 포함한다) 집행이 면제된 날부터 2년이 지나지 아니한 사람

4. 금고 이상의 형의 집행유예선고를 받고 그 유예기간 중에 있는 사람

5. 그 밖에 대통령령으로 정하는 사람

⑤ ~ ⑪ (생 략)

〈現 공동주택관리법 시행령(대통령령 제32076호)〉

제11조(동별 대표자의 선출) ① ~ ③ (생 략)

④ 법 제14조제4항제5호에서 "대통령령으로 정하는 사람"이란 다음 각 호의 어느 하나에 해당하는 사람을 말한다.

1. 법 또는 「주택법」, 「민간임대주택에 관한 특별법」, 「공공주택 특별법」, 「건축법」, 「집합건물의 소유 및 관리에 관한 법률」을 위반한 범죄로 벌금형을 선고받은 후 2년이 지나지 않은 사람

2. 법 제15조제1항에 따른 선거관리위원회 위원(사퇴하거나 해임 또는 해촉된 사람으로서 그 남은 임기 중에 있는 사람을 포함한다)

3. 공동주택의 소유자가 서면으로 위임한 대리권이 없는 소유자의 배우자

나 직계존비속

4. 해당 공동주택 관리주체의 소속 임직원과 해당 공동주택 관리주체에 용역을 공급하거나 사업자로 지정된 자의 소속 임원. 이 경우 관리주체가 주택관리업자인 경우에는 해당 주택관리업자를 기준으로 판단한다.

5. 해당 공동주택의 동별 대표자를 사퇴한 날부터 1년(해당 동별 대표자에 대한 해임이 요구된 후 사퇴한 경우에는 2년을 말한다)이 지나지 아니하거나 해임된 날부터 2년이 지나지 아니한 사람

6. 제23조제1항부터 제5항까지의 규정에 따른 관리비 등을 최근 3개월 이상 연속하여 체납한 사람

7. 동별 대표자로서 임기 중에 제6호에 해당하여 법 제14조제5항에 따라 퇴임한 사람으로서 그 남은 임기(남은 임기가 1년을 초과하는 경우에는 1년을 말한다) 중에 있는 사람

⑤ (생 략)

예시 상황

K는 A아파트단지와 B아파트단지의 관리업무를 위탁받아 수행하고 있는 C 회사의 임직원으로서 B아파트의 관리사무소장으로 근무하고 있던 중에 A 아파트의 동별 대표자로 선출되었다. 이에 A아파트 입주민 일부가 주택법 령상 '해당 공동주택의 관리주체 소속 임직원'은 동별 대표자의 결격사유 에 해당하므로 C회사의 임직원인 K는 동별 대표자가 될 자격이 없다고 주 장하고 있다. 하지만 K는 자신이 관리주체인 C회사의 임직원이기는 하지 만 B아파트단지를 위해 근무하고 있을 뿐이어서 A아파트의 동별 대표자로 서 공정성을 해칠 우려가 없으므로 A아파트의 동별 대표자가 되는 데 아무 런 문제가 없다고 생각하고 있다. K의 생각은 옳은 것일까?

질의 배경

○ 주택관리회사인 C회사는 A아파트단지와 B아파트단지의 관리업무를 위
  탁받아 수행하고 있고, C회사의 임직원인 K는 A아파트단지에 거주하면
  서, B아파트단지의 관리사무소장으로 근무하고 있는 중에 A아파트단지
  의 동별 대표자로 선출됨.

○ 이에 A아파트단지 거주자 일부가 K가 동별 대표자가 될 수 있는지에 대
  해 의문을 제기하자, K가 이 건 법령해석을 요청함.

· 관리주체 C는 공동주택 A와 B의 관리 업무를 위탁받아 수행하고 있음.
· K는 C의 소속 임직원으로서, B에서 관리소장으로 근무하고 있음.
· 이 경우, K는 공동주택 A의 동별 대표자가 될 수 있는지?

질의 요지

「주택법 시행령」 제50조제4항제8호에 따르면 해당 공동주택 관리주체의 소속 임직원과 관리주체에 용역을 공급하거나 사업자로 지정된 자의 소속 임원은 동별 대표자가 될 수 없으며 그 자격을 상실한다고 규정하고 있는바,

공동주택 A와 공동주택 B의 관리업무를 위탁받아 수행하고 있는 관리주체 C의 소속 임직원 K가 공동주택 B의 업무를 수행하는 경우에도 K가 「주택법 시행령」 제50조제4항제8호에 따라 공동주택 A의 동별 대표자가 될 수 없는 자에 해당하는지?

주장 가능한 의견

가. 공동주택 A의 동별 대표자가 될 수 있음

「주택법 시행령」 제50조제4항의 입법취지가 공정성을 저해할 수 있거나 신

뢰성이 없는 사람을 제외하는 것을 목적으로 하는 점을 고려할 때, 자기가 소속된 관리주체가 관리하는 공동주택에 거주하고 있다 하더라도, 자신이 거주하고 있지 않은 공동주택의 관리업무를 수행하고 있다면 공정성을 저해하는 부분이 없다 할 것이어서, K가 자기가 거주하는 공동주택 A의 업무를 수행하고 있지 않는다면 공동주택 A의 동별 대표자가 될 수 있음.

나. 공동주택 A의 동별 대표자가 될 수 없음

「주택법 시행령」 제50조제4항제8호에서는 자기가 거주하고 있는 공동주택인지 여부를 요건으로 고려하지 않으며, 문언에 따라 충실하게 해석하면 소속 관리주체인지만이 결격사유를 판단하는 중요한 요건이라는 점에 비추어 볼 때 K가 자기가 거주하는 공동주택 A의 업무를 수행하고 있는지 여부와 관계없이 소속 임직원이라는 점에서 공동주택 A의 동별 대표자가 될 수 없음.

최종 해석 내용

가. 결론

공동주택 A와 공동주택 B의 관리업무를 위탁받아 수행하고 있는 관리주체 C의 소속 임직원 K가 공동주택 B의 업무를 수행하는 경우에도 K는 「주택법 시행령」 제50조제4항제8호에 따라 공동주택 A의 동별 대표자가 될 수 없는 자에 해당한다고 할 것입니다.

나. 이유

먼저, 법률의 문언 자체가 비교적 명확한 개념으로 구성되어 있다면 원칙적으로 더 이상 다른 해석방법은 활용할 필요가 없거나 제한될 수밖에 없는바, 「주택법 시행령」 제50조제4항제8호에서는 해당 공동주택 관리주체의 소속 임직원과 관리주체에 용역을 공급하거나 사업자로 지정된 자의 소속 임원으로만 결격사유를 규정하고 있을 뿐, 해당 임직원이나 소속 임원이 자신이 거주하고 있는 공동주택을 직접 관리하고 있을 것을 요건으로 두고 있지 않다는 점을 고려할 때, 「주택법 시행령」 제50조제4항제8호에 따라 임직원 K는 공동주택 A의 동별 대표자가 될 수 없다고 할 것입니다.

또한, 「주택법 시행령」 제50조제4항에서 동별 대표자의 결격사유를 규정한 취지는 공정한 의사결정에 문제가 되는 자를 배제하려는 것인바, 같은 법 제43조제3항 및 제7항에 따르면 입주자대표회의는 공동주택의 관리를 위해 주민의 의사를 반영하여 권한을 행사하는 대의제 기구로서 공동주택의 관리를 위한 관리주체를 선정할 수 있고, 선정된 관리주체에 공동주택 관리를 위한 사항을 요구하는 업무를 수행하는 권한을 가지고 있으며, 이러한 업무 수행 과정에서 관리주체의 이익과 반하는 사항을 요구할 수도 있는데, 동별 대표자가 해당 관리주체의 소속 임직원일 경우 직·간접적으로 자기가 속한 관리주체의 이익에 영향을 받을 수밖에 없는 것이고, 이로 인해 공정한 의사결정이 방해될 수 있다는 점을 고려하더라도 관리주체의 소속 임직원은 공동주택 A의 동별 대표자가 될 수 없다고 보아야 할 것입니다.

　K로서는 자신이 거주하고 있지도 않은 다른 공동주택을 관리하고 있다는 사정만으로 동별 대표자가 될 수 없다는 것은 불합리하다고 느낄 수 있겠지만 해당 법령의 문언이 포괄적으로 동별 대표자와 관리주체와의 이해 충돌문제가 발생할 수 있는 경우를 결격사유로 두고 있기 때문에 어쩔 수 없는 해석이라고 생각한다.

　이 해석의 대상 법령은 구「주택법 시행령」인데, 해당 내용은 그 후「공동주택관리법」이 제정되면서 이관되었다(「공동주택관리법」 제14조 및 동 시행령 제11조). 문언이 조금 수정된 것은 있으나 기본적인 구조는 유사하므로 본 유권해석은 여전히 유효한 것으로 보아야 한다. 이 건과 유사하나 조금 더 복잡한 사안으로 16-0056 유권해석이 있다. 그 사실관계와 결론은 다음과 같다.

※ 관련 사실관계

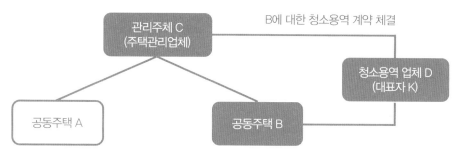

· 관리주체 C는 공동주택 A와 B의 관리 업무를 위탁받아 수행하고 있음.
· 관리주체 C는 공동주택 B에 대하여 청소용역 업체 D와 청소용역계약을 체결하였음.
· 이 경우, <u>K는 공동주택 A의 동별 대표자가 될 수 없음.</u>

〈주택법〉

제43조(관리주체 등) ① · ② (생 략)

　③ 입주자는 제1항에 따른 요구를 받았을 때에는 그 요구를 받은 날부터 3개월 이내에 입주자대표회의를 구성하고, 그 공동주택의 관리방법을 결정(주택관리업자에게 위탁하여 관리하는 방법을 선택한 경우에는 그 주택관리업자의 선정을 포함한다)하여 이를 사업주체에게 통지하고, 관할 시장 · 군수 · 구청장에게 신고하여야 한다.

　④ ~ ⑥ (생 략)

　⑦ 입주자대표회의는 제3항에 따라 공동주택의 관리를 위탁할 주택관리업자를 선정하려는 경우 다음 각 호의 기준을 따라야 한다.

　1. 「전자문서 및 전자거래 기본법」 제2조제2호에 따른 정보처리시스템을 통하여 선정(이하 "전자입찰방식"이라 한다)할 것. 다만, 선정방법 등이 전자입찰방식을 적용하기 곤란한 경우로서 국토교통부장관이 정하여 고시하는 경우에는 전자입찰방식으로 선정하지 아니할 수 있다.

　2. 그 밖에 입찰의 방법 등 대통령령으로 정하는 방식을 따를 것

　⑧ ~ ⑪ (생 략)

〈주택법 시행령〉

제50조(입주자대표회의의 구성 등) ① ~ ③ (생 략)

　④ 다음 각 호의 어느 하나에 해당하는 사람은 동별 대표자가 될 수 없으며 그 자격을 상실한다.

　1. ~ 7. (생 략)

　8. 해당 공동주택 관리주체의 소속 임직원과 관리주체에 용역을 공급하거

나 사업자로 지정된 자의 소속 임원

　9.·10. (생 략)

　⑤ ~ ⑨ (생 략)

〈現 공동주택관리법(법률 제17544호)〉

제14조(입주자대표회의의 구성 등) ① ~ ③ (생 략)

　④ 서류 제출 마감일을 기준으로 다음 각 호의 어느 하나에 해당하는 사람
은 동별 대표자가 될 수 없으며 그 자격을 상실한다.

　1. ~ 4. (생 략)

　5. 그 밖에 대통령령으로 정하는 사람

　⑤ ~ ⑪ (생 략)

〈現 공동주택관리법 시행령(대통령령 제32076호)〉

제11조(동별 대표자의 선출) ① ~ ③ (생 략)

　④ 법 제14조제4항제5호에서 "대통령령으로 정하는 사람"이란 다음 각 호
의 어느 하나에 해당하는 사람을 말한다.

　1. ~ 3. (생 략)

　4. 해당 공동주택 관리주체의 소속 임직원과 해당 공동주택 관리주체에 용
　　역을 공급하거나 사업자로 지정된 자의 소속 임원. 이 경우 관리주체가
　　주택관리업자인 경우에는 해당 주택관리업자를 기준으로 판단한다.

　5. ~ 7. (생 략)

　⑤ (생 략)

예시 상황

A아파트에 거주하고 있는 K는 동별 대표자로 선출되었다. 한편, A아파트단 지의 관리업무는 주택관리회사인 C회사에서 수행하고 있는데 C회사는 B 아파트단지의 관리업무도 수행하고 있다. 그런데 C회사는 B아파트단지의 청소용역계약을 D회사와 체결하였는데 K는 D회사의 임원으로 재직 중이 다. K는 주택법령에서 '관리주체에 용역을 공급하는 자의 소속 임원'을 결 격사유로 규정하고 있는데 비록 자신이 관리주체인 C회사에 용역을 공급 하는 D업체의 임원이기는 하지만 A아파트단지가 아닌 B아파트단지에 용 역을 공급하고 있으므로 A아파트의 동별 대표자 결격사유에 해당하지 않 을 것이라고 판단하고 있다. 과연 K의 판단은 옳을까?

질의 배경

○ 주택관리업체 C는 공동주택 A와 B를 포함하여 전국에 약 400여 개의 공 동주택의 관리업무를 위탁받아 수행하고 있고, 청소용역업체 D는 공동주 택 B에 대하여 C와 청소용역계약을 체결한 상태임.

○ K(질의자)는 청소용역업체 D의 임원으로서 공동주택 A의 동별 대표자로 선출되었으나, 공동주택 A의 관리주체인 C에게 공동주택 B에 대하여 용 역을 공급하고 있는 D업체의 소속 임원이라는 이유로 동별 대표자 결격 사유에 해당한다는 국토교통부의 답변을 받자, 국토교통부와 견해를 달

리하여 법령해석을 요청함.

※ 관련 사실관계

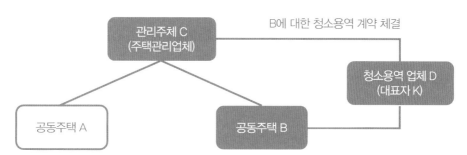

· 관리주체 C는 공동주택 A와 B의 관리 업무를 위탁받아 수행하고 있음.
· 관리주체 C는 공동주택 B에 대하여 청소용역 업체 D와 청소용역계약을 체결하였음.
· 이 경우, K는 공동주택 A의 동별 대표자가 될 수 있는지?

질의 요지

「주택법 시행령」 제50조제4항제8호에서는 해당 공동주택 관리주체의 소속 임직원과 관리주체에 용역을 공급하거나 사업자로 지정된 자의 소속 임원은 동별 대표자가 될 수 없으며 그 자격을 상실한다고 규정하고 있는바,

관리주체 C가 공동주택 A와 공동주택 B의 관리업무를 위탁받아 수행하고 있고, 공동주택 B에 대하여 D업체와 청소용역계약을 체결한 경우, D업체의 임원인 K는 관리주체 C가 관리하는 다른 공동주택인 공동주택 A의 동별 대표자가 될 수 없는지?

가. 공동주택 A의 동별 대표자가 될 수 없음

동별 대표자 결격사유를 규정한 취지가 공정한 의사결정에 문제가 되는 자를 배제하려는 것이고, 관리주체의 소속 임직원이나 관리주체에 용역을 공급한 자의 소속 임원의 경우 직·간접적으로 관리주체의 이익에 영향을 받을 수밖에 없다고 할 것인바, 이로 인해 공정한 의사결정이 방해될 수 있음. 따라서, 타 공동주택과 관련하여 관리주체와 청소용역계약을 체결한 업체의 임원은 그 관리주체가 관리위탁 받은 다른 공동주택의 동별 대표자가 될 수 없다고 할 것임.

나. 공동주택 A의 동별 대표자가 될 수 있음

○ 해당 공동주택 관리주체 소속 임직원 및 해당 공동주택과 관련하여 관리주체의 용역사업자로 지정된 자의 임원의 경우, 이권 개입 소지를 차단하기 위하여 동별 대표자 결격사유로 적용하는 것은 타당하나,
 - 관리주체가 동일하다고 하여, 타 공동주택에 대하여 관리주체의 용역사업자로 지정된 자의 임원에게까지 해당 공동주택의 동별 대표자의 결격사유에 해당한다고 해석하는 것은 타당하지 않음.

최종 해석 내용

가. 결론

관리주체 C가 공동주택 A와 공동주택 B의 관리업무를 위탁받아 수행하고 있고, 공동주택 B에 대하여 D업체와 청소용역계약을 체결한 경우, D업체의 임원인 K는 「주택법 시행령」 제50조제4항제8호에 따라 관리주체 C가 관리하는 다른 공동주택인 공동주택 A의 동별 대표자가 될 수 없습니다.

나. 이유

먼저, 「주택법 시행령」 제50조제4항제8호에서는 동별 대표자의 결격사유로서 해당 공동주택 "관리주체"에 용역을 공급하거나 사업자로 지정된 자의 소속 임원을 규정하고 있고, 해당 공동주택으로 한정하여 용역을 공급할 것을 요건으로 규정하고 있지 아니하므로, 해당 규정의 문언상 결격사유의 대상은 특정 공동주택이 아니라 "관리주체"가 관리하는 모든 공동주택이라고 할 것입니다. 그렇다면, 「주택법 시행령」 제50조제4항제8호에 따라 관리주체 C에 용역을 공급하는 D업체의 소속 임원 K는 그가 속한 D업체가 용역을 공급하는 대상인 공동주택뿐만이 아니라 관리주체 C가 관리하는 다른 어느 공동주택에서도 동별 대표자가 될 수 없다고 할 것입니다.

또한, 「주택법 시행령」 제50조제4항은 입주자대표회의의 공정한 의사결정을 방해할 소지가 있는 사람이 동별 대표자가 되는 것을 금지하려는 취지에서 동별 대표자의 결격사유를 규정하고 있다고 할 것인데, 「주택법」 제43조제3항 및 제7항에 따르면 동별 대표자로 구성된 입주자대표회의는 공동주택의 관리를 위해 주민의 의사를 반영하여 권한을 행사하는 대의제 기구로서 공동주택의 관리를 위한 관리주체를 선정할 수 있고, 선정된 관리주체에 공동주택 관리를 위한 사항을 요구하는 업무를 수행하는 권한을 가지고 있으며, 이러한 업무 수행과정에서 관리주체의 이익과 반하는 사항을 요구할 수도 있으므로(법제처 2014. 8. 29. 회신 14-0533 해석례 참조), 동별 대표자가 해당 공동주택의 관리주체에 용역을 공급하는 업체의 소속 임원일 경우, 비록 해당 공동주택이 용역 공급 대상 공동주택이 아니더라도, 직·간접적으로 자기가 용역을 공급하는 관리주체의 이익에 영향을 받을 수밖에 없다고 할 것이고, 이로 인해 공정한 의사결정을 방해할 수 있다고 할 것인바, 관리주체에 용역을 공급하는 업체의 소속 임원은 그 용역을 공급하는 대상 공동주택이 해당 임원이 동별 대표자가 되고자 하는 공동주택인지 여부에 관계없이 동일한 관리주체가 관리하는 모든 공동주택에 대하여 동별 대표자 결격사유에 해당한다고 해석하는 것이 위와 같은 「주택법 시행령」 제50조제4항의 입법취지에 부합하는 해석이라고 할 것입니다.

해설

이 건은 하나의 관리주체가 두 개 이상의 아파트 단지를 관리하는 경우에 나타날 수 있는 문제인데, 비록 자신이 거주하는 아파트에 용역을 제공하고 있지는 않더라도 용역을 제공하게 되는 다른 아파트를 같은 관리주체가 관리하게 되므로 결국 용역업체와 자신이 거주하는 아파트 사이에 이해관계의 충돌이 있을 수 있고, 그에 따라서 결격사유에 해당한다는 결론이다. 이 해석의 대상 법령은 구「주택법 시행령」인데, 해당 내용은 그 후 주택법 중 공동주택 관리와 관련된 내용만을 분리하여 「공동주택관리법」이 별도로 제정되면서 이관되었다(「공동주택관리법」 제14조 및 동 시행령 제11조). 문언이 조금 수정된 것은 있으나 기본적인 취지는 유사하므로 본 유권해석은 여전히 유효한 것으로 보아야 한다. 특기할 사항은, 「공동주택관리법」 제정 당시 당초 입법예고안에는 이 해석대상 조항과 관련된 결격사유 내용인 기존의 "관리주체에 용역을 공급하는 자의 소속 임원" 중 관리주체에 괄호를 두어 "관리주체(다른 공동주택을 위탁관리 하는 해당 공동주택 관리주체를 포함한다)"라고 되어 있었다는 점이다. 그 입법예고안대로 개정이 이루어졌다면 이 건에 대해서는 의문의 여지가 없었을 것이다. 아울러 이 건과 비교할 만한 유권해석으로 14-0533이 있는데 그 사실관계와 결론은 다음과 같다.

· 관리주체 C는 공동주택 A와 B의 관리 업무를 위탁받아 수행하고 있음.
· K는 C의 소속 임직원으로서, B에서 관리소장으로 근무하고 있음.
· 이 경우, K는 공동주택 A의 동별 대표자가 될 수 없음.

〈주택법〉

제43조(관리주체 등) ① · ② (생 략)

③ 입주자는 제1항에 따른 요구를 받았을 때에는 그 요구를 받은 날부터 3개월 이내에 입주자대표회의를 구성하고, 그 공동주택의 관리방법을 결정(주택관리업자에게 위탁하여 관리하는 방법을 선택한 경우에는 그 주택관리업자의 선정을 포함한다)하여 이를 사업주체에게 통지하고, 관할 시장 · 군수 · 구청장에게 신고하여야 한다.

④ ~ ⑥ (생 략)

⑦ 입주자대표회의는 제3항에 따라 공동주택의 관리를 위탁할 주택관리업자를 선정하려는 경우 다음 각 호의 기준을 따라야 한다.

1. 「전자문서 및 전자거래 기본법」 제2조제2호에 따른 정보처리시스템을 통하여 선정(이하 "전자입찰방식"이라 한다)할 것. 다만, 선정방법 등이 전자입찰방식을 적용하기 곤란한 경우로서 국토교통부장관이 정하여 고시하는 경우에는 전자입찰방식으로 선정하지 아니할 수 있다.

2. 그 밖에 입찰의 방법 등 대통령령으로 정하는 방식을 따를 것

⑧ ~ ⑪ (생 략)

〈주택법 시행령〉

제50조(입주자대표회의의 구성 등) ① ~ ③ (생 략)

④ 다음 각 호의 어느 하나에 해당하는 사람은 동별 대표자가 될 수 없으며 그 자격을 상실한다.

1. ~ 7. (생 략)

8. 해당 공동주택 관리주체의 소속 임직원과 관리주체에 용역을 공급하거

나 사업자로 지정된 자의 소속 임원

9.·10. (생 략)

⑤ ~ ⑨ (생 략)

〈現 공동주택관리법(법률 제17544호)〉

제14조(입주자대표회의의 구성 등) ① ~ ③ (생 략)

　④ 서류 제출 마감일을 기준으로 다음 각 호의 어느 하나에 해당하는 사람
은 동별 대표자가 될 수 없으며 그 자격을 상실한다.

　1. ~ 4. (생 략)

　5. 그 밖에 대통령령으로 정하는 사람

　⑤ ~ ⑪ (생 략)

〈現 공동주택관리법 시행령(대통령령 제32076호)〉

제11조(동별 대표자의 선출) ① ~ ③ (생 략)

　④ 법 제14조제4항제5호에서 "대통령령으로 정하는 사람"이란 다음 각 호
의 어느 하나에 해당하는 사람을 말한다.

　1. ~ 3. (생 략)

　4. 해당 공동주택 관리주체의 소속 임직원과 해당 공동주택 관리주체에 용
　　역을 공급하거나 사업자로 지정된 자의 소속 임원. 이 경우 관리주체가
　　주택관리업자인 경우에는 해당 주택관리업자를 기준으로 판단한다.

　5. ~ 7. (생 략)

　⑤ (생 략)

관리주체의 계열회사에 소속된 임원 아닌 직원이 동별 대표자가 될 수 있는지 (법제처 2019. 2. 1. 회신 18-0567 해석례)

예시 상황

乙 회사 직원인 A는 甲 아파트의 동별 대표자인데 乙 회사는 甲 아파트의 관리를 위탁받아 수행하는 丙 회사의 계열회사로서 丙에 대하여 각종 용역서비스를 제공하고 있다. 주택법령은 관리주체의 임직원 또는 관리주체의 계열회사의 임원이 동별 대표자가 될 수 없도록 결격사유를 규정하고 있다. 甲 아파트의 주민 B는 이러한 주택법령의 규정상 A가 동별 대표자의 자격이 없는 사람이라고 주장하고 있다. 丙 회사의 계열회사 직원인 A는 주택법령상 결격사유에 해당될까?

질의 배경

○ 甲 아파트의 동별 대표자 A는 乙 회사의 직원인데, 乙은 甲 아파트의 관리주체인 丙 회사의 계열회사로서 丙에 대하여 용역(경비, 청소 위탁관리)을 제공하고 있음.

○ 질의자는 甲 아파트 입주자인데, 관리주체의 계열회사에 소속된 임원 아닌 직원도 동별 대표자가 될 수 있는지 국토교통부에 질의했고, 동별 대표자가 될 수 있다는 답변을 듣자 이의가 있어 법령해석을 요청함.

공동주택 관리주체의 계열회사[30]로서 그 관리주체에 용역을 공급하는 회사에 소속된 임원이 아닌 직원이 「공동주택관리법 시행령」 제11조제4항제4호에 따른 동별 대표자의 결격사유에 해당하는지?

주장 가능한 의견

가. 결격사유에 해당하지 않음

○ 「독점규제 및 공정거래에 관한 법률」 제2조제3호에서는 2 이상의 회사가 동일한 기업집단에 속하는 경우 각 회사는 서로 상대방의 계열회사가 된다고 규정함으로써 각 계열회사가 독립된 법인격을 가진 별개의 회사라는 점을 전제하고 있으므로, "관리주체의 계열회사"에 소속된 직원이 해당 "관리주체"의 소속 임직원에 포함된다고 보기는 어려움.

○ 또한 「공동주택관리법 시행령」 제11조제4항제4호에서는 "공동주택의 관리주체에 용역을 공급하는 회사"의 경우 임원과 직원을 구별하여 그 임원만 결격사유에 해당하는 것으로 규정하고 있는바, 그 회사의 소속 "직원"이 그 회사 소속 "임원"과 마찬가지로 동별 대표자의 결격사유에 해당한다고 보기는 어려움.

---

30 「독점규제 및 공정거래에 관한 법률」 제2조제3호에 따른 계열회사를 말함.

나. 결격사유에 해당함

○ 「공동주택관리법 시행령」 제11조제4항제4호의 취지는 공동주택의 입주자등과 관리주체 또는 관리주체에 용역을 공급하는 자 간 이해관계가 충돌할 경우 동별 대표자가 입주자등의 이익을 등한시하는 일이 없도록 하려는 것임.

○ 그런데 공동주택 관리주체의 계열회사로서 그 관리주체에 용역을 제공하는 회사의 직원은 업무수행 과정에서 공동주택 입주자등의 이익을 우선하기보다는 해당 관리주체 또는 그 관리주체에 용역을 공급하는 자의 이익을 우선시할 가능성이 높아 동별 대표자가 되기에 부적절한바, 이러한 경우 공동주택 관리주체의 계열회사는 관리주체와 이해관계가 일치하는 자로서 「공동주택관리법 시행령」 제11조제4항제4호에 따른 "관리주체"에 포함된다고 보아, 관리주체의 계열회사의 소속 직원도 관리주체의 소속 직원과 마찬가지로 동별 대표자가 될 수 없다고 보는 것이 동별 대표자의 이해충돌을 방지하고자 한 「공동주택관리법 시행령」 제11조제4항제4호의 입법취지에 부합함.

최종 해석 내용

가. 결론

이 사안의 경우 동별 대표자의 결격사유에 해당하지 않습니다.

나. 이유

「공동주택관리법 시행령」 제11조제4항제4호에서는 동별 대표자의 결격사유로 "해당 공동주택 관리주체의 소속 임직원"과 "해당 공동주택 관리주체에 용역을 공급하거나 사업자로 지정된 자의 소속 임원"을 규정하고 있습니다.

그런데 「독점규제 및 공정거래에 관한 법률」 제2조제3호에서는 2 이상의 회사가 동일한 기업집단에 속하는 경우 각 회사는 서로 상대방의 계열회사가 된다고 규정함으로써 각 계열회사가 독립된 법인격을 가진 별개의 회사라는 점을 전제하고 있어 "관리주체의 계열회사"를 "관리주체"와 동일하다고 볼 수는 없으므로 "관리주체의 계열회사"의 소속 직원이 해당 "관리주체"의 소속 임직원에 해당한다고 볼 수는 없습니다.

그리고 일반적으로 "임원"은 이사, 감사 등 법인이나 단체의 주요 업무를 처리할 권한과 책임을 가진 사람[31]으로 직원과 구별되고 「공동주택관리법 시행령」 제11조제4항제4호에서는 관리주체에 용역을 공급하는 자의 경우에는 관리주체의 경우와는 달리 소속 임원만 동별 대표자가 될 수 없도록 규정하고 있으므로 공동주택 관리주체에 용역을 공급하는 자의 임원이 아닌 직원은 동별 대표자의 결격사유에 해당하지 않습니다.

한편 계열회사는 동일인에 의하여 사업내용을 사실상 지배받으므로 서로 밀접한 이해관계가 있고, 특히 그 계열회사 간에 용역을 공급하는 경우에는 더욱 긴밀하게 연관되어 있으므로 공동주택 관리주체의 계열회사로서 그 관리주체에 용역을 공급하는 자의 소속 직원이 동별 대표자가 된다면 공동주택의 입주자등[32] 전체의 이익을 보호하기보다는 관리주체 및 그 계열회사의 이익을 우선시할 수 있어 부적절하므로 동별 대표자의 결격사유에 해당하는 것으로 보아

---

31 국립국어원 표준국어대사전, 「민법」 제57조부터 제68조까지 및 「상법」 제312조 참조.

32 공동주택의 입주자와 사용자를 말하며, 이하 같음(「공동주택관리법」 제2조제1항제7호).

야 한다는 의견이 있습니다.

　그러나 공동주택 입주자등의 이익 보호를 위해 동별 대표자의 결격사유의 범위를 확대할 필요가 있다는 정책적 판단에 따라 관련 규정을 개정하는 것은 별론으로 하고, 그러한 필요성만으로「공동주택관리법 시행령」제11조제4항제4호에서 공동주택 관리주체에 용역을 공급하는 자의 소속 임원과 일반 직원을 다르게 규정하고 있음에도 이들을 동일하게 취급하는 것은 해당 규정의 문언에 부합하지 않는다는 점에서 그러한 의견은 타당하지 않습니다.

해설

　최종 유권해석 내용 말미에도 언급하고 있지만,「공동주택관리법 시행령」제11조제4항제4호의 문언상 불가피한 해석으로 보이기는 하지만 그 입법취지를 고려할 필요가 있다고 본다. 즉 공동주택 관리주체의 계열회사로서 그 관리주체에 용역을 공급하는 자의 소속 직원 등과 입주자등의 이해가 충돌할 수 있는 상황에서 공동주택 입주자등의 이익보다는 소속 회사의 이익을 우선할 가능성이 있을 수 있다. 따라서 이런 사람도 동별 대표자의 결격사유에 포함시킬 수 있도록「공동주택관리법 시행령」제11조제4항제4호를 정비할 필요가 있어 보인다.

〈공동주택관리법〉

제14조(입주자대표회의의 구성 등) ① ~ ③ (생 략)

　④ 서류 제출 마감일을 기준으로 다음 각 호의 어느 하나에 해당하는 사람
은 동별 대표자가 될 수 없으며 그 자격을 상실한다.

　1. ~ 4. (생 략)

　5. 그 밖에 대통령령으로 정하는 사람

　⑤ ~ ⑪ (생 략)

〈공동주택관리법 시행령〉

제11조(동별 대표자의 선출) ① · ② (생 략)

　③ 법 제14조제4항제5호에서 "대통령령으로 정하는 사람"이란 다음 각 호
의 어느 하나에 해당하는 사람을 말한다.

　1. ~ 3. (생 략)

　4. 해당 공동주택 관리주체의 소속 임직원과 해당 공동주택 관리주체에 용
　　역을 공급하거나 사업자로 지정된 자의 소속 임원. 이 경우 관리주체가
　　주택관리업자인 경우에는 해당 주택관리업자를 기준으로 판단한다.

　5. · 6. (생 략)

　④ (생 략)

〈독점규제 및 공정거래에 관한 법률〉

제2조(정의) 이 법에서 사용하는 용어의 정의는 다음과 같다.

　1. · 2. (생　략)

　3. "계열회사"라 함은 2이상의 회사가 동일한 기업집단에 속하는 경우에
　　이들 회사는 서로 상대방의 계열회사라 한다.

　3의2. ~ 10. (생　략)

6	주택 소유자를 대리하지 않는 배우자 등이 관리주체 임직원이 된 경우 주택 소유자는 동별 대표자에 입후보할 수 없는지
	(법제처 2012. 5. 11. 회신 12-0030 해석례)

예시 상황

K는 A아파트 1동 101호를 소유하고 있는 거주자로서 A아파트의 동별 대표자 선거에 입후보하려고 한다. 그런데 K의 배우자인 부인 L이 A아파트단지의 관리업무를 위탁받아 수행하고 있는 B회사의 임직원으로 채용되었다. 이에 A아파트의 일부 입주민들은 K의 부인 L이 A아파트 관리주체의 임직원의 지위에 있어 업무의 공정성을 해칠 수 있으므로 부인 L의 결격사유로 인해 K는 동별 대표자에 입후보할 수 없다고 주장하고 있다. 하지만 K는 부인 L은 입주자의 지위를 가지고 있지 않아 자신을 대리하는 지위에 있지 않고, 별개의 경제주체이므로 자신이 동별 대표자에 입후보하는 것은 아무런 문제가 없다고 생각하고 있다. 어느 쪽 주장이 옳은 것일까?

질의 배경

유사한 민원이 다수 제기되었고, 그에 대해 국토해양부 내부에서 의견이 엇갈려 법제처에 법령해석을 요청함.

질의 요지

주택의 소유자를 대리하지 않는 그 소유자의 배우자나 직계존비속이 해당 공동주택 관리주체의 소속 임직원이 된 경우, 동별 대표자인 주택의 소유자는 동별 대표자 자격을 상실하는지와 동별 대표자가 아닌 주택소유자는 동별 대표자에 입후보할 수 없는지?

가. 동별 대표자인 주택의 소유자는 동별 대표자 자격을 상실하지 않고, 동별 대표자가 아닌 주택소유자는 동별 대표자에 입후보할 수 있음

주택의 소유자와 그 소유자의 배우자나 직계존비속은 동거가족에 불과하여 각각 별개의 경제주체로 결격사유도 독립적으로 판단해야 함.

나. 동별 대표자인 주택의 소유자는 동별 대표자 자격을 상실하고, 동별 대표자가 아닌 주택소유자는 동별 대표자에 입후보할 수 없음

가족 중의 일부가 결격사유에 해당하는 경우 다른 가족이 동별 대표자가 되면 공정한 동별 대표자 직을 수행하는 것이 어렵게 됨.

가. 결론

주택의 소유자를 대리하지 않는 그 소유자의 배우자나 직계존비속이 해당 공동주택 관리주체의 소속 임직원이 되더라도, 동별 대표자인 주택의 소유자는 동별 대표자 자격을 상실하지 않고, 동별 대표자가 아닌 주택의 소유자는 동별 대표자에 입후보할 수 있다고 할 것입니다.

나. 이유

「주택법 시행령」제50조제4항제8호에서는 해당 공동주택 관리주체의 소속 임직원과 관리주체에 용역을 공급하거나 사업자로 지정된 자의 소속 임원에 해당하는 사람은 동별 대표자가 될 수 없으며 그 자격을 상실한다고 규정하고 있습니다.

그런데, 주택의 소유자를 대리하지 않는 그 소유자의 배우자나 직계존비속이 해당 공동주택 관리주체의 소속 임직원이 된 것은 주택의 소유자를 대리하는 지위, 즉 입주자의 지위에 있으면서 해당 공동주택 관리주체의 소속 임직원이 된 것이 아니고, 또한 관계법령에서는 동별 대표자에 입후보하려는 자가 해당 공동주택 관리주체의 소속 임직원이 된 경우만을 결격사유로 규정하고 있을 뿐, 동별 대표자에 입후보하려는 자의 배우자나 직계존비속이 해당 공동주택 관리주체의 소속 임직원이 된 경우까지 입후보를 제한하는 사유로 규정하고 있지는 않습니다.

아울러, 주택의 소유자와 그 소유자의 배우자나 직계존비속은 동거가족에 불과하여 각각은 별개의 경제주체로서 법률의 적용 효과 역시 개별적으로 나타나는 것이 원칙이므로, 이 사안의 경우 주택의 소유자가 결격사유에 해당하는지 여부는 동별 대표자에 입후보하려는 자인 주택의 소유자가 해당 공동주택 관리주체의 소속 임직원이 되었는지 여부에 따라 판단해야 할 것이지, 주택의 소유자를 대리하지도 않는 배우자나 직계존비속이 해당 공동주택 관리주체의 소속 임직원이 되었는지 여부로 판단할 것은 아니라 할 것입니다.

우선, 이 사안에서 주택소유자를 대리하지 않는 배우자 등이라는 말은 같은 아파트에 입주하고 있는 사람이 아니라는 뜻으로 새기면 된다. 만일 배우자 등이 주택소유자를 대리하는 지위, 즉 같은 아파트 입주자인 경우 어떻게 될 것인지라는 의문이 들 수 있는데, 이 경우도 주택소유자는 대리관계를 종료할 수 있으므로 배우자 등의 결격사유가 주택소유자에게는 영향을 미치지 못하는 것으로 볼 수 있다. 이러한 결론이 불합리하여 뒤집기 위해서는 법령에 명시적인 규정을 두어야 할 것이다.

이 유권해석은 구 「주택법 시행령」을 대상으로 한 것인데, 해당 내용은 그 후 「공동주택관리법」이 제정되면서 이관되었다(「공동주택관리법」 제14조 및 동 시행령 제11조). 문언이 조금 수정된 것은 있으나 기본적인 구조는 유사하므로 본 유권해석은 여전히 유효하다. 아울러 현행 공동주택 관리법령에는 구 「주택법 시행령」에는 규정되어 있지 않던 내용이 추가되었는데, 공동주택 소유자의 결격사유가 그를 대리하는 자에게 미친다는 규정(「공동주택관리법 시행령」 제11조제5항)이 그것이다.

〈주택법 시행령〉

제50조(입주자대표회의의 구성 등) ① ~ ③ (생 략)

　④ 다음 각 호의 어느 하나에 해당하는 사람은 동별 대표자가 될 수 없으며 그 자격을 상실한다.

　1. ~ 7. (생 략)

　8. 해당 공동주택 관리주체의 소속 임직원과 관리주체에 용역을 공급하거나 사업자로 지정된 자의 소속 임원

　9.·10. (생 략)

　⑤ ~ ⑨ (생 략)

〈現 공동주택관리법(법률 제17544호)〉

제14조(입주자대표회의의 구성 등) ① ~ ③ (생 략)

　④ 서류 제출 마감일을 기준으로 다음 각 호의 어느 하나에 해당하는 사람은 동별 대표자가 될 수 없으며 그 자격을 상실한다.

　1. ~ 4. (생 략)

　5. 그 밖에 대통령령으로 정하는 사람

　⑤ ~ ⑪ (생 략)

〈現 공동주택관리법 시행령(대통령령 제32076호)〉

제11조(동별 대표자의 선출) ① ~ ③ (생 략)

　④ 법 제14조제4항제5호에서 "대통령령으로 정하는 사람"이란 다음 각 호의 어느 하나에 해당하는 사람을 말한다.

　1. ~ 3. (생 략)

4. 해당 공동주택 관리주체의 소속 임직원과 해당 공동주택 관리주체에 용역을 공급하거나 사업자로 지정된 자의 소속 임원. 이 경우 관리주체가 주택관리업자인 경우에는 해당 주택관리업자를 기준으로 판단한다.

5. ~ 7. (생 략)

⑤ 공동주택 소유자 또는 공동주택을 임차하여 사용하는 사람의 결격사유(법 제14조제4항 및 이 조 제4항에 따른 결격사유를 말한다. 이하 같다)는 그를 대리하는 자에게 미치며, 공유(共有)인 공동주택 소유자의 결격사유를 판단할 때에는 지분의 과반을 소유한 자의 결격사유를 기준으로 한다.

제5장

동별 대표자 중임에 관련된 문제

| 1 | 공동주택관리규약에서 동별 대표자의 임기를 주택법령과 다르게 정할 수 있는지 (법제처 2015. 5. 12. 회신 15-0184 해석례) |

예시 상황

주택법령은 동별 대표자의 임기는 2년으로 하고, 1회만 중임할 수 있도록 규정하고 있다. 그런데 동별 대표자에 입후보하는 사람이 없어 동별 대표자 선거 때마다 어려움을 겪어 왔던 甲 아파트에서는 공동주택관리규약을 개정하여 동별 대표자의 임기를 3년, 2회 중임할 수 있도록 개정하려고 한다. 공동주택관리규약을 주택법령과 달리 정하는 것은 허용되지 않는다는 의견도 제시되었으나 甲 아파트는 주택법령의 규정은 임의규정이므로 달리 정하는 것이 가능하다는 입장이다. 어느 쪽 의견이 타당할까?

질의 배경

해당 아파트의 입주자대표회의 회장이 동별 대표자의 임기를 「주택법 시행령」 제50조제8항과 달리 변경하려고 하여 이에 대해 국토교통부에 질의하였으나, 국토교통부에서 동별 대표자의 임기나 중임 횟수는「주택법 시행령」제50조제8항에서 규정된 바를 반드시 따라야 한다고 회신하자, 법제처의 유권해석을 받고자 법령해석을 요청함.

질의 요지

「주택법 시행령」제50조제8항에서는 동별 대표자의 임기는 2년으로 하며, 한 번만 중임할 수 있다고 규정하고 있는바,「주택법」제44조에 따른 공동주택관리규약에서 동별 대표자의 임기를 2년을 초과하게 하거나, 두 번 이상 중임할 수 있도록 정할 수 있는지?

주장 가능한 의견

가. 동별 대표자의 임기를 2년을 초과하게 하거나, 두 번 이상 중임할 수 있도록 정할 수 없음

「주택법 시행령」제50조제8항에서 임기 2년은 강행규정이고, "~할 수 있다"라는 표현은 동별 대표자가 중임할 경우 그 횟수가 한 번으로 제한되나 반드시 중임해야 하는 것은 아니라는 의미이므로, 공동주택관리규약에서 동별 대표자의 임기를 2년을 초과하게 하거나, 두 번 이상 중임할 수 있도록 정할 수 없음.

나. 동별 대표자의 임기를 2년을 초과하게 하거나, 두 번 이상 중임할 수 있도록 정할 수 있음

「주택법 시행령」 제50조제8항에서는 "~하여야 한다" 또는 "~한다"라고 규정하고 있지 않고 "~할 수 있다"라고 규정하고 있는바, 강행규정이 아니라고 보아야 하므로, 공동주택관리규약에서 동별 대표자의 임기를 2년을 초과하게 하거나, 두 번 이상 중임할 수 있도록 정할 수 있음.

최종 해석 내용

가. 결론

「주택법」 제44조에 따른 공동주택관리규약에서 동별 대표자의 임기를 2년을 초과하게 하거나, 두 번 이상 중임할 수 있도록 정할 수는 없습니다.

나. 이유

먼저, 동별 대표자 등을 구성원으로 하는 공동주택의 입주자대표회의는 법인 아닌 사단에 해당하는 것으로서(대법원 2007. 6. 15. 선고 2007다6307 판결례 참조), 법인이 아닌 사단의 구성원의 임기나 중임제한에 관한 사항은 일반적으로 그 단체를 구성하는 자들의 합의에 의해 자율적으로 결정할 수 있는 사항이고 그에 따라 종전에는 동별 대표자의 임기나 중임 횟수에 대해 법령에서 직접 규율하지 아니하였습니다.

그러나 동별 대표자의 장기 직무수행에 따라 업무수행의 경직, 입주자 상

호 간의 분열과 반목, 공동주택과 관련된 각종 비리 등의 폐해가 발생하고 공동주택에 관한 중요 사항을 결정하는 입주자대표회의의 정상적인 운영이 어려워지는 등의 문제를 입법적으로 개선하기 위하여 2010. 7. 6. 「주택법 시행령」을 개정하여 동별 대표자의 임기를 2년으로 제한하고 한 차례만 중임할 수 있도록 제한하게 된 것입니다[「주택법 시행령」(2010. 7. 6. 법률 제22254호로 개정·시행된 것) 개정이유서, 법제처 2013. 8. 14. 회신 13-0314 해석례 등 참조].

「주택법 시행령」 제50조제8항의 위와 같은 입법취지와 주택법령의 전체적인 규정 형식에 비추어 볼 때, 「주택법 시행령」 제50조제8항은 동별 대표자의 임기 및 중임 횟수에 대한 강행규정으로 보아야 하고, 이와 달리 공동주택관리규약에서 동별 대표자의 임기를 2년을 초과하게 하거나 두 번 이상 중임할 수 있도록 정하는 것은 허용되지 않는다고 할 것입니다.

한편, 「주택법 시행령」 제50조제8항의 문언상 "한 번만 중임하여야 한다"라고 규정하지 않고 "한 번만 중임할 수 있다"라고 규정하고 있으므로 동별 대표자는 두 번 이상 중임할 수 있다는 의견이 있을 수 있습니다. 그러나 "한 번만 중임할 수 있다"라는 표현은 동별 대표자의 중임이 강제되는 것은 아니라는 점을 나타내는 표현일 뿐이고, 중임 횟수 제한 규정이 당사자가 임의로 적용을 배제할 수 있는 임의규정이라는 의미는 아닙니다.

해설

이 유권해석은 구 「주택법 시행령」 조항에 대한 것이지만 현행 「공동주택관리법 시행령」에도 유사한 규정이 있으므로 그 결론은 여전히 유효하다. 한 가지 특기할 만한 것은 중임제한 조항을 엄격히 적용하다 보니 소규모 단지의 경우 동별 대표자 선출 및 그에 따른 입주자대표회의 운영이 어렵게 되는 경우가 발생한다는 지적이 많아지자 이 유권해석이 있은 후 얼마 지나지 않아 2회의 선출공고에도 불구하고 후보자가 없거나 선출된 사람이 없는 경우 일정한 요건하에서 중임한 사람도 다시 동별 대표자로 선출될 수 있는 길을 열어놓았다 (「공동주택관리법 시행령」 제13조제3항 참조).

관련조문

〈주택법 시행령〉

제50조(입주자대표회의의 구성 등) ① 법 제43조제8항제2호에 따라 입주자대표회의는 4명 이상으로 구성하되, 동별 세대수에 비례하여 법 제44조제2항에 따른 공동주택관리규약(이하 "관리규약"이라 한다)으로 정한 선거구에 따라 선출된 대표자(이하 "동별 대표자"라 한다)로 구성한다. 이 경우 선거구는 2개동 이상으로 묶거나 통로나 층별로 구획하여 정할 수 있다.

② ~ ⑦ (생 략)

⑧ 동별 대표자의 임기는 2년으로 하며, 한번만 중임할 수 있다.

⑨ (생 략)

〈現 공동주택관리법 시행령(대통령령 제32076호)〉

제13조(동별 대표자의 임기 등) ①·② (생 략)

③ 제11조제1항 및 이 조 제2항에도 불구하고 2회의 선출공고(직전 선출공고일부터 2개월 이내에 공고하는 경우만 2회로 계산한다)에도 불구하고 동별 대표자의 후보자가 없거나 선출된 사람이 없는 선거구에서 직전 선출공고일부터 2개월 이내에 선출공고를 하는 경우에는 동별 대표자를 중

임한 사람도 해당 선거구 입주자등의 과반수의 찬성으로 다시 동별 대표
자로 선출될 수 있다. 이 경우 후보자 중 동별 대표자를 중임하지 않은 사
람이 있으면 동별 대표자를 중임한 사람은 후보자의 자격을 상실한다.

④ (생 략)

임기만료 후 후임 동별 대표자가 선출되지 않아 업무를 계속 수행한 경우 그 기간을 중임이 제한되는 별도의 임기로 보아야 하는지 (법제처 2015. 8. 3. 회신 15-0387 해석례)

예시 상황

2010년 7월 주택법령이 개정되어 동별 대표자는 1회만 중임할 수 있도록 중임제한 규정이 신설되었는데, 해당 규정은 법령 개정 이후 최초로 선출된 동별 대표자부터 새로 한 차례만 중임할 수 있도록 적용례를 규정하였다. A는 주택법령이 개정되기 전부터 甲 아파트의 동별 대표자의 업무를 수행하여 왔는데 2010년 12월 31일 임기가 만료될 예정이었다. 이에 따라 甲 아파트는 후임 동별 대표자를 선출하기 위하여 선출공고를 4차례나 실시하였으나 입후보한 후보자가 없어 새로운 동별 대표자를 선출할 수 없었고, 관리규약에 따라 기존 동별 대표자인 A의 임기를 2011년 1월 1일부터 2012년 12월 31일까지 연장하였다. 이후 A는 연장된 임기를 마친 후 동별 대표자 선거에 출마·당선되어 2013년 1월 1일부터 동별 대표자로서의 업무를 수행하여 왔으며, 2014년 12월 31일에 임기가 만료될 예정이다. A는 2015년 1월 1일부터 새로 임기가 시작되는 동별 대표자 선거에 마지막으로 다시 한번 입후보하려고 한다. 그런데, 이에 대하여 주택법령의 중임 제한이 신설된 이후에 A가 2차례의 동별 대표자의 임기를 마쳤으므로 다시 출마하는 것은 불가능하다는 의견이 제시되었다. 하지만 A는 중임 제한 신설 이후 첫 번째 임기는 선출된 것이 아니라 종전 임기의 연장이었기 때문에 중임 제한을 산정할 때 포함돼서는 안 된다고 생각하고 있다. A가 동별 대표자에 다시 한번 입후보하는 것이 가능할까?

○ △△아파트 공동주택관리규약에서는 동별 대표자의 임기가 만료된 후에
도 차기 동별 대표자가 선출되지 않은 경우 후임자가 선출될 때까지 기존
동별 대표자의 임기가 연장된다고 규정하고 있었음. 이에 따라, 종전 동별
대표자 A씨는 차기 동별 대표자가 선출되지 않자 2년간 임기를 연장하여
동별 대표자의 업무를 수행함(※ 연장기간 중 4차례 선출공고를 실시하
였으나 차기 동별 대표자는 선출되지 않음).

○ A씨가 공동주택관리규약에 따라 연장된 임기 이후 다시 동별 대표자에
선출되자,「주택법 시행령」제50조제8항에 따른 중임제한 규정이 적용되
는지에 대하여 관할 구청에서 국토교통부에 질의하였고, 국토교통부에서
중임제한이 적용된다고 회신하자, 이에 이견이 있어 관할 구청에서 직접
법제처에 질의한 사안임.

※ 해당 동별 대표자 임기 경력(중임제한 규정 2010. 7. 6. 이후 선출부터 적용)

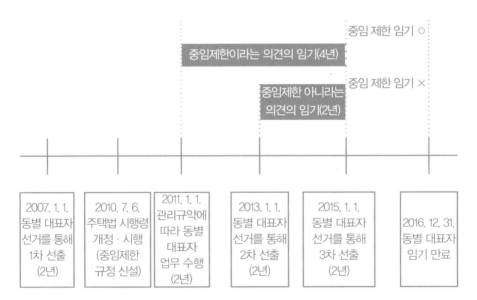

2010년 7월 6일 이후 임기가 만료된 공동주택의 동별 대표자가 후임 동별 대표자가 선출되지 않아 후임 동별 대표자가 선출될 때까지 동별 대표자의 업무를 계속하여 수행한 경우, 그 기간을 「주택법 시행령」 제50조제8항에 따라 중임이 제한되는 별도의 임기로 볼 수 있는지?

주장 가능한 의견

가. 중임이 제한되는 별도의 임기로 볼 수 있음

○ 선거를 통해 선출되지 않았더라도 당시에 유효한 공동주택관리규약에 따라 임기가 만료된 동별 대표자가 동별 대표자로서 그 업무를 연장하여 수행하였다면 이는 실질적인 임기로 보아야 함.
  - 따라서, 해당 사안의 업무 수행기간은 「주택법 시행령」 제50조제8항에 따라 동별 대표자의 중임이 제한되는 별도의 임기라고 할 것임.

나. 중임이 제한되는 별도의 임기로 볼 수 없음

○ 「주택법 시행령」 제50조제3항에서 동별 대표자는 입주자등의 보통·평등·직접·비밀선거를 통하여 선출하도록 규정하고 있고, 같은 조 제8항에서는 동별 대표자의 임기를 2년으로 한정하되, 한 번만 중임할 수 있도록 규정하고 있는바,
  - 이 사안의 동별 대표자는 후임 동별 대표자의 업무를 대행한 것일 뿐, 선출된 것이 아니므로 중임이 제한되지 않음.

가. 결론

2010년 7월 6일 이후 임기가 만료된 공동주택의 동별 대표자가 후임 동별 대표자가 선출되지 않아 후임 동별 대표자가 선출될 때까지 동별 대표자의 업무를 계속하여 수행한 경우 그 기간은 「주택법 시행령」 제50조제8항에 따라 중임이 제한되는 별도의 임기로 볼 수 없습니다.

나. 이유

먼저, 동별 대표자 등을 구성원으로 하는 공동주택의 입주자대표회의는 법인 아닌 사단으로서, 그 구성원의 임기나 중임제한에 관한 사항은 일반적으로 그 단체를 구성하는 자들의 합의에 의해 자율적으로 결정할 수 있는 사항입니다. 그러나, 동별 대표자의 장기 직무수행에 따라 발생하는 각종 비리 및 업무 경직 등의 부작용을 개선하기 위하여, 구 주택법 시행령에서 제50조제7항(현행 제50조제8항에 해당함)을 신설하여 동별 대표자의 임기는 2년으로 제한하고, 중임 횟수는 한 차례로 제한하였는바, 위 규정은 동별 대표자의 임기 및 중임 횟수에 대한 강행규정이라고 할 것입니다(법제처 2015. 5. 12. 회신 15-0184 해석례 참조).

그런데, 후임 동별 대표자가 선출되지 않아 후임 동별 대표자가 선출될 때까지 임기가 만료된 동별 대표자가 동별 대표자의 업무를 계속하여 수행한 경우, 이는 실질적으로 후임 동별 대표자의 업무공백을 보완하기 위하여 후임 동별 대표자의 선임 시까지 그 업무를 대행한 것에 불과하다고 할 것이고, 따라서 종전 동별 대표자가 동별 대표자의 업무를 대신하여 처리하는 기간 역시 후임 동별 대표자가 선출될 때까지로 제한되어 「주택법 시행령」 제50조제8항에서 규정하고 있는 동별 대표자의 임기(2년)가 보장되는 것도 아니라 할 것이므로, 「주택법 시행령」 제50조제3항 등에 따른 동별 대표자의 임기와는 같다고 볼 수 없을 것입니다.

또한, 일반적으로 개정된 법령의 부칙에 두는 적용례 규정은 신ㆍ구 법령의 변경과정에 있어서 신 법령의 적용대상 등에 관하여 논란의 소지가 있을 수 있는 경우 최초의 적용대상 등을 구체적으로 명시함으로써 법령의 집행상이나 해석상 논란을 사전에 방지하기 위한 것이라 할 것인바, 구 주택법 시행령 부칙 제2조제2항에 적용례를 둔 취지는 구 주택법 시행령 제50조에 따라 최초로 선출되는 동별 대표자부터 새로 한 차례만 중임을 할 수 있도록 중임 제한 규정의 적용관계를 명시한 것이라고 할 것입니다(법제처 2011. 6. 9. 회신 11-0188 해석례 참조).

그렇다면, 구 주택법 시행령 시행 후 임기가 만료된 동별 대표자가 관리규약에 따라 후임 동별 대표자가 선출될 때까지 후임 동별 대표자의 업무를 대신하여 수행한 경우, 이는 구 주택법 시행령 부칙 제2조제2항의 문언과 입법취지상 "선출"에 해당하지 아니함이 분명하므로, 해당 기간은 중임이 제한되는 임기로 볼 수 없다 할 것입니다.

한편, 관리규약에 따라 후임 동별 대표자의 업무를 대행하는 종전 동별 대표자도 실질적으로 정식 대표자로서 업무를 수행하는 것이므로, 그 기간도 중임이 제한되는 임기에 포함된다는 의견이 있을 수 있습니다. 그러나, 앞에서 살펴본 바와 같이, 종전 동별 대표자는 후임 대표자가 선출될 때까지 불안한 지위에서 불가피하게 그 업무를 대행한 것으로 볼 수 있고, 후임 동별 대표자의 선출 시점에 따라 연장되는 임기가 크게 다를 수 있는데도 동일하게 중임이 제한 되는 임기로 판단하는 것은 불합리하며, 중임제한 규정은 개인의 직업선택의 자유나 경제활동의 자유 등 사회활동을 제한하는 규정으로서 문언의 취지대로 해석하여야 하는 점 등에 비추어 보면, 그러한 의견은 타당하지 않다고 할 것입 니다.

해설

본 사안 결론을 내리는 데 있어서 참조할 만한 대법원의 판결이 있어 소개한 다. 대법원은 2007다6307 판결에서, 공동주택의 입주자대표회의는 법인 아닌 사단인바, 새로운 동별 대표자의 선출절차가 위법하여 효력이 없다면 그 동별 대표자는 입주자대표회의 구성원으로서의 지위를 취득할 수 없고 종전의 동별 대표자가 여전히 입주자대표회의 구성원으로서의 지위를 가지는 것이라고 설 시하였다. 그런 다음, 민법상 법인과 그 기관인 이사의 관계를 법인 아닌 사단(즉, 입주자대표회의)에도 적용할 수 있다고 하면서, 후임 이사 선임 시까지 이 사가 존재하지 않아서 법인으로서는 당장 정상적인 활동을 중단하지 않을 수 없는 상태에 이르게 된다면 이런 경우 민법 제691조(위임종료 시의 긴급처리) 에 따라서 임기 만료되거나 사임한 이사라고 할지라도 그 임무를 수행함이 부 적당하다고 인정할 만한 특별한 사정이 없는 한 그 급박한 사정을 해소하기 위 하여 필요한 범위 내에서 신임 이사가 선임될 때까지 이사의 직무를 수행할 수 있다고 보았다.

〈주택법 시행령〉

제50조(입주자대표회의의 구성 등) ① ~ ⑦ (생 략)

　⑧ 동별 대표자의 임기는 2년으로 하며, 한번만 중임할 수 있다.

　⑨ (생 략)

〈舊 주택법 시행령(2010.7.6. 대통령령 제22254호로 개정된 것)〉

[본칙]

제50조(입주자대표회의의 구성 등) ① ~ ⑥ (생 략)

　⑦ 동별 대표자의 임기는 2년으로 하되, 한 차례만 중임할 수 있다.

　⑧ (생 략)

[부칙]

제2조(동별 대표자 등의 선출에 관한 적용례) ① (생 략)

　② 제50조제7항의 개정규정은 이 영 시행 후 최초로 선출되는 동별 대표자부터 적용한다.

〈現 민법(법률 제17905호)〉

제691조(위임종료시의 긴급처리) 위임종료의 경우에 급박한 사정이 있는 때에는 수임인, 그 상속인이나 법정대리인은 위임인, 그 상속인이나 법정대리인이 위임사무를 처리할 수 있을 때까지 그 사무의 처리를 계속하여야 한다. 이 경우에는 위임의 존속과 동일한 효력이 있다.

3 무자격자가 동별 대표자로 선출되어 임기를 모두 마친 경우 그 임기를 중임 횟수 산정 시 포함해야 하는지 (법제처 2015. 11. 26. 회신 15-0588 해석례)

예시 상황

2010년 7월 주택법령이 개정되어 동별 대표자는 1회만 중임할 수 있게 되었다. 그런데, 甲 아파트의 동별 대표자 A는 2011년 1차 선출, 2013년 2차 선출, 2015년 3차 선출되어 3번이나 동별 대표자로 활동하고 있다. 이를 이상하게 여긴 입주민 B는 A가 중임 제한에 해당되는 것이 아닌지 의문을 제기하였는데, A는 이에 대하여 2011년 첫 번째 임기는 사실 결격사유가 있었기 때문에 무효이므로 중임 제한 횟수에 포함되지 않고 현재의 임기는 세 번째가 아닌 두 번째 임기에 해당하기 때문에 주택법령에 위반되지 않는다고 반박하였다. 이 경우 A의 주장대로 중임 제한에 해당하지 않는 것일까?

질의 배경

○ 동별 대표자 A는 1차와 2차 임기를 마치고 3차 임기를 수행 중인데, 1차 임기의 동별 대표자로 선출될 당시 동별 대표자로서 결격이었음이 그 후에 밝혀짐.

○ A는 자신의 1차 임기는 부적법하므로 이는 중임제한 산정 시에 포함되지 않고, 따라서 자신의 3차 임기는 중임제한에 위반되지 않는다고 주장함.

○ 질의자는 A가 사실상 대표자로서 수행한 1차 임기도 중임 횟수 산정 시

포함되는 임기이므로 A의 3차 임기는 중임제한에 위반되어 부적법하다고 국토교통부에 주장하였으나, 국토교통부가 A가 결격인 채 수행한 1차임기는 중임제한 횟수 산정 시에 포함되지 않는다는 답변을 하자 법제처에 법령해석을 요청함.

질의 요지

「주택법 시행령」 제50조제3항에 따른 동별 대표자의 자격을 갖추지 못하였고, 같은 조 제4항에 따른 동별 대표자 결격사유에도 해당하는 사람이, 동별 대표자로 선출되어 동별 대표자로서 임기 2년을 모두 마친 경우, 그 임기가 같은 조 제8항에 따른 중임 횟수 산정 시 포함되는지?

주장 가능한 의견

가. 중임 횟수 산정 시 포함되지 않음

결격사유가 있으면 동별 대표자가 될 수 없으므로 동별 대표자 자격이 없는 사람이 동별 대표자로 당선된 경우 그 당선은 무효인바, 적법하게 선출된 동별 대표자의 임기만이 중임 횟수 산정 시에 포함됨.

나. 중임 횟수 산정 시 포함됨

중임제한의 취지는 장기 직무수행에 따른 각종 비리 및 업무 경직 등을 막기 위한 것이고, 동별 대표자 자격을 갖추지 못한 자가 동별 대표자의 임기를 수행한 경우도 위와 같은 문제점을 방지할 필요성은 여전히 존재하는바, 그 대표자의 임기도 중임 횟수 산정 시 한 번의 임기로 보아야 함.

최종 해석 내용

가. 결론

「주택법 시행령」제50조제3항에 따른 동별 대표자의 자격을 갖추지 못하였고 같은 조 제4항에 따른 동별 대표자 결격사유에도 해당하는 사람이, 동별 대표자로 선출되어 동별 대표자로서 임기 2년을 모두 마쳤다면, 그 임기도 같은 조 제8항에 따른 중임 횟수 산정 시 포함됩니다.

나. 이유

먼저, 「주택법 시행령」제50조제8항에서는 "한 번만 중임할 수 있다"고 규정하고 있을 뿐, 중임 횟수 산정 시 포함되는 임기가 적법하게 선출된 동별 대표자가 수행한 임기로 제한되는지, 아니면 부적법하게 선출된 동별 대표자가 사실상 수행한 임기까지 포함하는지에 관하여 명문의 규정을 두고 있지 않으므로, 이는 중임제한의 취지를 살펴 그 범위를 판단하여야 할 것입니다.

그런데, 「주택법 시행령」제50조제8항의 중임제한 규정은 동별 대표자의 장기 직무수행에 따라 발생하는 각종 비리 및 업무 경직 등의 부작용을 개선하기 위하여 동별 대표자의 임기를 2년으로 제한하고 중임 횟수는 한 차례로 제한한 것인바(2010. 7. 6. 대통령령 제22254호로 개정·시행된 주택법 시행령 조문별 개정이유서 참조), 위와 같은 부작용은 동별 대표자가 임기 동안 실질적으로 업무를 수행한 경우라면 그 선출의 적법 여부와는 무관하게 나타날 수 있는 것이므로, 동별 대표자의 자격을 갖추지 못한 자가 동별 대표자로 선출되어 수행한 임기도 중임 횟수 산정 시 한 번의 임기로 산입하는 것이 중임제한의 취지상 타당하다고 할 것입니다.

더구나, 적법하게 선출된 동별 대표자의 임기만이 중임 횟수 산정 시에 포함되고, 부적법하게 선출된 자의 임기는 중임 횟수 산정 시에 포함되지 않는다면, 결격사유 없이 적법하게 동별 대표자 임기를 수행한 자는 중임 횟수 제한을 받고, 오히려 결격사유 있는 자는 중임 횟수 제한을 탈피할 수 있는 결과가 되므로 이는 형평성에 어긋난다고 할 것입니다.

해설

이 사안은 구 「주택법 시행령」에 관한 해석이기는 하나 현행 「공동주택관리법 시행령」에도 같은 취지의 조항이 있으므로, 여전히 유효한 유권해석이다. 아울러 15-0829 사안과 쟁점은 동일하나 약간 차이가 있는 것이, 이 사안에서는 결격사유에도 불구하고 그 임기를 모두 마친 경우인 반면에 15-0829 사안에서는 임기 중에 자격상실로 임기를 마치지 못한 경우이다. 두 경우 모두 중임 횟수 산정에 포함된다는 결론을 내렸다.

〈주택법 시행령〉

제50조(입주자대표회의의 구성 등) ① · ② (생 략)

③ 동별 대표자는 동별 대표자 선출공고일 현재 당해 공동주택단지안에서 주민등록을 마친 후 계속하여 6개월 이상(최초의 입주자대표회의를 구성하거나 제2항 단서의 규정에 의한 입주자대표회의를 구성하기 위하여 동별 대표자를 선출하는 경우는 제외한다) 거주하고 있는 입주자(입주자가 법인의 경우에는 대표자를 말한다) 중에서 다음 각 호의 구분에 따라 선거구 입주자등의 보통 · 평등 · 직접 · 비밀선거를 통하여 선출한다.

1. 입후보자가 2명 이상인 경우: 다득표자를 선출

2. 입후보자가 1명인 경우: 입주자등의 과반수가 투표하고 투표자의 과반수 찬성으로 선출

④ 다음 각 호의 어느 하나에 해당하는 사람은 동별 대표자가 될 수 없으며 그 자격을 상실한다.

1. ~ 9. (생 략)

10. 제58조제1항부터 제5항까지의 관리비, 사용료 및 장기수선충당금 등을 3개월 이상 연속하여 체납한 사람

⑤ ~ ⑦ (생 략)

⑧ 동별 대표자의 임기는 2년으로 하며, 한번만 중임할 수 있다.

⑨ (생 략)

〈現 공동주택관리법(법률 제17544호)〉

제14조(입주자대표회의의 구성 등) ① ~ ③ (생 략)

④ 서류 제출 마감일을 기준으로 다음 각 호의 어느 하나에 해당하는 사람

은 동별 대표자가 될 수 없으며 그 자격을 상실한다.

1. ~ 4. (생 략)

5. 그 밖에 대통령령으로 정하는 사람

⑤ ~ ⑪ (생 략)

〈現 공동주택관리법 시행령(대통령령 제32076호)〉

제11조(동별 대표자의 선출) ① ~ ③ (생 략)

④ 법 제14조제4항제5호에서 "대통령령으로 정하는 사람"이란 다음 각 호
의 어느 하나에 해당하는 사람을 말한다.

1. ~ 5. (생 략)

6. 제23조제1항부터 제5항까지의 규정에 따른 관리비 등을 최근 3개월 이
   상 연속하여 체납한 사람

7. (생 략)

⑤ (생 략)

4

결격사유가 있는데도 동별 대표자로 선출된 후 그 결격사유로 임기를 다 마치지 못한 경우, 그 임기를 횟수 1회로 산정해야 하는지 (법제처 2016. 1. 13. 회신 15-0829 해석례)

예시 상황

2010년 7월 주택법령이 개정되어 동별 대표자는 1회만 중임할 수 있게 되었다. A는 2011년 甲 아파트의 동별 대표자로 1차 선출되었는데 결격사유가 있음이 드러나 2년의 임기를 마치지 못하고 자격이 상실되었다. 이후 결격사유가 해소된 후 동별 대표자로 선출되어 2014년 1월부터 동별 대표자의 업무를 수행해 오고 있다. A는 2016년 1월부터 새로 임기가 시작되는 동별 대표자 선거에 출마하려고 한다. 이에 대해 △△아파트 선거관리위원회에서는 A가 이미 2차례 동별 대표자로 선출되었으므로 중임 제한 규정으로 인해 출마할 수 없다고 한다. 하지만 A는 처음 선출되었던 동별 대표자는 결격사유로 그 임기를 마치지 못했으므로 중임 제한 횟수 산정 시 포함돼서는 안 된다고 생각한다. A는 다시 한번 동별 대표자 선거에 출마할 수 있을까?

질의 배경

○ A는 동별 대표자로 선출되어 1차 임기를 수행하고 있었으나, 해임된 날로부터 4년이 경과하기 전에 동별 대표자로 선출된 것이 드러나 2년의 임기를 다 채우지 못한 채 그 자격이 상실됨. 그 후 A는 다시 동별 대표자로 선출되어 2차 임기를 수행 중임.

○ 그런데, A는 자신의 1차 임기는 부적법하고 법정 임기를 다 채운 것이 아

니므로 이는 중임제한 산정 시에 포함되지 않고, 따라서 자신이 향후 시작하는 새로운 임기에 입후보 가능하다고 주장함.

○ 이에 대해 질의자는 A가 사실상 대표자로서 수행한 1차 임기도 임기 2년을 모두 수행했는지 여부와 무관하게 중임 횟수 산정 시 포함되는 임기라고 국토교통부에 주장하였고, 국토교통부의 내부의견이 나뉘자 법제처에 법령해석을 요청함.

질의 요지

「주택법 시행령」 제50조제8항에서는 공동주택의 동별 대표자의 임기는 2년으로 하며, 한 번만 중임할 수 있다고 규정하고 있는바,

「주택법 시행령」 제50조제4항제9호에 따른 결격사유에 해당함에도 불구하고 동별 대표자로 선출된 후, 그 결격사유로 인하여 임기를 다 마치지 못한 경우에도 그 임기가 같은 조 제8항에 따른 중임 횟수 산정 시 임기 1회로 하여 포함되는지?

주장 가능한 의견

가. 중임 횟수 산정 시 포함됨

중임제한의 취지는 장기 직무수행에 따른 각종 비리 및 업무 경직 등을 막기 위한 것이고, 동별 대표자 자격을 갖추지 못한 자가 동별 대표자의 임기를 수행하는 경우도 위와 같은 문제점을 방지할 필요성은 여전히 존재하는바, 그 대표자의 임기도 중임 횟수 산정 시 한 번의 임기로 보아야 함.

나. 중임 횟수 산정 시 포함되지 않음

결격사유가 있으면 동별 대표자가 될 수 없으므로 동별 대표자 자격이 없는 사람이 동별 대표자로 당선된 경우 그 당선은 무효인바, 적법하게 선출된 동별 대표자의 임기만이 중임 횟수 산정 시에 포함됨.

최종 해석 내용

가. 결론

「주택법 시행령」제50조제4항제9호에 따른 결격사유에 해당함에도 불구하고 동별 대표자로 선출된 후, 그 결격사유로 인하여 임기를 다 마치지 못한 경우에도 그 임기는 같은 조 제8항에 따른 중임 횟수 산정 시 임기 1회로 하여 포함됩니다.

나. 이유

먼저,「주택법 시행령」제50조제8항에서는 "한 번만 중임할 수 있다"고 규정하고 있는데, 이러한 중임제한 규정은 동별 대표자의 장기 직무수행에 따라 발생하는 각종 비리 및 업무 경직 등의 부작용을 개선하기 위하여 동별 대표자의 임기를 2년으로 제한하고 중임 횟수는 한 차례로 제한한 것입니다(2010. 7. 6. 대통령령 제22254호로 개정·시행된 주택법 시행령 조문별 개정이유서 참조).

그런데, 위와 같은 부작용은 동별 대표자가 임기 동안 실질적으로 업무를 수행했다면 그 선출의 적법 여부를 불문하고 나타날 수 있는 것이고(법제처

2015. 11. 26. 회신 15-0588 해석례 참조), 결격사유 있는 자가 동별 대표자로 선출되어 2년의 임기를 모두 채우지 못한 경우라 할지라도 동별 대표자의 장기 직무수행에 따른 폐해를 방지할 필요성은 여전히 인정된다고 할 것이므로 (법제처 2013. 8. 14. 회신 13-0314 해석례 참조), 이 경우 그 대표자의 임기도 중임 횟수 산정 시 산입하는 것이 타당하다고 할 것입니다.

더구나, 동별 대표자로 선출되어 2년의 임기를 모두 채우지 못한 경우 그 임기를 중임 횟수 산정 시 포함하지 않는다면, 동별 대표자가 임기 만료 전에 사퇴하는 방법 등으로 중임 횟수 제한을 탈피할 가능성이 있는바, 이는 앞에서 본 입법취지를 벗어나게 되는 타당하지 않은 결과라고 할 것입니다.

해설

이 사안은 구 「주택법 시행령」에 관한 해석이기는 하나 현행 「공동주택관리법 시행령」에도 같은 취지의 조항이 있으므로(다만, 현행 규정에는 사퇴 후 1년, 해임 후 2년으로 그 기간이 변경되었다), 기본적으로는 현재도 유효한 유권해석이다. 특기할 것은, 구 주택법령에는 없었던 내용이 공동주택관리법령에 추가되었는데, 보궐선거나 재선거로 선출되었고 임기가 6개월 미만인 경우에는 임기 횟수에 포함시키지 않도록 하는 내용이다(「공동주택관리법 시행령」 제13조제2항 참조). 따라서 만일 이 사안에서 보궐선거를 통해서 6개월 미만 임기의 동별 대표자로 선출된 후 결격사유(중임 사유는 제외; 18-0374 유권해석에 따르면 이미 중임을 했다면 어떤 경우에도 재출마는 불가능하기 때문이다)가 발견되어 임기를 다 마치지 못했다면 어떻게 될 것인지에 대해서는 본 유권해석으로 해결할 수 없고 별도의 검토가 필요할 것이다.

아울러 15-0588 사안과 쟁점은 동일하나 약간 차이가 있는 것이, 이 사안에

서는 결격사유로 인해 중도에 자격을 잃었던 경우인 반면에 15-0588 사안에
서는 결격사유에도 불구하고 그 임기를 모두 마친 경우이다. 두 경우 모두 중임
횟수 산정에 포함된다는 결론을 내렸다.

관련조문

〈주택법 시행령〉

제50조(입주자대표회의의 구성 등) ① ~ ③ (생 략)

 ④ 다음 각 호의 어느 하나에 해당하는 사람은 동별 대표자가 될 수 없으
며 그 자격을 상실한다.

 1. ~ 8. (생 략)

 9. 해당 공동주택의 동별 대표자를 사퇴하거나 해임된 날로부터 4년이 지
  나지 아니한 사람

 10. (생 략)

 ⑤ ~ ⑦ (생 략)

 ⑧ 동별 대표자의 임기는 2년으로 하며, 한번만 중임할 수 있다.

 ⑨ (생 략)

〈現 공동주택관리법(법률 제17544호)〉

제14조(입주자대표회의의 구성 등) ① ~ ③ (생 략)

 ④ 서류 제출 마감일을 기준으로 다음 각 호의 어느 하나에 해당하는 사람
은 동별 대표자가 될 수 없으며 그 자격을 상실한다.

 1. ~ 4. (생 략)

 5. 그 밖에 대통령령으로 정하는 사람

 ⑤ ~ ⑪ (생 략)

〈現 공동주택관리법 시행령(대통령령 제32076호)〉

제11조(동별 대표자의 선출) ① ~ ③ (생 략)

④ 법 제14조제4항제5호에서 "대통령령으로 정하는 사람"이란 다음 각 호의 어느 하나에 해당하는 사람을 말한다.

1. ~ 4. (생 략)

5. 해당 공동주택의 동별 대표자를 사퇴한 날부터 1년(해당 동별 대표자에 대한 해임이 요구된 후 사퇴한 경우에는 2년을 말한다)이 지나지 아니하거나 해임된 날부터 2년이 지나지 아니한 사람

6. · 7. (생 략)

⑤ (생 략)

제13조(동별 대표자의 임기 등) ① (생 략)

② 법 제14조제9항에 따라 동별 대표자는 한 번만 중임할 수 있다. 이 경우 보궐선거 또는 재선거로 선출된 동별 대표자의 임기가 6개월 미만인 경우에는 임기의 횟수에 포함하지 않는다.

③ · ④ (생 략)

동별 대표자의 중임 제한 완화 규정 시행일 전에 2회의 선출공고를 하였으나 후보자가 없었던 경우 그 규정 시행 이후 다시 2회의 선출공고를 하지 않아도 완화된 규정을 적용할 수 있는지

(법제처 2016. 5. 16. 회신 16-0052 해석례)

예시 상황

甲 아파트단지는 세대수가 500세대 미만인 공동주택이다. 2015년 12월 22일 주택법령이 개정되어 500세대 미만인 공동주택은 2회 이상의 선출 공고에도 불구하고 동별 대표자의 후보자가 없는 경우 중임 제한으로 동별 대표자가 될 수 없는 사람도 동별 대표자로 선출할 수 있게 되었다. 그런데 甲 아파트단지는 2015년 12월 22일 전, 즉 주택법령 개정 전에 이미 3차례의 동별 대표자의 선출 공고를 했는데 후보자가 나오지 않았었다. 甲 아파트단지는 개정 주택법령이 시행된 후에 4번째 선출 공고를 하였지만 여전히 후보자가 없자 개정 주택법령에 따라 중임 제한에 해당되는 사람을 후보자로 등록하려고 한다. 甲 아파트단지와 같이 개정 주택법령의 시행 전에 선출 공고를 했던 경우에도 개정 주택법령상의 요건을 갖춘 것으로 볼 수 있을까?

질의 배경

공동주택에서 2015년 12월 22일 전에 있었던 세 차례의 동별 대표자 선출공고에도 불구하고 후보자가 없자 2015년 12월 22일 네 번째 선출공고를 하고 선거를 한 결과 동별 대표자를 중임한 사람이 후보자로 등록하고 대표자로 선출되었는데, 이 경우 국토교통부에서 선출이 무효라고 하자 이에 이의가 있어 법제처에 법령해석을 요청함.

질의 요지

「주택법 시행령」 제50조제8항에서는 동별 대표자의 임기는 2년으로 하며, 한 번만 중임할 수 있다고 규정하고 있고, 2015년 12월 22일 대통령령 제26750호로 개정되어 같은 날 시행된 「주택법 시행령」에서는 제50조제9항을 신설하여 같은 조 제3항 각 호 및 제8항에도 불구하고 500세대 미만인 공동주택으로서 2회의 선출공고에도 불구하고 동별 대표자의 후보자가 없는 경우에는 동별 대표자를 중임한 사람도 선출공고를 거쳐 해당 선거구 입주자등의 3분의 2 이상의 찬성으로 다시 동별 대표자로 선출될 수 있다고 규정하고 있는바,

500세대 미만인 공동주택으로서 「주택법 시행령」 제50조제9항의 시행일인 2015년 12월 22일 전에 2회의 선출공고에도 불구하고 동별 대표자의 후보자가 없었던 경우에는 2015년 12월 22일 이후에 다시 2회의 선출공고를 하지 않았다고 하더라도 「주택법 시행령」 제50조제9항에 따라 동별 대표자를 중임한 사람을 동별 대표자로 선출할 수 있는지?

주장 가능한 의견

가. 개정법령 시행 후에 다시 2회의 선출공고를 거쳐야 함

「주택법 시행령」 제50조제9항은 2015년 12월 22일부터 시행·적용되는 규정으로서 해당 규정에 따른 "2회의 선출공고에도 불구하고 동별 대표자의 후

보자가 없는 경우"라는 요건도 시행일부터 갖추어야 하는 것이므로, 시행일 이후 2회의 선출공고와 동별 대표자의 후보자가 없었던 경우에만 중임제한 완화규정을 적용할 수 있음.

나. 개정법령 시행 후에 2회의 선출공고를 하지 않아도 동별 대표자를 선출할 수 있음

「주택법 시행령」제50조제9항을 신설한 취지는 입주자등이 동별 대표자 출마를 기피하여 발생하는 일정 규모 이하의 공동주택 운영상의 어려움을 해소하는 데 있으므로, 해당 규정의 시행일 전에 "2회의 선출공고에도 불구하고 동별 대표자의 후보자가 없는 경우"라는 요건을 갖추었다면, 시행일 이후에 2회의 선출공고가 없었다고 하더라도 중임제한 완화규정을 적용할 수 있음.

최종 해석 내용

가. 결론

500세대 미만인 공동주택으로서 「주택법 시행령」제50조제9항의 시행일인 2015년 12월 22일 전에 2회의 선출공고에도 불구하고 동별 대표자의 후보자가 없었던 경우에는 2015년 12월 22일 이후에 다시 2회의 선출공고를 하지 않았다고 하더라도 「주택법 시행령」제50조제9항에 따라 동별 대표자를 중임한 사람이 동별 대표자로 선출될 수 있습니다.

나. 이유

먼저, 개정된 법령의 경과규정에서 달리 정함이 없는 한 개정 법령은 그 "시행일 이후에 발생한 사안"에 대하여 적용되고, "시행 당시 진행 중인 사실관계나 법률관계"에 대해서도 원칙적으로 적용된다고 할 것인데(법제처 2011. 3. 24. 회신 11-0008 해석례 참조), 대통령령 제26750호 주택법 시행령 일부개정령 부칙 제1조 본문에서는 이 영은 공포한 날부터 시행한다고 규정하고 있을 뿐 「주택법 시행령」 제50조제9항에 대한 경과조치나 적용례를 별도로 규정하지 않고 있으므로, 해당 규정의 시행일 전에 2회의 동별 대표자 선출공고에도 불구하고 후보자가 없었던 경우가 시행 당시 진행 중인 사실관계 또는 법률관계에 해당하는지 여부를 살펴보아야 할 것입니다.

먼저, 동별 대표자는 「주택법 시행령」 제50조제3항에 따라 동별 대표자 선출공고일 현재 당해 공동주택단지 안에서 주민등록을 마친 후 계속하여 6개월 이상 거주하고 있는 입주자 중에서 선거구 입주자등의 보통·평등·직접·비밀선거를 통하여 선출하는 점에 비추어 볼 때, 동별 대표자의 선출절차는 입주자등이 동별 대표자를 선출하여야만 비로소 종료된다고 할 것입니다. 따라서, 선출공고를 마감하였으나 후보자가 없었던 경우는 동별 대표자 선출절차가 계속 진행 중인 것으로 보아야 할 것이고 동별 대표자 선출절차가 종료된 경우로 볼 수는 없다고 할 것입니다.

그렇다면, 대통령령 제26750호 주택법 시행령 일부개정령 부칙에서 특별한 규정을 두지 않고 있는 한 「주택법 시행령」 제50조제9항에 따른 동별 대표자의 중임제한 완화는 "2회의 선출공고에도 불구하고 동별 대표자의 후보자가 없는 경우"라는 요건을 시행일 전에 갖추든 시행일 후에 갖추든 해당 규정의 시행일 이후에 동별 대표자를 "선출"하여 해당 선출절차를 종료하는 경우에 적용될 수 있다고 할 것이고, 이 사안과 같이 "2회의 선출공고에도 불구하고 동별 대표자의 후보자가 없는 경우"라는 요건을 해당 규정의 시행일 전에 갖추었다면 해당 규정의 시행 당시 계속 중인 사실관계에 해당하여 「주택법 시행령」 제50조제9항에 따른 동별 대표자의 중임제한 완화규정을 적용할 수 있다고 할 것입니다.

더욱이, 「주택법 시행령」 제50조제9항을 신설한 취지는 동별 대표자의 중임제한으로 동별 대표자의 선출이 어려운 문제와 기존 동별 대표자가 임기를 만료할 때까지 차기 동별 대표자를 선출하지 못한 경우에는 차기 동별 대표자를 선출할 때까지 임기를 만료한 기존 동별 대표자가 "급박한 사정을 해소하기 위하여 필요한 범위 내"에서 직무를 수행할 수밖에 없게 되어 이 경우 그 직무의 범위가 한정되므로(대법원 2007. 6. 15. 선고 2007다6307 판결례 참조) 입주자대표회의의 정상적인 운영이 이루어지지 못하는 문제 등을 해결하기 위한 취지라는 점에 비추어 볼 때(2015. 12. 22. 대통령령 제26750호로 일부개정되고 같은 날 시행된 「주택법 시행령」 조문별 제·개정이유서 참조), 「주택법 시행령」 제50조제9항의 시행일 전에 2회의 선출공고가 있었다고 하여 같은 항에 따른 중임제한 완화규정을 적용할 수 없다고 보는 것은 동별 대표자를 선출하는 절차의 반복과 시간의 지연을 초래할 수 있을 뿐만 아니라, 기존 동별 대표자의 임기 만료일까지 차기 동별 대표자를 선출하지 못한 경우에 발생하는 제한된 범위 내에서 직무를 수행하는 기존 동별 대표자의 직무대행 기간이 장기화되는 문제를 그대로 방치하는 결과를 초래하여 입주자대표회의의 정상적 운영에 기여하기 위한 해당 규정의 입법취지에도 부합하지 않는다고 할 것입니다.

　사실 이 유권해석에 대해서는 별도의 해설이 필요 없을 만큼 모든 논점이 잘 정리되어 있다. 법제처 법령심사는 입법 전문가들이 수행하게 되는데 그들이 가장 신경 써서 검토하는 것 중의 하나가 부칙, 특히 적용례나 경과규정을 두어야 하는지 여부이다. 다시 말해 법령의 개정으로 기존의 법질서에 변화가 수반되는데 이에 대해서 새로운 규정을 적용시킬 것인지 아니면 예전의 규정을 여전히 적용하여야 할 것인지를 정책결정자인 주무부처 공무원들과 논의하여 그들의 의도를 명확하게 반영해야 하는 것이다. 그런 차원에서 본 해석의 대상이 된 조항을 바꾸면서 아무런 부칙 규정을 두지 않았다는 것은 개정 전의 상황이 여전히 진행 중이어서 당연히 종전의 선출공고 횟수를 개정 후에도 반영하겠다는 것을 반증하는 것이다.

　이 유권해석은 구 주택법령에 관한 것이고 현행 공동주택관리법령에도 이와 유사한 조항이 있다(「공동주택관리법 시행령」 제13조제3항 참조). 만일 앞으로도 동별 대표자 선출과 관련하여 법령의 개정이 있어서 본 건과 유사한 사례가 발생한다면 이 해석이 문제해결 기준이 될 수 있을 것이다.

〈주택법 시행령〉

[본칙]

제50조(입주자대표회의의 구성 등) ① · ② (생 략)

③ 동별 대표자는 동별 대표자 선출공고일 현재 당해 공동주택단지안에서 주민등록을 마친 후 계속하여 6개월 이상(최초의 입주자대표회의를 구성하거나 제2항 단서의 규정에 의한 입주자대표회의를 구성하기 위하여 동별 대표자를 선출하는 경우는 제외한다) 거주하고 있는 입주자(입주자가 법인의 경우에는 대표자를 말한다) 중에서 다음 각 호의 구분에 따라 선거구 입주자등의 보통 · 평등 · 직접 · 비밀선거를 통하여 선출한다.

1. 입후보자가 2명 이상인 경우: 다득표자를 선출

2. 입후보자가 1명인 경우: 입주자등의 과반수가 투표하고 투표자의 과반수 찬성으로 선출

④ ~ ⑦ (생 략)

⑧ 동별 대표자의 임기는 2년으로 하며, 한번만 중임할 수 있다.

⑨ 제3항 각 호 및 제8항에도 불구하고 500세대 미만인 공동주택으로서 2회의 선출공고에도 불구하고 동별 대표자의 후보자가 없는 경우에는 동별 대표자를 중임한 사람도 선출공고를 거쳐 해당 선거구 입주자등의 3분의 2 이상의 찬성으로 다시 동별 대표자로 선출될 수 있다. 이 경우 후보자 중 동별 대표자를 중임하지 아니한 사람이 있으면 동별 대표자를 중임한 사람은 후보자의 자격을 상실한다.

⑩ (생 략)

[부칙]

제1조(시행일) 이 영은 공포한 날부터 시행한다. 다만, 제30조의3 및 별표 13 제2호다목의 개정규정은 2015년 12월 23일부터 시행하고, 제15조제5항, 제37조제1항, 제38조제1항제2호가목 단서, 제41조제1항, 제47조제4항제1호, 제65조제1항, 별표 1 및 별표 13 제2호타목·허목의 개정규정은 2016년 1월 25일부터 시행한다.

제2조(감리자의 교체 등에 관한 적용례) (생 략)

⟨現 공동주택관리법 시행령(대통령령 제32076호)⟩

제13조(동별 대표자의 임기 등) ①·② (생 략)

③ 제11조제1항 및 이 조 제2항에도 불구하고 2회의 선출공고(직전 선출공고일부터 2개월 이내에 공고하는 경우만 2회로 계산한다)에도 불구하고 동별 대표자의 후보자가 없거나 선출된 사람이 없는 선거구에서 직전 선출공고일부터 2개월 이내에 선출공고를 하는 경우에는 동별 대표자를 중임한 사람도 해당 선거구 입주자등의 과반수의 찬성으로 다시 동별 대표자로 선출될 수 있다. 이 경우 후보자 중 동별 대표자를 중임하지 않은 사람이 있으면 동별 대표자를 중임한 사람은 후보자의 자격을 상실한다.

④ (생 략)

6	결격사유로 정기선거의 동별 대표자 선출이 무효 처리된 후 결격사유가 해소되어 같은 기수의 보궐선거에서 임기 6개월 이상인 동별 대표자로 다시 선출된 경우 중임하는 것인지
	(법제처 2017. 5. 1. 회신 17-0144 해석례)

예시 상황

A는 甲 아파트의 제1기 동별 대표자 정기선거에서 선출되어 8개월 정도 업무를 수행하던 중 결격사유가 발견되어 자격을 상실하였다. 이후 결격사유가 해소되어 제1기 동별 대표자 보궐선거에서 임기 6개월 이상인 동별 대표자로 선출되었다. A는 2번 선출되었으므로 임기 횟수를 2회로 보아야 하는 것일까? 아니면 동일한 기수인 제1기 동별 대표자로만 활동한 것이므로 임기 횟수를 1회로 보아야 하는 것일까?

질의 배경

○ A는 입주자대표회의 동별 대표자 정기선거에서 선출되어 약 8개월 동안 임기를 수행하였으나 동별 대표자 결격사유에 해당한다는 이유로 그 선출이 무효처리 된 후, 더 이상 결격사유에 해당하지 않게 되어 같은 기수의 동별 대표자 보궐선거에서 임기가 6개월 이상인 동별 대표자로 다시 선출됨.

○ 질의자는 A가 동일 기수의 동별 대표자 정기선거 및 보궐선거에서 선출된 것이 각각 1회의 임기가 되므로 중임에 해당하는지, 아니면 동일 기수의 동별 대표자 정기선거 및 보궐선거는 이를 합쳐서 1회의 임기가 되므

로 중임에 해당하지 않는지에 대하여 국토교통부에 질의하였고, 국토교통부에서 중임에 해당한다고 답변하자, 이에 이의가 있어서 법제처에 법령해석을 요청함.

질의 요지

「공동주택관리법 시행령」 제13조제1항에서는 동별 대표자의 임기는 2년으로 하되, 보궐선거로 선출된 동별 대표자의 임기는 전임자 임기의 남은 기간으로 한다고 규정하고 있고, 같은 조 제2항 전단에서는 동별 대표자는 한 번만 중임할 수 있다고 규정하고 있으며, 같은 항 후단에서는 보궐선거로 선출된 동별 대표자의 임기가 6개월 미만인 경우에는 임기의 횟수에 포함하지 아니한다고 규정하고 있는바,

입주자대표회의의 구성원인 동별 대표자 전원의 임기만료로 차기 입주자대표회의의 구성원인 동별 대표자를 선출하는 선거(이하 "동별 대표자 정기선거"라 함)에서 선출된 사람이 임기를 시작하였으나 동별 대표자의 결격사유에 해당하여 그 선출이 무효처리 된 후, 결격사유가 해소되어 같은 기수 동별 대표자의 보궐선거에서 임기가 6개월 이상인 동별 대표자로 다시 선출된 경우, 그 동별 대표자는 중임하는 것인지?

주장 가능한 의견

가. 동별 대표자를 중임하는 것에 해당함

○ 「공동주택관리법 시행령」 제13조제1항 및 제2항은 동별 대표자의 장기

직무수행에 따라 발생하는 각종 비리 및 업무 경직 등의 부작용을 방지하기 위하여 동별 대표자의 임기를 2년으로 제한하면서 중임 횟수는 한 차례로 제한한 것인바, 동별 대표자 선출이 무효가 되어 2년 임기를 모두 마치지 못하였더라도 그 임기는 중임 횟수 산정 시 한 번의 임기로 산입하는 것이 중임제한의 취지상 타당하다고 할 것임.

○ 또한, 「공동주택관리법 시행령」 제13조제2항 후단에 따라 보궐선거에서 임기가 6개월 이상인 동별 대표자로 선출되었다면 보궐선거로 선출되기 전에 동일 기수의 동별 대표자 선거에서 선출되었던 것과 별개로 임기의 횟수에 포함된다고 할 것이므로, 이 사안의 경우에는 총 2회의 임기를 하는 것으로 보아야 할 것임.

나. 동별 대표자를 중임하는 것에 해당하지 않음

「공동주택관리법 시행령」 제13조제2항의 중임제한 규정은 동별 대표자의 장기 직무수행에 따라 발생하는 각종 비리 및 업무 경직 등의 부작용을 방지하기 위하여 동별 대표자의 임기를 2년으로 제한하고 중임 횟수는 한 차례로 제한한 것으로서, 이는 개인의 직업선택의 자유나 경제활동의 자유 등 사회활동을 제한하는 규정으로서 엄격하게 해석하여야 한다는 점, 같은 영 제13조제1항 단서에 따라 전임자 임기의 남은 기간이 보궐선거로 선출된 동별 대표자의 임기가 되므로 동일 기수 내에서의 정기선거 및 보궐선거에서 동일인이 선출된 경우 그 선출된 동별 대표자가 재임하는 기간은 총 2년 이내가 된다는 점을 고려할 때, 동일 기수 내에서의 정기선거 및 보궐선거에서 동일인이 선출된 경우는 해당 기수 내에서 총 1회의 동별 대표자 임기를 역임한 것으로 보는 것이 합리적이라고 할 것임.

최종 해석 내용

가. 결론

동별 대표자 정기선거에서 선출된 사람이 임기를 시작하였으나 동별 대표자의 결격사유에 해당하여 그 선출이 무효처리 된 후, 결격사유가 해소되어 같은 기수 동별 대표자의 보궐선거에서 임기가 6개월 이상인 동별 대표자로 다시 선출된 경우, 그 동별 대표자는 중임하는 것입니다.

나. 이유

먼저, "중임"이란 임기가 끝나거나 임기 중에 개편이 있을 때 거듭 그 자리에 임용하는 것을 의미하고, "임기"란 임무를 맡아보는 일정한 기간을 의미하는바(국립국어원 표준국어대사전 참조), 동별 대표자로 선출되었던 자가 그 임기가 끝나거나 임기 중에 다시 동별 대표자 선거를 통해 동별 대표자로 선출되는 과정을 거쳐 동별 대표자로서의 업무를 수행하게 된 경우, 그 동별 대표자는 다시 임용되어 새로운 동별 대표자의 임기를 시작하게 되는 것이므로 중임하는 것이라고 보아야 할 것입니다.

그리고, 「공동주택관리법 시행령」 제13조제2항에서는 "동별 대표자는 한 번만 중임할 수 있다"고 규정하고 있는데, 그러한 중임제한 규정은 동별 대표자의 장기 직무수행에 따라 발생하는 각종 비리 및 업무 수행 방식의 제한 등의 부작용을 방지하기 위하여 동별 대표자의 중임 횟수를 한 차례로 제한한 것인바(2010. 7. 6. 대통령령 제22254호로 개정·시행된 주택법 시행령 조문별 개정이유서 참조), 그와 같은 부작용은 동별 대표자가 임기 동안 실질적으로 업무를 수행한 경우라면 그 선출의 적법 여부와는 상관없이 나타날 수 있는 것이므로 동별 대표자로 선출된 후 그 동별 대표자 선출이 무효가 되어 2년의 임기를 마치지 못하였더라도 그 임기는 중임 횟수 산정 시 한 번의 임기로 산입하는 것이 동별 대표자의 중임을 제한한 입법 취지에 보다 부합한다고 할 것입니다(법제처 2016. 1. 13. 회신 15-0829 해석례 참조).

또한, 보궐선거로 선출된 동별 대표자의 임기가 6개월 미만인 경우에는 임기의 횟수에 포함하지 않는다고 규정하고 있는 「공동주택관리법 시행령」 제13조제2항 후단을 반대해석 하면, 보궐선거에서 임기가 6개월 이상인 동별 대표자로 선출된 경우는 임기 횟수에 산입하여야 한다고 할 것인바, 이 사안과 같이 전임 동별 대표자가 보궐선거에서 임기가 6개월 이상인 동별 대표자로 다시 선출된 경우로서 그 두 번의 임기를 합산하여 2년이 안 되는 경우더라도 보궐선거에서 선출된 임기는 전임 동별 대표자로서의 임기와 별개로 동별 대표자의 임기 횟수에 산입하여야 한다고 할 것입니다.

해설

만일 이 사안에서 보궐선거에 따른 임기가 6개월 미만이었다면 「공동주택관리법 시행령」 제13조제2항 후단에 따라 그 임기는 임기 횟수에 포함되지 않는다. 아울러 상정하기 쉽지 않은 상황이기는 하지만 만약 당선된 직후 결격사유가 있음이 발견되고, 이에 따라 여러 가지 사정 등으로 동별 대표자로서의 업무를 사실상 수행하지 못한 경우라면 어떻게 될 것인가? 본 유권해석의 이유부분에서 언급된 바에 따라 해결될 수 있을 것이다. 즉, 실질적으로 업무를 수행하지 못한 것이 되어 중임한 것으로 카운트 되지 않을 것으로 보인다.

본 건과 관련 있는 종전 유권해석 결과를 정리해 보면 다음 표와 같다.

안건 번호	법제처 2016. 1. 13. 회신 15-0829 해석례	법제처 2015. 11. 6. 회신 15-0588 해석례	법제처 2013. 8. 14. 회신 13-0314 해석례
질의 내용	「주택법 시행령」 제50조제4항제9호에 따른 결격사유에 해당함에도 불구하고 동별 대표자로 선출된 후, <u>그 결격사유로 인하여 임기를 다 마치지 못한 경우</u>에도 그 임기가 같은 조 제8항에 따른 중임 횟수 산정 시 임기 1회로 하여 포함되는지?	「주택법 시행령」 제50조제3항에 따른 동별 대표자의 자격을 갖추지 못하였고, 같은 조 제4항에 따른 동별 대표자 결격사유에도 해당하는 사람이, 동별 대표자로 선출되어 <u>동별 대표자로서 임기 2년을 모두 마친 경우</u>, 그 임기가 같은 조 제8항에 따른 중임 횟수 산정 시 포함되는지?	구 「주택법 시행령」이 시행되기 전에 선출된 동별 대표자의 잔여임기를 구 주택법 시행령이 시행된 후에 실시된 보궐선거에서 선출된 동별 대표자가 수행한 경우, 보궐선거로 선출된 동별 대표자의 임기도 「주택법 시행령」 제50조제8항에 따른 중임 제한 임기에 포함되는지?
회신 내용	동별 대표자로 선출된 후, 그 결격사유로 인하여 임기를 다 마치지 못한 경우 중임 횟수 산정 시 <u>임기 1회로 포함됨.</u>	결격사유에 해당하는 사람이 동별 대표자로 선출되어 임기 2년을 모두 마친 경우 중임 횟수 산정 시 <u>임기 1회로 포함됨.</u>	보궐선거로 선출된 동별 대표자의 임기도 중임 횟수 산정 시 임기 1회로 포함됨. * 이 사안의 해석대상 법령은 현행 「공동주택관리법 시행령」 제13조제2항 후단에 따른 <u>보궐선거로 선출된 경우의 임기 횟수 규정이 신설되기 전의 것임.</u>

관련조문

〈공동주택관리법 시행령〉

제13조(동별 대표자의 임기 등) ① 법 제14조제7항에 따라 동별 대표자의 임기는 2년으로 한다. 다만, 보궐선거로 선출된 동별 대표자의 임기는 전임자 임기의 남은 기간으로 한다.

② 법 제14조제7항에 따라 동별 대표자는 한 번만 중임할 수 있다. 이 경우 보궐선거로 선출된 동별 대표자의 임기가 6개월 미만인 경우에는 임기의 횟수에 포함하지 아니한다.

③ · ④ (생 략)

동별 대표자를 한 번 중임한 사람이 임기가 6개월 미만인 동별 대표자를 선출하는 보궐선거의 후보자가 될 수 있는지

(법제처 2018. 8. 6. 회신 18-0374 해석례)

예시 상황

주택법령은 동별 대표자가 1회만 중임할 수 있도록 하면서 보궐선거로 선출된 동별 대표자의 임기가 6개월 미만인 경우에는 중임 제한 규정의 횟수 산정에 포함하지 않도록 규정하고 있다. 따라서 일반 선거를 통해 2년의 동별 대표자 임기 1회, 보궐선거를 통해 6개월 미만의 동별 대표자 임기 1회를 마친 사람은 중임 제한에 해당하지 않으므로 다시 2년의 동별 대표자 일반 선거에 입후보하는 것이 가능하다. 그런데 순서를 바꾸어서 일반 선거를 통한 2년의 동별 대표자 임기를 2회 마친 후 6개월 미만의 동별 대표자 보궐선거에 입후보하는 것도 가능할까?

질의 배경

민원인은 동별 대표자 선거를 준비하는 과정에서 동별 대표자를 한 번 중임한 사람이 임기가 6개월 미만인 동별 대표자를 선출하는 보궐선거의 후보자가 될 수 있는지에 대한 의문이 생겨 명확한 기준을 알기 위해 법제처에 법령해석을 요청함.

※ (예) 동별 대표자의 임기와 후보자 등록가능 여부

질의 요지

　동별 대표자를 한 번 중임한 사람이「공동주택관리법 시행령」제13조제2항 후단에 따라 임기가 6개월 미만인 동별 대표자를 선출하는 보궐선거의 후보자가 될 수 있는지?

주장 가능한 의견

가. 후보자가 될 수 없음

○「공동주택관리법 시행령」제13조제2항 후단에서 보궐선거로 선출된 동별 대표자의 임기가 6개월 미만인 경우에는 임기의 횟수에 포함하지 않는다고 규정하고 있는 입법 취지는 동별 대표자의 임기는 원칙적으로 2년인데 보궐선거로 선출된 동별 대표자의 임기는 2년보다 짧다고 하더라도 임기 횟수로 산정되어 중임 제한 규정이 적용될 것을 우려하는 입주자가 잔여 임기가 짧은 보궐선거에는 후보자로 등록하는 것을 기피함으로써 동별 대표자의 선출에 어려움을 겪는 점을 해결하고 보궐선거의 동별 대표자를 원활하게 선출하기 위한 것임.

- 그렇다면 「공동주택관리법 시행령」 제13조제2항 후단은 아직 동별 대표자의 임기 횟수가 1회 이하인 사람이 추가로 6개월 미만의 임기로 임기 횟수를 채우면 그것까지 포함하여 중임 제한 규정이 적용되어 향후 동별 대표자가 될 수 없는 것을 우려하는 문제를 해소함으로써 그 사람이 임기가 6개월 미만인 동별 대표자의 보궐선거에 후보자로 등록할 것을 장려하기 위해서 6개월 미만인 잔여 임기를 동별 대표자의 임기 횟수에 포함시키지 않으려는 취지이고 이미 한 번 중임한 사람까지 향후 임기가 6개월 미만인 동별 대표자의 보궐선거에 후보자로 등록할 것을 허용하려는 취지는 아님.

나. 후보자가 될 수 있음

○ 「공동주택관리법 시행령」 제13조제2항 후단은 장래에 임기가 개시될 동별 대표자의 임기 횟수 산정에 대해서 규정하고 있으므로 동별 대표자를 한 번도 하지 않은 사람, 동별 대표자의 임기를 한 번 마친 사람, 동별 대표자의 임기를 두 번 마친 사람 등 과거에 동별 대표자를 몇 번 역임했는지 여부에 따라 해당 규정의 적용 여부를 달리 볼 수는 없음.

- 이와 달리 동별 대표자의 임기를 두 번 마친 사람에게는 「공동주택관리법 시행령」 제13조제2항 후단이 적용되지 않는다고 보는 의견에 따르면 동별 대표자의 임기를 두 번 마친 사람은 그다음 동별 대표자의 임기가 6개월 미만인 보궐선거에 후보자로 등록할 수 없어 총 두 번의 선출 기회를 얻게 되는 반면, 동별 대표자의 임기를 한 번 마친 사람은 해당 규정에 따라 임기 횟수에 포함되지 않는 6개월 미만의 보궐선거가 수회 있는 경우 동별 대표자로 수회 선출될 수 있고 다음 동별 대표자 선거에도 후보자로 등록할 수 있으므로 최소한 세 번 이상의 선출 기회

를 얻게 되어 형평에 반하는 결과를 초래할 수 있음.

최종 해석 내용

가. 결론

이 사안의 경우 동별 대표자를 한 번 중임한 사람은 임기가 6개월 미만인 동별 대표자를 선출하는 보궐선거의 후보자가 될 수 없습니다.

나. 이유

「공동주택관리법 시행령」 제13조제2항에서 「공동주택관리법」 제14조제7항에 따라 동별 대표자는 한 번만 중임할 수 있다고 규정하면서(전단) 6개월 미만인 동별 대표자의 임기의 횟수에 포함되지 않는 경우를 규정하고 있는(후단) 입법 체계에 비추어 볼 때 같은 항 후단은 임기가 6개월 미만인 동별 대표자 보궐선거의 경우에는 같은 항 전단에 따라 동별 대표자의 중임 제한의 기준이 되는 두 번의 임기 횟수[33]에 포함시키지 않는다는 의미로 보아야 합니다.

그리고 「공동주택관리법 시행령」 제13조제2항 후단의 입법 취지는 보궐선거로 선출된 동별 대표자의 임기가 2년보다 짧아도 임기 횟수로 산정되어[34] 같은 항 전단에 따른 중임 제한 규정이 적용될 것을 우려하는 입주자가 잔여 임기가 짧은 보궐선거에는 후보자로 등록하는 것을 기피하자 잔여 임기가 짧은

---

33 2016. 8. 22. 대통령령 제27445호로 제정된 「공동주택관리법 시행령」 제정이유 참조.

34 법제처 2013. 8. 14. 회신 13-0314 해석례 참조.

보궐선거의 동별 대표자를 원활하게 선출하기 위한 것입니다.[35]

　그렇다면 「공동주택관리법 시행령」 제13조제2항 후단은 아직 동별 대표자의 임기 횟수가 1회 이하인 사람이 추가로 임기가 6개월 미만인 동별 대표자로 선출되는 것까지 중임을 제한하는 임기 횟수에 포함하지 않도록 함으로써 그 사람이 임기가 6개월 미만인 동별 대표자의 보궐선거에 후보자로 등록할 것을 장려하도록 하려는 것이지 이미 한 번 중임한 사람, 즉 6개월 이상의 임기를 두 번 다 채워서 중임 제한 규정에 따라 더 이상 동별 대표자가 될 수 없는 사람까지 임기가 6개월 미만인 동별 대표자의 보궐선거에 후보자로 등록하는 것을 허용하는 것은 아닙니다.

해설

　「공동주택관리법 시행령」 제13조제2항 후단을 규정한 취지는 잔여 임기가 짧은 보궐선거에는 후보자로 등록하는 것을 기피함으로써 동별 대표자의 선출에 어려움을 겪자 이를 해결하고자 하는 것이었다. 따라서 이미 중임제한에 걸린 사람도 6개월 미만의 보궐선거에 후보자 등록이 가능하도록 해야 한다는 주장도 전혀 근거가 없다고 할 수는 없다. 다만, 이 주장은 다른 후보자가 없어서 동별 대표자를 선출할 수 없을 경우에만 타당하다. 그런데 후보자가 없는 경우에 대해서는 중임한 사람도 출마가 가능하도록 허용하는 규정이 이미 마련되어 있기 때문에(「공동주택관리법 시행령」 제13조제3항 참조), 결국 한 사람이 여러 번 동별 대표자가 되는 데에서 오는 불합리를 없애야 한다는 원칙으로 돌아가서 6개월 미만 임기라 해도 출마할 수 없다고 보아야 할 것이다.

---

35 2016. 8. 22. 대통령령 제27445호로 제정된 「공동주택관리법 시행령」 조문별 제정이유서 참조.

〈공동주택관리법 시행령〉

제13조(동별 대표자의 임기 등) ① (생 략)

② 법 제14조제7항에 따라 동별 대표자는 한 번만 중임할 수 있다. 이 경우 보궐선거로 선출된 동별 대표자의 임기가 6개월 미만인 경우에는 임기의 횟수에 포함하지 아니한다.

③ 제11조제1항 및 이 조 제2항에도 불구하고 500세대 미만인 공동주택으로서 2회의 선출공고에도 불구하고 동별 대표자의 후보자가 없는 선거구의 경우에는 동별 대표자를 중임한 사람도 선출공고를 거쳐 해당 선거구 입주자등의 3분의 2 이상의 찬성으로 다시 동별 대표자로 선출될 수 있다. 이 경우 후보자 중 동별 대표자를 중임하지 아니한 사람이 있으면 동별 대표자를 중임한 사람은 후보자의 자격을 상실한다.

④ (생 략)

8	일반 선거로 선출된 동별 대표자가 임기 시작 후 6개월 이전에 사퇴한 경우 임기 횟수에 포함되는지 (법제처 2018. 10. 10. 회신 18-0434 해석례)

예시 상황

주택법령은 동별 대표자가 1회만 중임할 수 있도록 하면서 보궐선거로 선출된 동별 대표자의 임기가 6개월 미만인 경우에는 중임 제한 규정의 횟수 산정에 포함하지 않도록 규정하고 있다. 따라서 일반 선거를 통해 2년의 동별 대표자 임기 1회, 보궐선거를 통해 6개월 미만의 동별 대표자 임기 1회를 마친 사람은 중임 제한에 해당하지 않으므로 다시 2년의 동별 대표자 일반 선거에 입후보하는 것이 가능하다. 그런데 일반 선거를 통해 2년의 동별 대표자 임기 1회를 마친 사람이 보궐선거가 아닌 일반선거를 통해 선출된 후 6개월 안에 사퇴한 경우 중임한 것에 해당하는 것일까? 해당하지 않는 것일까?

질의 배경

민원인은 보궐선거가 아닌 일반 선거로 동별 대표자에 당선된 후 임기 시작 후 6개월이 되기 전에 스스로 사퇴한 경우에도 「공동주택관리법 시행령」 제13조제2항 후단에 따라 임기에 포함되지 않는지에 대하여 국토교통부에 질의하였고, 보궐선거가 아닌 선거에 당선된 동별 대표자의 경우에는 해당 규정의 적용 대상이 아니라는 국토교통부의 회신에 이의가 있어 법령해석을 요청함.

「공동주택관리법 시행령」 제13조제1항 본문에 따라 보궐선거가 아닌 일반 선거에서 동별 대표자로 선출된 자가 임기 개시 후 6개월이 되기 전에 스스로 사퇴한 경우, 같은 조 제2항 후단에 따라 "보궐선거로 선출된 동별 대표자의 임기가 6개월 미만인 경우"에 포함될 수 있는지?

주장 가능한 의견

가. 보궐선거로 선출된 동별 대표자의 임기가 6개월 미만인 경우에 포함되지 않음. 즉 임기 횟수에 포함됨

○ 「공동주택관리법 시행령」 제13조제2항에서는 동별 대표자는 한 번만 중임할 수 있으나(전단) 보궐선거로 선출된 동별 대표자의 임기가 6개월 미만인 경우에는 임기의 횟수에 포함하지 않는다고(후단) 제한적으로 규정하고 있으므로, "보궐선거로 선출된 동별 대표자의 임기가 6개월 미만인 경우"에만 중임 제한과 관련한 임기 횟수를 산정할 때 동별 대표자의 임기 횟수에 포함되지 않는 것이 문언상 명백함.

○ 종전에 동별 대표자가 임기 중에 사퇴, 해임 등으로 공석이 된 경우 보궐선거로 동별 대표자를 새로 선출하는 경우, 기존에는 보궐선거로 선출된 동별 대표자의 잔여 임기에 관계없이 해당 임기가 1회 임기로 산정됨에 따라 잔여 임기가 짧은 경우에는 입주민들이 입후보 자체를 기피하여 동별 대표자 선출이 어려워지는 문제가 발생하자,
  - 「공동주택관리법 시행령」 제13조제2항에서는 보궐선거로 선출된 동별

대표자의 경우 잔여 임기가 6개월 미만인 경우에는 중임 제한과 관련한 임기 횟수로 산정하지 않도록(후단) 규정하였다는 점에 비추어 볼 때 보궐선거가 아닌 일반 선거로 선출된 동별 대표자가 임기 개시 후 6개월 미만인 때 사퇴, 해임한 경우는「공동주택관리법 시행령」제13조제2항 후단에 해당하지 않음.

나. 보궐선거로 선출된 동별 대표자의 임기가 6개월 미만인 경우에 포함될 수 있음. 즉 임기 횟수에 포함되지 않음

○ 「공동주택관리법 시행령」제13조제2항에서 "보궐선거로 선출된 동별 대표자의 임기가 6개월 미만인 경우에는 임기의 횟수에 포함하지 않는다"고 규정한 것은 동별 대표자로서 직무를 수행한 재임기간이 6개월보다 짧은 경우 해당 임기는 임기 횟수로 포함시키지 않으려는 취지로 보아야 하므로, 보궐선거로 선출된 경우 남은 임기가 6개월 미만인 경우뿐만 아니라 보궐선거가 아닌 선거로 선출되었더라도 동별 대표자가 자신의 임기를 6개월 이내로 수행한 경우에도 해당 규정이 적용된다고 보아야 함.
   - 즉, 이 경우 동별 대표자로서의 업무를 6개월 미만으로 수행한다는 점에서 보궐선거로 선출된 동별 대표자의 임기가 6개월 미만인 경우와 달리 볼 이유가 없음.

최종 해석 내용

가. 결론

이 사안의 경우 "보궐선거로 선출된 동별 대표자의 임기가 6개월 미만인 경

우"에 포함되지 않습니다.

나. 이유

법령의 문언 자체가 비교적 명확한 개념으로 구성되어 있다면 원칙적으로 더 이상 다른 해석방법은 활용할 필요가 없거나 제한될 수밖에 없습니다.[36] 그런데 「공동주택관리법 시행령」 제13조제2항에서는 동별 대표자는 한 번만 중임할 수 있으나(전단) 보궐선거로 선출된 동별 대표자의 임기가 6개월 미만인 경우에는 임기의 횟수에 포함하지 않는다고(후단) 제한적으로 규정하고 있으므로 "보궐선거로 선출된 동별 대표자의 임기가 6개월 미만인 경우"에만 중임 제한과 관련한 동별 대표자의 임기 횟수에 포함되지 않는 것이 문언상 명백합니다.

그리고 「공동주택관리법 시행령」 제13조제2항 후단은 보궐선거로 선출된 동별 대표자의 경우 그 잔여 임기에 관계없이 동별 대표자로서의 임기 횟수로 산정함에 따라 보궐선거 시 동별 대표자의 잔여 임기가 6개월 미만으로 짧은 경우에는 입주민들이 대표자로서의 입후보 자체를 기피하는 문제를 해소하기 위해 동별 대표자는 한 번만 중임할 수 있다는 원칙에 대한 예외를 규정한 것이라는 점도 이 사안을 해석할 때 고려해야 합니다.

해설

중임과 관련된 정부의 유권해석을 살펴보면 일관된 결론을 나타내고 있는

---

36 대법원 2009. 4. 23. 선고 2006다81035 판결례 참조.

데, 아무리 짧더라도 실질적으로 동별 대표자로서 업무를 수행하였다면 임기 횟수로 산정해야 한다는 점이다.

참고로, 본 해석의 대상 법령조항인 「공동주택관리법 시행령」 제13조제2항 후단은 보궐선거에 관한 것으로 2016년에 신설되었는데 그 규정 취지는 다음과 같다. 그전까지는 보궐선거로 당선된 경우에도 그 기간에 관계없이 1회 임기로 산정해야 한다는 법제처의 해석이 있었고, 그렇게 집행하다 보니 잔여임기가 짧은 경우에는 동별 대표자 입후보를 기피하는 사례가 많았다. 이에 따라서 입주자대표회의 구성 및 운영에 어려움이 있다는 지적이 있어 이러한 점을 고려해서 동 규정이 마련된 것이다.

관련조문

〈공동주택관리법 시행령〉

제13조(동별 대표자의 임기 등) ① (생 략)

② 법 제14조제7항에 따라 동별 대표자는 한 번만 중임할 수 있다. 이 경우 보궐선거로 선출된 동별 대표자의 임기가 6개월 미만인 경우에는 임기의 횟수에 포함하지 아니한다.

③ · ④ (생 략)

공동주택단지에서 동별 대표자로 선출되어 직무를 수행한 사람이 선거구를 달리하여 동별 대표자에 선출된 경우 동별 대표자의 중임에 해당되는지 (법제처 2020. 9. 1. 회신 20-0317 해석례)

예시 상황

A는 甲 아파트단지에서 1동 동별 대표자를 2차례 역임한 바 있는데 같은 아파트단지에서 3동으로 이사를 하게 되었다. A는 주택법령상 1동 동별 대표자의 경우에는 중임 제한에 해당하게 되어 입후보할 수 없지만 3동 동별 대표자의 경우에는 선거구를 달리하므로 중임 제한에 해당되지 않는다고 판단하여 3동 동별 대표자 선거에 입후보하려고 한다. A는 중임 제한에 해당하는 것일까, 해당하지 않는 것일까?

질의 배경

전직 동별 대표자가 같은 공동주택단지 내 다른 선거구로 이사를 간 상황에서 이사를 간 선거구에서 출마하는 것이 동별 대표자의 중임에 해당하는지 여부에 대한 민원인의 질의에 국토교통부가 선거구를 달리하더라도 중임한 경우에 해당한다고 회신하자 이에 이견이 있어 법제처에 법령해석을 요청함.

질의 요지

「공동주택관리법 시행령」제13조제2항 전단에 따르면 공동주택단지의 동별 대표자는 한 번만 중임할 수 있는바, 공동주택단지에서 동별 대표자로 선출되어 직무를 수행한 사람이 같은 공동주택단지의 다른 선거구로 이사한 후 동별 대표자로 선출된 경우 동별 대표자를 중임한 경우에 해당하는지?

가. 중임한 경우에 해당됨

○ 「공동주택관리법」에서는 동별 대표자는 한 번만 중임할 수 있다고 규정하고 있을 뿐, 동별 대표자의 중임 여부를 판단하는 기준이 해당 동별 대표자가 선출된 선거구를 기준으로 같은 선거구에서 다시 선출될 때만 중임으로 보아야 하는지, 아니면 같은 선거구에서 다시 선출되지 않더라도 같은 공동주택단지의 다른 선거구에서 동별 대표자로 다시 선출된 경우도 중임으로 보아야 하는지에 대해서는 명시적인 규정을 두고 있지는 않음.

○ 그런데 규정을 종합해 보면 선출된 동별 대표자는 입주자대표회의를 구성하는 구성원이 되고, 그 구성원으로서 공동주택단지 전체에 대한 입주자대표회의의 의결사항에 참여하여 의결권을 행사하게 됨.

○ 동별 대표자가 선출된 선거구만을 위한 동별 대표자로서 역할을 수행한다고 보기는 어려운바, 선출된 동별 대표자의 중임 제한 여부도 선거구가 아닌 공동주택단지 전체를 기준으로 판단하는 것이 타당함.

○ 또한 중임 횟수를 1회로 제한한 것은 입주자대표회의 구성원의 다양성을 확보하여 입주자와 사용자로 하여금 공동주택 관리에 보다 관심을 갖게 하고 입주자대표회의의 적정하고 투명한 운영을 도모하려는 데에 그 취지가 있음.[37]

---

[37] 대법원 2016. 9. 8. 선고 2015다39357 판결례 및 헌법재판소 2017. 12. 28. 선고 2016헌마311 결정례 참조.

○ 위와 같은 동별 대표자의 중임 제한 규정의 취지에 비추어 볼 때 중임 제한 규정을 선출된 선거구를 기준으로 같은 선거구에서 다시 선출될 때만 적용되는 규정으로 본다면 선거구를 2개 동 이상으로 묶거나 층별로 구획하여 선거구를 재획정하는 등의 방법을 통한 선거구의 변경이나 다른 선거구로의 이사 등을 통해 동별 대표자의 계속 재임이 가능하게 되어 중임 제한 규정 취지에도 부합하지 않음.

나. 중임한 경우에 해당되지 않음

○ 「공동주택관리법 시행령」의 중임 제한 규정은 그 문언상 '동별 세대수에 비례하여 관리규약으로 정한 선거구에 따라 선출된 대표자는 한 번만 중임할 수 있다'로 보아야 하므로 동별 대표자의 중임 여부를 판단할 때에는 해당 동별 대표자가 선출된 선거구를 기준으로 하여 같은 선거구에서 다시 선출될 때만 중임으로 보아야 함.

○ 또한 공동주택단지의 동별 대표자는 해당 선거구에 주민등록을 마친 후 거주하고 있을 것을 요건으로 하며(「공동주택관리법」 제14조제3항 및 같은 법 시행령 제11조), 동별 대표자 임기 중이라고 하더라도 해당 선거구 거주요건을 상실하는 경우 동별 대표자의 직위에서 당연히 퇴임하게 되는바(법 제14조제5항),

- 해당 선거구에 거주하고 있어야 함은 선거구에 따라 선출된 입주자대표회의 구성원인 동별 대표자에게 있어 선출 당시의 요건일 뿐만 아니라 동별 대표자 자격을 유지함에 있어서도 필요한 본질적인 요소이고, 이러한 동별 대표자는 선거구의 대표자로서 해당 선거구 입주자등의

이익과 의사를 대표할 수 있는 자를 의미한다는 점을 고려할 때,[38] 중임 제한 규정을 해석할 때에도 해당 선거구에서의 중임만을 제한한 것으로 보는 것이 타당함.

○ 아울러 동별 대표자로 입후보하는 사람이 줄어들고 있는 문제를 해소하기 위해 2020년 4월 24일 대통령령 제30630호로 일부개정된 「공동주택관리법 시행령」에서는 일정한 경우 입주자가 아닌 사용자도 출마할 수 있도록 규정을 신설하였을 뿐만 아니라 중임한 동별 대표자의 경우에도 일정한 경우 다시 동별 대표자에 출마할 수 있는 규정도 신설하였는바(제11조제2항 및 제13조제3항),[39]

- 중임 제한 규정의 적용 범위를 해당 선거구가 아닌 해당 공동주택단지로 해석하여 선거구를 달리하는 경우에도 중임 제한 규정의 적용을 받는다고 보는 것은, 입주자대표회의의 원활한 구성 및 활성화를 위해 동별 대표자가 될 수 있는 요건을 완화하고 있는 최근의 공동주택관리법령의 개정 방향에도 부합하지 않는 것임.

최종 해석 내용

가. 결론

이 사안의 경우 중임한 경우에 해당합니다.

---

38 법제처 2018. 10. 2. 회신 18-0527 해석례 참조.

39 2020. 4. 24. 대통령령 제30630호로 일부개정된 「공동주택관리법 시행령」 제개정이유서 참조.

나. 이유

「공동주택관리법」 제14조제9항 및 같은 법 시행령 제13조제2항 전단에서는 동별 대표자는 한 번만 중임할 수 있다고 규정하고 있을 뿐, 동별 대표자의 중임 여부의 판단과 관련하여 해당 동별 대표자가 선출된 선거구를 기준으로 하는지 아니면 다른 선거구까지 포함한 공동주택단지 전체를 기준으로 하는지에 대해서는 명시적으로 규정하고 있지 않습니다.

그런데 「공동주택관리법」 제14조 및 같은 법 시행령 제12조부터 제14조까지의 규정을 종합해 보면 선출된 동별 대표자는 입주자대표회의를 구성하는 구성원이 되고, 그 구성원으로서 공동주택의 입주자와 사용자를 대표하여 공동주택관리에 필요한 주요사항인 관리규약의 개정, 관리비 등의 집행을 위한 사업계획 및 예산의 승인, 관리비 등의 결산 승인, 장기수선계획에 따른 공동주택 공용부분의 보수·교체 및 개량 등 공동주택단지 전체와 관련된 입주자대표회의 의결사항에 대해 의결권을 행사하게 됩니다.

한편 「공동주택관리법」 제14조제1항에 따르면 동별 대표자는 관리규약으로 정한 선거구마다 선출되므로 일면 선거구의 대표자로서 해당 선거구 입주자와 사용자의 이익과 의사를 대표할 수 있는 지위에 있다[40]고 볼 수 있으나 이는 선거구별로 동별 대표자를 선출하도록 하는 선출방식에 기인한 것이고, 같은 법에서는 동별 대표자에게 해당 선거구별로 행사할 수 있는 권한이나 수행해야 하는 의무를 부여하는 규정을 별도로 두고 있지 않습니다.

그렇다면 공동주택관리법령상 인정되는 공동주택단지 전체에 대한 입주자

---

[40] 법제처 2018. 10. 2. 회신 18-0527 해석례 참조.

대표회의 구성원으로서의 동별 대표자의 지위와 입주자대표회의 의결사항에 대한 의결권을 행사함으로써 해당 공동주택단지의 주요사항을 결정하는 동별 대표자의 역할을 고려할 때, 선출된 동별 대표자의 중임을 한 번으로 제한하는 「공동주택관리법 시행령」 제13조제2항 전단 또한 해당 선거구를 기준으로 하는 것이 아니라 공동주택단지 전체를 기준으로 판단하는 것이 타당합니다.

또한 「공동주택관리법 시행령」 제13조제2항 전단에서 동별 대표자의 중임 횟수를 한 번으로 제한한 것은 동별 대표자의 임기 장기화에 따라 발생할 수 있는 업무수행의 경직이나 충실의무 해태, 공동주택 관리와 관련한 각종 비리 등의 부작용을 방지하고, 다수의 입주자들에게 공동주택 관리에 참여할 수 있는 기회를 보장함으로써 입주자대표회의 구성원의 다양성을 확보하며 입주자 대표회의의 적정하고 투명한 운영을 도모하려는 취지인바,[41] 중임 횟수 제한을 동별 대표자가 선출된 선거구를 기준으로 같은 선거구에서 다시 선출될 때만 적용된다고 본다면 「공동주택관리법」 제14조제1항 후단에 따라 선거구를 2개 동 이상으로 묶거나 층별로 구획하는 등의 방법으로 변경하거나 다른 선거구 로 이사하는 등의 경우에는 동별 대표자는 계속 재임이 가능하게 되어 장기적 인 직무수행을 제한하고자 하는 해당 규정의 취지에도 부합하지 않습니다.

해설

동별 대표자는 선거구별로 선출하도록 되어 있는 점, 거주요건으로 선거구 에 주민등록이 되어 있어야 하는 점 등 법령에서 선거구를 동별 대표자와 관련 하여 중요한 개념으로 삼고 있는 점을 보면 이 사안의 경우 중임이 아니라고

---

41 대법원 2016. 9. 8. 선고 2015다39357 판결례 및 헌법재판소 2017. 12. 28. 선고 2016헌마311 결정례 참조.

주장할 여지도 있어 보인다. 그렇지만 동별 대표자는 결국 공동주택 전체의 운영과 관련된 사항을 의결하는 입주자대표회의 구성원이라는 점을 고려한다면 그 중임 여부를 결정할 때 선거구만으로 축소하여 적용해서는 안 된다는 취지의 유권해석이다.

아울러 현행 규정은 아니지만 그와 동일하게 동별 대표자의 중임을 한 번으로 제한하고 있던 구「주택법 시행령」에 대해 결사의 자유(단체가입의 자유)를 침해한다는 취지로 헌법재판이 청구된 적이 있었다. 그 사안에 대해 헌법재판소는 헌법에 위반되지 않는다는 결정을 한 바 있다(헌법재판소 2017. 12. 28. 선고 2016헌마311).

> **관련조문**

〈공동주택관리법〉
제14조(입주자대표회의의 구성 등) ① 입주자대표회의는 4명 이상으로 구성하되, 동별 세대수에 비례하여 관리규약으로 정한 선거구에 따라 선출된 대표자(이하 "동별 대표자"라 한다)로 구성한다. 이 경우 선거구는 2개 동 이상으로 묶거나 통로나 층별로 구획하여 정할 수 있다.
② ~ ⑧ (생 략)
⑨ 동별 대표자의 임기나 그 제한에 관한 사항, 동별 대표자 또는 입주자대표회의 임원의 선출이나 해임 방법 등 입주자대표회의의 구성 및 운영에 필요한 사항과 입주자대표회의의 의결 방법은 대통령령으로 정한다.
⑩ · ⑪ (생 략)

〈공동주택관리법 시행령〉

제13조(동별 대표자의 임기 등) ① (생 략)

② 법 제14조제7항에 따라 동별 대표자는 한 번만 중임할 수 있다. 이 경우 보궐선거로 선출된 동별 대표자의 임기가 6개월 미만인 경우에는 임기의 횟수에 포함하지 아니한다.

③·④ (생 략)

제6장
동별 대표자 사퇴의 의미

1	질병 등 부득이한 사유로 동별 대표자를 사퇴한 후 법령에서 정한 기간이 지나지 않은 사람이 다시 동별 대표자가 될 수 있는지 (법제처 2012. 11. 16. 회신 12-0628 해석례)

예시 상황

주택법령은 입주자대표회의 구성·운영의 안정성을 확보하기 위하여 동별 대표자가 사퇴한 후 4년이 지나지 않으면 다시 동별 대표자가 될 수 없도록 규정하고 있다. A는 甲 아파트단지의 동별 대표자로 활동하고 있었는데 질병으로 인해 그 업무를 수행할 수 없어 동별 대표자를 사퇴하였었다. 동별 대표자 사퇴 1년 후 질병이 완치된 A는 다시 동별 대표자 선거에 입후보하려고 한다. A와 같이 부득이한 사유로 어쩔 수 없이 동별 대표자를 사퇴한 경우에는 사퇴 후 4년이 지나지 않아도 동별 대표자가 될 수 있을까?

○ 민원인은 동별 대표자로 선출되었으나, 개인적인 사유로 사퇴한 날로부터 4년이 지나지 않은 시점에서 다시 동별 대표자가 되고자 하여, 기존의 사퇴는 질병을 이유로 한 부득이한 것이었으므로 4년이 경과하지 않았더라도 다시 동별 대표자가 될 수 있다고 주장하며 국토해양부에 질의하였음.

○ 한편, 국토해양부에서는 사퇴는 일종의 책임회피이므로 해임과 같이 보아야 한다고 파악하여, 이 경우 다시 동별 대표자가 될 수 없다고 보고 있으나, 기존에 국토해양부에서 작성한 자료에 따르면 부득이한 사유로 사퇴한 경우에는 다시 동별 대표자가 될 수 있다는 내용이 있어, 이를 확실히 하고자 법제처에 법령해석을 요청한 사안임.

질의 요지

「주택법 시행령」 제50조제4항제9호에 따르면 해당 공동주택의 동별 대표자를 사퇴한 날부터 4년이 지나지 아니한 사람은 동별 대표자가 될 수 없으며 그 자격을 상실한다고 규정하고 있는바, 동별 대표자가 질병 등의 사유로 부득이하게 사퇴한 경우에도 4년이 지나지 아니하면 다시 동별 대표자가 될 수 없는지?

주장 가능한 의견

가. 4년이 지나지 않은 경우 다시 동별 대표자가 될 수 없음

○ 「주택법 시행령」 제50조제4항은 그 사퇴의 종류를 별도로 적시하지 않았고(질병에 의해 부득이하게 사퇴한 경우를 인정하려면, 단서 규정으로 예

외를 명문으로 규정하여야 할 것임), 질병의 종류도 경미한 경우(예: 감기)부터 중대한 경우(예: 말기암)까지 매우 다양한데, 이를 모두 "부득이한" 사퇴의 사유로 파악할 수도 없을 것임.

○ 만약 민원인의 의견과 같이 "부득이한 경우"에는 「주택법 시행령」 제50조제4항이 적용되지 않는다고 보면, 어떠한 경우가 "부득이한 경우"에 해당하는지 여부를 개별적으로 판단하기 어려울 것이며, 그 판단 또한 자의적인 것이 될 가능성이 있음.

나. 4년이 지나지 않았어도 다시 동별 대표자가 될 수 있음

동별 대표자를 사퇴한 지 4년이 지나지 않은 사람을 동별 대표자로 입후보하지 못하도록 한 취지는 함부로 동별 대표자를 사퇴하지 못하도록 하여 입주자대표회의 구성·운영의 안정 필요성을 감안한 조치라고 보이는바, 질병이라는 이유로 부득이하게 사퇴하였다면, 「주택법 시행령」 제50조제4항제9호에 따른 "사퇴"로 보는 데에는 무리가 있음.

최종 해석 내용

가. 결론

동별 대표자가 질병 등의 사유로 부득이하게 사퇴한 경우에도 4년이 지나지 아니하면 다시 동별 대표자가 될 수 없다고 할 것입니다.

나. 이유

먼저, 법률의 문언 자체가 비교적 명확한 개념으로 구성되어 있다면 원칙적으로 더 이상 다른 해석방법은 활용할 필요가 없거나 제한될 수밖에 없는바, 「주택법 시행령」 제50조제4항제9호에서는 사퇴의 원인에 대하여 아무런 제한을 두고 있지 않고, 여기서 "사퇴"는 정해진 임기를 마치지 못하고 중도에 그만두어 물러가는 것을 의미하므로, 임기를 마치지 못하고 중도에 그만둔 경우라면 그 원인을 불문하고 모두 「주택법 시행령」 제50조제4항제9호의 사퇴에 해당한다고 보는 것이 타당하다 할 것입니다.

또한, 결격사유 규정은 사회생활의 안전과 건전한 경제질서 유지라는 공익상의 이유로 인정되는 것이므로(법제처 2011. 12. 29. 회신 11-0732 해석례 참조), 입주자대표회의를 구성하는 동별 대표자의 결격사유에 관한 규정인 「주택법 시행령」 제50조제4항을 해석함에 있어서도 동별 대표자의 책임 있는 관리를 통한 입주자대표회의의 안정적인 운영을 염두에 두어야 할 것인데,

「주택법 시행령」 제50조제4항제9호에서 결격사유로 "사퇴"를 규정한 것은 선출된 동별 대표자가 사퇴하면 그로 인한 업무공백 및 재선출 절차 진행 등으로 입주자대표회의의 업무상 차질이 발생할 수 있으므로 이를 방지하기 위한 것으로 보이고, 해당 규정에서 사퇴의 원인에 대하여 별다른 제한을 두고 있지 아니한 것은 위와 같은 업무상 차질이 사퇴의 원인에 따라 그 발생 여부가 달라지지는 않기 때문인 것으로 보이므로, 질병 등 부득이한 사유에 따른 사퇴인지 여부를 불문하고 해당 공동주택의 동별 대표자를 사퇴한 자는 사퇴한 날부터 4년이 지나지 않는 한 동별 대표자가 될 수 없다고 보아야 할 것입니다.

한편, 부득이한 사유로 사퇴하였음에도 4년 동안이나 동별 대표자가 될 수

없다고 보는 것은 지나친 제한이며, 결격사유는 해당 직(職)에 대한 진입장벽에 해당하는 강한 제한이므로 엄격하게 한정하여 해석하여야 한다는 의견이 있을 수 있으나, 결격사유라고 하여 반드시 본인에게 귀책사유가 있는 경우만으로 한정되는 것은 아니라고 할 것이고, 일정한 객관적 사실이나 지위에 근거하여 그것이 해당 직을 수행함에 있어 적절하지 않다고 인정되는 경우(「주택법 시행령」 제50조제4항제6호, 제8호 등 참조)도 결격사유가 될 수 있다는 점에 비추어 볼 때, 무엇을 결격사유로 규정할 것인지는 입법재량의 문제이며, 사퇴를 결격사유로 규정함에 있어 부득이한 사유를 예외로 규정하지 않았는데도 해석으로 이러한 예외를 창설하는 것은 해석의 한계를 벗어난 것으로 타당하지 않다고 할 것입니다.

해설

이 사안에서 사퇴 후 4년이 지나지 않아도 다시 동별 대표자가 될 수 있어야 한다는 주장은 한마디로 질병과 같은 부득이한 사유로 사퇴한 경우에는 그 결격사유 적용을 배제하자는 것인데, 부득이한 사유라는 것은 불확정적인 개념이어서 어떠한 사례가 부득이한 것인지를 일의적으로 판별하기가 불가능하다. 즉, 이러한 주장을 받아들인다면 관할 행정청에 따라서 동일한 상황을 서로 다르게 보는 사례를 막을 수가 없게 될 것이고, 일관되고 통일적인 행정을 저해하는 결과가 초래될 것이다.

이 해석은 구 주택법령 시절의 것이지만 현행 공동주택관리법령에도 유사한 내용이 규정되어 있어 여전히 효력이 있는 유권해석이라고 하겠다. 다만, 과거에는 이러한 사례의 경우 결격사유 기간이 4년이었으나 현재는 1년으로 줄어들었다(「공동주택관리법 시행령」 제11조제4항제5호 참조).

〈주택법 시행령〉

제50조(입주자대표회의의 구성 등) ① ~ ③ (생 략)

  ④ 다음 각 호의 어느 하나에 해당하는 사람은 동별 대표자가 될 수 없으며 그 자격을 상실한다.

  1. ~ 5. (생 략)

  6. 제50조의2제2항에 따른 선거관리위원회 위원(잔여임기를 남겨두고 위원을 사퇴한 사람을 포함한다)

  7. (생 략)

  8. 해당 공동주택 관리주체의 소속 임직원과 관리주체에 용역을 공급하거나 사업자로 지정된 자의 소속 임원

  9. 해당 공동주택의 동별 대표자를 사퇴하거나 해임된 날로부터 4년이 지나지 아니한 사람

  10. (생 략)

  ⑤ ~ ⑧ (생 략)

〈現 공동주택관리법(법률 제17544호)〉

제14조(입주자대표회의의 구성 등) ①~③ (생 략)

  ④ 서류 제출 마감일을 기준으로 다음 각 호의 어느 하나에 해당하는 사람은 동별 대표자가 될 수 없으며 그 자격을 상실한다.

  1. ~ 4. (생 략)

  5. 그 밖에 대통령령으로 정하는 사람

  ⑤ ~ ⑪ (생 략)

〈現 공동주택관리법 시행령(대통령령 제32076호)〉

제11조(동별 대표자의 선출) ① ~ ③ (생 략)

    ④ 법 제14조제4항제5호에서 "대통령령으로 정하는 사람"이란 다음 각 호의 어느 하나에 해당하는 사람을 말한다.

  1. ~ 4. (생 략)

  5. 해당 공동주택의 동별 대표자를 사퇴한 날부터 1년(해당 동별 대표자에 대한 해임이 요구된 후 사퇴한 경우에는 2년을 말한다)이 지나지 아니하거나 해임된 날부터 2년이 지나지 아니한 사람

  6. · 7. (생 략)

  ⑤ (생 략)

동별 대표자가 다른 동별 대표자와 함께 일괄 사퇴한 경우에도 법령에서 정한 기간이 지나야 다시 동별 대표자가 될 수 있는지 (법제처 2013. 11. 19. 회신 13-0510 해석례)

예시 상황

A는 甲 아파트단지의 동별 대표자 및 감사로 재직하였는데 다른 동별 대표자들의 불법행위를 인지하고, 문제 있는 동별 대표자들의 사임을 요구하였으나 받아들여지지 않자 모든 동별 대표자들의 일괄 사퇴를 제안하여 사퇴하였다. 이후 甲 아파트단지는 보궐선거로 동별 대표자를 선출하였고, 그로부터 6개월 후 전체 동별 대표자를 새로 선출하려고 하는데, A는 이 동별 대표자 선거에 입후보하려고 한다. 그런데 주택법령은 동별 대표자가 사퇴한 후 4년이 지나지 않으면 다시 동별 대표자가 될 수 없도록 규정하고 있다. A와 같이 본인에게 직접 책임이 없는 사유로 일괄 사퇴한 경우에도 사퇴 후 4년이 지나지 않으면 동별 대표자에 입후보할 수 없는 것일까?

질의 배경

○ 민원인은 동별 대표자 및 감사로 선출된 후 아파트관리에 관한 비리를 파악하고 관련자의 사임을 요구하였으나 받아들여지지 않자 본인을 포함한 동별 대표자 전원의 사퇴를 제의하여 전원 사퇴가 이루어짐.

○ 그 후 사퇴 후 1년 뒤 새로이 구성되는 입주자대표회의 회장이 되기 위하여 동별 대표자 선거에 나가려고 계획하고 본인의 사례가 문제가 없는지를 국토교통부에 질의하였는데, 사퇴한 날부터 4년이 지나지 않아 동별 대표자 및 입주자대표회의 회장이 될 수 없다는 답변을 받자 직접 법제처

에 법령해석을 요청함.

질의 요지

「주택법 시행령」 제50조제4항제9호에서 해당 공동주택의 동별 대표자를 사퇴한 날부터 4년이 지나지 아니한 사람은 동별 대표자가 될 수 없으며 그 자격을 상실한다고 규정하고 있는바, 동별 대표자가 다른 동별 대표자와 함께 일괄 사퇴한 경우에도 4년이 지나야 다시 동별 대표자가 되어 입주자대표회의의 회장으로 선출될 수 있는지?

주장 가능한 의견

가. 동별 대표자는 다른 동별 대표자와 함께 일괄 사퇴한 경우에도 4년이 지나지 아니하면 다시 동별 대표자가 될 수 없으므로 아파트입주자대표회의 회장이 될 수 없음

○ 동별 대표자의 결격사유는 「주택법 시행령」 제50조제4항제9호에 따르면 해당 공동주택의 동별 대표자를 사퇴하거나 해임된 날부터 4년이 지나지 아니한 사람은 동별 대표자가 될 수 없다고 규정하고 있으며, 해당 규정에서 사퇴의 원인에 대하여 별다른 제한을 두고 있지 아니함.

○ 따라서, 감사가 동별 대표자를 사퇴하였다면, 사퇴한 날부터 4년 이내에는 동별 대표자가 될 수 없으므로 입주자대표회의의 회장이 될 수 없음.

나. 동별 대표자가 다른 동별 대표자와 함께 일괄 사퇴한 경우에는 4년이 지나지 아니하여도 다시 동별 대표자가 될 수 있으므로 아파트입주자대표회의 회장이 될 수 있음

○ 「주택법 시행령」 제50조제4항제9호에 규정된 결격사유인 사퇴의 발생원인을 일괄 사퇴 등의 경우까지 포함하는 포괄적인 것으로 해석할 이유는 없고, 합리적인 범위에서는 해석상 결격사유의 발생원인을 제한할 수 있다고 해야 할 것임.

○ 따라서, 입주자대표회의가 그 신임을 묻기 위해 자진 해산하거나 또는 입주자등의 해산 결의로 입주자대표회의 자체가 불신임을 받아 동별 대표자 전원이 사퇴한 경우 동별 대표자 전원을 다음 선출 절차에서 예외 없이 획일적으로 후보자격이 없는 결격자로 규정하는 것은 불합리함.

○ 동별 대표자와 입주자대표회의의 임원들이 임기를 마치기 전에 동별 대표자 전원이 일괄 사퇴하게 된 경우에는 특정인의 장기적인 연임으로 인한 폐단을 방지하려는 제한규정의 취지와 상충되는 것도 아님.

최종 해석 내용

가. 결론

동별 대표자가 다른 동별 대표자와 함께 일괄 사퇴한 경우에도 4년이 지나야 다시 동별 대표자가 되어 입주자대표회의 회장으로 선출될 수 있다고 할 것입니다.

나. 이유

살펴건대, 법률의 문언 자체가 비교적 명확한 개념으로 구성되어 있다면 원칙적으로 더 이상 다른 해석방법은 활용할 필요가 없거나 제한될 수밖에 없는 바,「주택법 시행령」제50조제4항제9호에서는 사퇴의 원인에 대하여 아무런 제한을 두고 있지 않고, 여기서 "사퇴"는 정해진 임기를 마치지 못하고 중도에 그만두어 물러가는 것을 의미하므로, 임기를 마치지 못하고 중도에 그만둔 경우라면 그 원인을 불문하고 모두「주택법 시행령」제50조제4항제9호의 사퇴에 해당한다고 보는 것이 타당하다 할 것입니다.

또한,「주택법 시행령」제50조제4항제9호에서 결격사유로 "사퇴"를 규정한 것은 선출된 동별 대표자가 사퇴하면 그로 인한 업무공백 및 재선출 절차 진행 등으로 입주자대표회의의 업무상 차질이 발생할 수 있으므로 이를 방지하기 위한 것으로 보이고, 해당 규정에서 사퇴의 원인에 대하여 별다른 제한을 두고 있지 아니한 것은 위와 같은 업무상 차질이 사퇴의 원인에 따라 그 발생 여부가 달라지지는 않기 때문인 것으로 보이므로(법제처 2012. 11. 16. 회신 12-0628 해석례 참조), 동별 대표자가 다른 동별 대표자와 함께 일괄 사퇴한 경우인지 여부를 불문하고 해당 공동주택의 동별 대표자를 사퇴한 자는 사퇴한 날부터 4년이 지나지 않는 한 동별 대표자가 될 수 없다고 보아야 할 것입니다.

한편, 동별 대표자 본인은 흠이 없고 입주자등의 해산 결의로 입주자대표회의 자체가 불신임을 받아 동별 대표자 전원이 사퇴한 경우 동별 대표자 전원을 다음 선출 절차에서 예외 없이 획일적으로 후보자격이 없는 결격자로 규정하는 것은 지나친 제한으로 결격사유는 엄격하게 한정하여 해석하여야 한다는 의견이 있을 수 있으나, 결격사유라고 하여 반드시 본인에게 귀책사유가 있는 경우만으로 한정되는 것은 아니라고 할 것이고, 일정한 객관적 사실이나 지위에 근거하여 그것이 해당 직을 수행함에 있어 적절하지 않다고 인정되는 경우 (「주택법 시행령」 제50조제4항제6호 및 제8호 등 참조)도 결격사유가 될 수 있다는 점에 비추어 볼 때, 무엇을 결격사유로 규정할 것인지는 입법재량의 문제이며, 사퇴를 결격사유로 규정함에 있어 다른 동별 대표자와 함께 일괄 사퇴한 경우를 예외로 규정하지 않았는데도 해석으로 이러한 예외를 창설하는 것은 해석의 한계를 벗어난 것으로 타당하지 않다고 할 것입니다.

해설

질의한 사람으로서는 본 유권해석에 대해 억울하다는 생각이 들겠지만 해당 규정 문언이 명확하여 다른 해석의 여지가 없어 보인다. 질의자의 주장은 본 사안의 경우 여러 가지 정황을 참작해서 사퇴로 보아서는 안 된다는 것이다. 그런데 개별적인 상황에 맞추어 어떤 경우는 사퇴 규정의 적용을 배제할 수 있도록 허용한다면 관할 행정청에 따라서 집행이 달라질 수도 있게 되는 것이고, 이는 행정의 일관성과 통일성을 해치는 결과가 될 것이다.

이 해석은 구 주택법령 시절의 것이지만 현행 공동주택관리법령에도 유사한 내용이 규정되어 있어 여전히 효력이 있는 유권해석이라고 하겠다. 다만, 과거에는 이러한 사례의 경우 결격사유 기간이 4년이었으나 현재는 1년으로 줄어들었다(「공동주택관리법 시행령」 제11조제4항제5호 참조).

〈주택법 시행령〉

제50조(입주자대표회의의 구성 등) ① ~ ③ (생 략)

　④ 다음 각 호의 어느 하나에 해당하는 사람은 동별 대표자가 될 수 없으며 그 자격을 상실한다.

　1. ~ 5. (생 략)

　6. 제50조의2제2항에 따른 선거관리위원회 위원(잔여임기를 남겨두고 위원을 사퇴한 사람을 포함한다)

　7. (생 략)

　8. 해당 공동주택 관리주체의 소속 임직원과 관리주체에 용역을 공급하거나 사업자로 지정된 자의 소속 임원

　9. 해당 공동주택의 동별 대표자를 사퇴하거나 해임된 날로부터 4년이 지나지 아니한 사람

　10. (생 략)

　⑤ ~ ⑧ (생 략)

〈現 공동주택관리법(법률 제17544호)〉

제14조(입주자대표회의의 구성 등) ① ~ ③ (생 략)

　④ 서류 제출 마감일을 기준으로 다음 각 호의 어느 하나에 해당하는 사람은 동별 대표자가 될 수 없으며 그 자격을 상실한다.

　1. ~ 4. (생 략)

　5. 그 밖에 대통령령으로 정하는 사람

　⑤ ~ ⑪ (생 략)

〈現 공동주택관리법 시행령(대통령령 제32076호)〉

제11조(동별 대표자의 선출) ① ~ ③ (생 략)

　④ 법 제14조제4항제5호에서 "대통령령으로 정하는 사람"이란 다음 각 호의 어느 하나에 해당하는 사람을 말한다.

　1. ~ 4. (생 략)

　5. 해당 공동주택의 동별 대표자를 사퇴한 날부터 1년(해당 동별 대표자에 대한 해임이 요구된 후 사퇴한 경우에는 2년을 말한다)이 지나지 아니하거나 해임된 날부터 2년이 지나지 아니한 사람

　6. · 7. (생 략)

　⑤ (생 략)

3

동별 대표자의 임기 중에 공동주택 단지 외의 지역으로 주민등록을 옮긴 경우가 사퇴에 포함되는지 (법제처 2015. 7. 28. 회신 15-0382 해석례)

예시 상황

A는 甲 아파트단지의 동별 대표자였는데 그 임기 중에 乙 아파트단지로 주민등록을 전입하였다가 다시 甲 아파트단지로 주민등록을 재전입하였다. A가 동별 대표자 임기 중에 다른 아파트단지로 주민등록을 이전한 것은 자격 상실의 사유가 되지만 당시에는 아무도 문제를 삼지 않았고, A도 사퇴하지 않기 때문에 A는 동별 대표자로서의 임기를 그대로 마쳤다. 이후 A는 새로운 동별 대표자 선거에 입후보하려고 하는데, 甲 아파트단지 입주민들은 주택법령상 동별 대표자를 사퇴하거나 해임된 후 4년이 지나지 않으면 동별 대표자가 될 수 없는데, A가 사퇴하거나 해임되지 않고 임기를 마치기는 했지만 사퇴 또는 해임되었어야 하는 자격 상실 사유가 있었으므로 이 규정에 따라 동별 대표자가 될 수 없다고 주장하고 있다. 甲 아파트단지 입주민들의 주장은 옳은 것일까?

질의 배경

○ 동별 대표자가 그 임기 중에 공동주택 단지 외의 지역으로 주민등록을 전입하였다가 다시 공동주택 단지 내로 주민등록을 재전입함.

○ 이후 해당 동별 대표자의 임기가 만료함에 따라 선거 과정에서 종전 임기 중의 주민등록 전출·전입 사실이 문제가 되어 후보 등록을 무효화함.

○ 민원인이 임기 중에 공동주택 단지 외의 지역으로 주민등록을 전입하는

경우에 결격사유에 해당하는지에 대하여 국토교통부에 질의하였으나, 국토교통부에서 자격 상실 사유는 될지언정 결격사유에는 해당하지 않는다고 회신하자, 이에 민원인이 이견이 있어 해석을 요청한 사안임.

질의 요지

「주택법 시행령」제50조제4항에 따른 동별 대표자 결격사유 중 같은 항 제9호의 "동별 대표자를 사퇴한 사람"에 동별 대표자의 임기 중에 별도의 사퇴의사를 표시하지 않고 공동주택 단지 외의 지역으로 주민등록을 옮긴 사람이 포함되는지?

주장 가능한 의견

가. 동별 대표자를 사퇴한 사람에 포함되지 않음

동별 대표자의 임기 중에 공동주택 단지 외의 지역으로 주민등록을 전입한 경우에는 자격 상실의 사유는 될지언정, 문언의 의미를 넘어 "동별 대표자를 사퇴한 사람"에 포함하여 결격사유를 확대하는 것은 해석의 한계를 벗어나는 것임.

나. 동별 대표자를 사퇴한 사람에 포함됨

업무공백 및 입주자대표회의의 업무상 차질을 방지하기 위하여 동별 대표자를 사퇴한 사람을 결격사유로 규정한 취지를 고려할 때, 임기 중에 공동주택 단지 외의 지역으로 주민등록을 전입한 경우에도 "동별 대표자를 사퇴한 사람"

에 포함된다고 할 것임.

최종 해석 내용

가. 결론

「주택법 시행령」 제50조제4항에 따른 동별 대표자 결격사유 중 같은 항 제9호의 "동별 대표자를 사퇴한 사람"에 동별 대표자의 임기 중에 별도의 사퇴의사를 표시하지 않고 공동주택 단지 외의 지역으로 주민등록을 옮긴 사람은 포함되지 않습니다.

나. 이유

먼저, 법률의 문언 자체가 비교적 명확한 개념으로 구성되어 있다면 원칙적으로 더 이상 다른 해석방법은 활용할 필요가 없거나 제한될 수밖에 없는바(대법원 2009. 4. 23. 선고 2006다81035 판결례 참조), 「주택법 시행령」 제50조제4항제9호에서의 "사퇴"는 정해진 임기를 마치지 못하고 중도에 그만두어 물러가는 것을 의미하므로(법제처 2012. 11. 16. 회신 12-0628 해석례 참조), 사퇴는 해임, 해촉 등과 달리 어떤 직을 그만둠에 있어 행위자의 자발적인 의사가 있음이 내포되어 있다고 보는 것이 사회통념에 부합하는 합리적인 해석이라고 할 것입니다(법제처 2014. 11. 21. 회신 14-0632 해석례 참조).

그리고, 법령에서 결격사유를 규정하게 되면 해당 자격요건을 갖추지 못한 자는 특정 분야의 직업이나 사업을 영위할 수 없게 되어 헌법상 보장되는 기본권인 직업선택의 자유나 경제활동의 자유 등 사회활동에 있어 제한을 받게 되므로, 결격사유를 규정하는 경우에는 공익상의 목적을 달성하는 데 필요한 최소한의 사유에 그쳐야 하고, 결격사유를 정한 규정을 해석할 때에도 문언의 범위를 넘어 확대 해석하는 것은 허용되지 않는다고 할 것입니다(법제처 2014. 11. 21. 회신 14-0632 해석례 참조).

그런데, 주민등록을 옮기는 것은 「주민등록법」에 따른 공적인 사건에 불과하여, 이를 「주택법 시행령」에 따른 동별 대표자를 사퇴하는 의사로 단정할 수는 없다고 할 것인바, 동별 대표자의 임기 중에 공동주택 단지 외의 지역으로 주민등록을 옮겼으나 동별 대표자의 지위를 사퇴하지 않았다면, 자발적인 사퇴의 의사가 있다고 단정할 수 없다 할 것이므로 문언상 「주택법 시행령」 제50조제4항제9호의 "사퇴"에는 해당하지 않는다고 할 것입니다.

또한, 동별 대표자는 선출된 후 그 임기 중에도 해당 공동주택에 실제 거주하는 외에 주민등록도 유지하고 있어야 할 것이므로(법제처 2014. 7. 10. 회신 14-0307 해석례 참조), 동별 대표자의 임기 중에 공동주택 단지 외의 지역으로 주민등록을 옮긴 경우에는 동별 대표자의 자격이 상실된다고 할 것이나, 자격상실의 사유와 결격사유를 동일하게 볼 수는 없으므로 실제로 해당 동별 대표자가 사퇴를 하거나 해임된 것이 아닌 이상 명문의 근거 없이 「주택법 시행령」 제50조제4항제9호의 결격사유에 해당한다고 볼 수는 없다고 할 것입니다.

해설

사퇴란 행위자의 자발적 의사가 전제되는 것이다. 그런데 공동주택 단지 밖으로 주민등록을 이전하게 되면 법령 규정에 따라 동별 대표자의 자격을 상실하게 되어 당연 퇴임사유에 해당하게 된다. 그렇다고 해도 이 경우 본인이 별도로 사퇴의사를 표시하지 않은 이상 주민등록을 이전한 것만으로는 사퇴를 한 것으로 볼 수 없다는 취지의 해석이다. 이 유권해석은 구 주택법령에 대한 것인데, 현행 공동주택관리법령도 유사한 규정과 체계를 갖고 있기 때문에 여전히 유효하다고 볼 수 있다.

관련조문

〈주택법 시행령〉

제50조(입주자대표회의의 구성 등) ① ~ ③ (생 략)

　④ 다음 각 호의 어느 하나에 해당하는 사람은 동별 대표자가 될 수 없으며 그 자격을 상실한다.

　1. ~ 8. (생 략)

　9. 해당 공동주택의 동별 대표자를 사퇴하거나 해임된 날로부터 4년이 지나지 아니한 사람

　10. (생 략)

　⑤ ~ ⑧ (생 략)

〈現 공동주택관리법(법률 제17544호)〉

제14조(입주자대표회의의 구성 등) ① ~ ③ (생 략)

　④ 서류 제출 마감일을 기준으로 다음 각 호의 어느 하나에 해당하는 사람은 동별 대표자가 될 수 없으며 그 자격을 상실한다.

　1. ~ 4. (생 략)

　5. 그 밖에 대통령령으로 정하는 사람

　⑤ ~ ⑪ (생 략)

〈現 공동주택관리법 시행령(대통령령 제32076호)〉

제11조(동별 대표자의 선출) ① ~ ③ (생 략)

　④ 법 제14조제4항제5호에서 "대통령령으로 정하는 사람"이란 다음 각 호의 어느 하나에 해당하는 사람을 말한다.

　1. ~ 4. (생 략)

　5. 해당 공동주택의 동별 대표자를 사퇴한 날부터 1년(해당 동별 대표자에 대한 해임이 요구된 후 사퇴한 경우에는 2년을 말한다)이 지나지 아니하거나 해임된 날부터 2년이 지나지 아니한 사람

　6. · 7. (생 략)

　⑤ (생 략)

4

동별 대표자 임기를 마친 후 후임자가 선출되지 않아 계속 직무를 수행하다가 후임자 선출 전에 사퇴하는 것이 법령상 결격사유에 해당하는 "사퇴"에 포함되는지 (법제처 2017. 1. 4. 회신 16-0598 해석례)

예시 상황

甲 아파트단지의 동별 대표자 A는 2년의 임기를 마쳤는데 후임자 선출이 지연되어 임기만료 후에도 3개월간 동별 대표자의 직무를 수행하여 왔다. A는 당초 후임자가 선출되면 동별 대표자를 그만두려고 했으나, 생각이 바뀌어 새로운 동별 대표자 선거에 출마하려고 한다. 이에 임기만료 후 3개월간 수행하여 오던 동별 대표자를 사퇴하고 새로운 동별 대표자 선거에 입후보하려고 한다. 그런데, 주택법령은 '해당 공동주택의 동별 대표자를 사퇴한 날부터 1년이 지나지 않은 사람'은 동별 대표자가 될 수 없도록 규정하고 있다. 임기만료 후에 후임자가 없어 동별 대표자의 직무를 수행하다가 사퇴한 A의 경우에도 이러한 규정에 따라 동별 대표자가 될 수 없는 것일까?

질의 배경

○ 제1기 동별 대표자로 선출된 자가 2년 임기를 마친 후, 제2기 동별 대표자의 선출이 지연되는 사정으로 계속하여 동별 대표자로 직무를 수행하다가 2개월 뒤 동별 대표자를 사퇴하였고, 그 후에 제2기 동별 대표자로 입후보하여 당선됨.

○ 민원인은 이 사안의 경우, 「공동주택관리법 시행령」 제11조제3항제5항의

"해당 공동주택의 동별 대표자를 사퇴한 날부터 1년이 지나지 아니한 사람"에 해당하는지에 대하여 국토교통부에 질의하였고, 국토교통부에서는 정해진 2년의 임기를 마친 후 사퇴한 것은 「공동주택관리법 시행령」 제11조제3항제5항에 따른 사퇴에 해당하지 않으므로 "해당 공동주택의 동별 대표자를 사퇴한 날부터 1년이 지나지 아니한 사람"에 해당하지 않는다고 회신을 하자, 이에 이의가 있어 직접 법령해석을 요청함.

질의 요지

「공동주택관리법」 제14조제4항에서는 서류 제출 마감일을 기준으로 같은 항 각 호의 어느 하나에 해당하는 사람은 동별 대표자가 될 수 없으며 그 자격을 상실한다고 규정하면서, 같은 항 제5호에서 "그 밖에 대통령령으로 정하는 사람"을 규정하고 있고, 「공동주택관리법 시행령」 제11조제3항제5호에서는 같은 법 제14조제4항제5호에 따른 "대통령령으로 정하는 사람"으로 "해당 공동주택의 동별 대표자를 사퇴한 날부터 1년이 지나지 아니하거나 해임된 날부터 2년이 지나지 아니한 사람"을 규정하고 있으며, 같은 영 제13조제1항 본문에서는 동별 대표자의 임기는 2년으로 한다고 규정하고 있는바,

동별 대표자의 2년 임기를 마친 후에 새로운 동별 대표자가 선출되지 않아 계속하여 동별 대표자로 직무를 수행하다가 새로운 동별 대표자가 선출되기 전에 사퇴하는 것이 「공동주택관리법 시행령」 제11조제3항제5호에서 결격사유로 규정하고 있는 사퇴에 해당하는지?

가. 사퇴에 해당하지 않음

공동주택의 동별 대표자를 사퇴한 날부터 1년이 지나지 아니한 경우에는 동별 대표자가 될 수 없다고 규정하고 있는 것은, 선출된 동별 대표자가 사퇴하면 그로 인한 업무공백 및 재선출 절차 진행 등으로 입주자대표회의의 업무상 차질이 발생하는 것을 방지함으로써 정해진 임기를 다하도록 하기 위한 것이므로,「공동주택관리법 시행령」제11조제3항제5호에 따른 "사퇴"는 동별 대표자로서 정해진 임기를 마치지 못하고 중도에 그만두는 것을 의미한다고 할 것인바, 동별 대표자로서 정해진 2년의 임기를 마친 후에 새로운 동별 대표자 선출이 지연됨에 따라 계속하여 동별 대표자로 직무를 수행하던 중에 사퇴하는 것은 정해진 임기를 마치지 못하여 사퇴하는 경우에 해당하지 않으므로,「공동주택관리법 시행령」제11조제3항제5호에 따른 "사퇴"에 해당하지 않음.

나. 사퇴에 해당함

동별 대표자의 2년 임기를 마쳤다고 하더라도, 새로운 동별 대표자가 선출되기 전까지는 전임 동별 대표자가 동별 대표자로서의 지위를 유지하므로 여전히 임기 중에 있는 것이므로, 계속하여 동별 대표자로 직무를 수행하다가 사퇴하였다면 이는 임기 중에 사퇴하는 것으로서「공동주택관리법 시행령」제11조제3항제5호에 따른 "사퇴"에 해당함.

가. 결론

동별 대표자의 2년 임기를 마친 후에 새로운 동별 대표자가 선출되지 않아 계속하여 동별 대표자로 직무를 수행하다가 새로운 동별 대표자가 선출되기 전에 사퇴하는 것은 「공동주택관리법 시행령」 제11조제3항제5호에서 결격사유로 규정하고 있는 사퇴에 해당하지 않습니다.

나. 이유

먼저, 「공동주택관리법」 제14조제4항제5호 및 같은 법 시행령 제11조제3항제5호에서 동별 대표자를 사퇴한 날부터 1년이 지나지 아니한 경우에는 해당 공동주택의 동별 대표자가 될 수 없고 그 자격을 상실하도록 규정하고 있는 것은 선출된 동별 대표자가 사퇴하는 경우에 그로 인한 업무공백 및 재선출 절차 진행 등으로 입주자대표회의의 업무 수행에 차질이 발생하는 것을 방지하기 위하여 동별 대표자가 정해진 임기를 마치지 않고 중도에 그만두는 것을 제한하려는 취지인바(법제처 2012. 11. 16. 회신 12-0628 해석례 참조), 이러한 관련 규정의 취지에 비추어 볼 때, 「공동주택관리법 시행령」 제13조제1항에서 동별 대표자의 임기를 2년으로 규정하고 있는 것은 동별 대표자로 선출된 사람으로 하여금 적어도 정해진 2년의 임기 동안만큼은 그 직에서 사퇴하지 않고 책임 있게 동별 대표자로서 업무를 수행하도록 하기 위한 것으로 보는 것이 관련 규정의 취지에 부합하는 합리적인 해석이라고 할 것입니다.

그런데, 동별 대표자로 선출된 후에 「공동주택관리법 시행령」 제13조제1항에서 규정하고 있는 2년의 임기 만료 시까지 입주자대표회의의 구성원으로서 동별 대표자의 직무를 수행하였다면 이는 동별 대표자의 정해진 임기를 마친 것이므로, 그 2년의 임기가 만료된 후에 새로운 동별 대표자의 선출이 지연되는 우연한 사정으로 인하여 부득이하게 전임 동별 대표자가 계속하여 동별 대표자의 지위를 유지하면서 직무를 수행하던 중에 사퇴하는 것은 같은 영 제11조제3항제5호에서 규정하고 있는 정해진 임기를 마치지 않고 "사퇴"하는 경우에 해당한다고 보기 어렵다고 할 것입니다.

아울러, 법령에서 결격사유를 규정하는 경우에 해당 자격요건을 갖추지 못한 자는 특정 분야의 직업이나 사업을 영위할 수 없게 되어 헌법상 보장되는 기본권인 직업선택의 자유나 경제활동의 자유 등 사회활동에 있어 제한을 받게 되므로, 결격사유에 관한 규정을 두는 경우에 그 내용은 공익상의 목적을 달성하는 데 필요한 최소한의 사유에 그쳐야 하고, 결격사유를 정한 규정을 해석할 때에도 문언의 범위를 넘어 확대 해석하는 것은 허용되지 않는다고 할 것인바(법제처 2015. 2. 2. 회신 14-0846 해석례 참조), 동별 대표자를 사퇴한 사람은 1년(해당 동별 대표자에 대한 해임이 요구된 후 사퇴한 경우에는 2년을 말함) 동안 다시 동별 대표자로 선출될 수 없고 선출되었다고 하더라도 그 자격을 상실하게 되는 불이익을 받는다는 점에서 「공동주택관리법 시행령」 제11조제3항제5호에서 동별 대표자의 결격사유로 규정하고 있는 "사퇴"의 의미는 제한적으로 해석할 필요가 있다는 점도 이 사안을 해석할 때 고려하여야 할 것입니다.

해설

사퇴에 해당한다고 주장하는 입장에서는 대법원 판결과 법제처 과거 유권해석 내용을 논거로 주장할 수 있을 것으로 보인다. 즉 대법원은 2007다6307 사건에서 새로운 동별 대표자가 선출되기 전에는 전임 동별 대표자가 여전히 입주자대표회의 구성원으로서의 지위를 가진다고 보았고, 법제처 14-0122 유권해석에서는 임기가 끝난 후 시간이 지난 후에 새로운 동별 대표자가 선출되는 경우 그 임기는 전임 동별 대표자의 임기가 만료되는 시점부터가 아니고 새로운 동별 대표자가 선출된 날부터 시작된다고 해석하였는데 이를 뒤집어 보면 전임 동별 대표자의 임기는 새로운 동별 대표자가 선출된 날의 전날까지라고 보아야 하는 것 아니냐는 주장이다. 이를 종합해 보면, 임기가 만료되었다 해도 새로운 동별 대표자 선출 전까지는 여전히 동별 대표자로서의 지위를 가지면서 그 임기 중에 있는 것이므로 중도사퇴가 맞는다는 것인데 이는 지나치게 편의적인 해석으로 받아들일 수 없다. 후임 동별 대표자가 선출되지 않아 부득이하게 그 직무를 수행하고 있는 사람에 대해서 중도 사퇴라는 딱지를 붙여 훗날 결격사유에 해당하게 하는 불이익을 주게 되는 것인데, 전혀 합리적이지 않다.

〈공동주택관리법〉

제14조(입주자대표회의의 구성 등) ① ~ ③ (생 략)

　④ 서류 제출 마감일을 기준으로 다음 각 호의 어느 하나에 해당하는 사람
은 동별 대표자가 될 수 없으며 그 자격을 상실한다.

　1. ~ 4. (생 략)

　5. 그 밖에 대통령령으로 정하는 사람

　⑤ ~ ⑧ (생 략)

〈공동주택관리법 시행령〉

제11조(동별 대표자의 선출) ① · ② (생 략)

　③ 법 제14조제4항제5호에서 "대통령령으로 정하는 사람"이란 다음 각 호
의 어느 하나에 해당하는 사람을 말한다.

　1. ~ 4. (생 략)

　5. 해당 공동주택의 동별 대표자를 사퇴한 날부터 1년(해당 동별 대표자에
　　대한 해임이 요구된 후 사퇴한 경우에는 2년을 말한다)이 지나지 아니하
　　거나 해임된 날부터 2년이 지나지 아니한 사람

　6. (생 략)

　④ (생 략)

제13조(동별 대표자의 임기 등) ① 법 제14조제7항에 따라 동별 대표자의 임
기는 2년으로 한다. 다만, 보궐선거로 선출된 동별 대표자의 임기는 전임자
임기의 남은 기간으로 한다.

　② ~ ④ (생 략)

예시 상황

A는 甲 아파트단지의 동별 대표자 선거에 출마하여 당선되었다. 그런데, 입주자대표회의 회장을 뽑기 위한 임시대표회의에서 의견충돌이 있어 임기개시 전에 동별 대표자 당선자의 지위를 포기하였고, 해당 동별 대표자는 결원으로 처리되었다. 그로부터 1개월 후 다른 동별 대표자들의 임기가 만료됨에 따라 A의 당선인 지위 포기로 결원인 자리를 포함해서 다시 동별 대표자 선거를 실시하게 되었는데 A는 동별 대표자 선거에 입후보하려고 한다. 그런데, 주택법령은 '해당 공동주택의 동별 대표자를 사퇴한 날부터 1년이 지나지 않은 사람'은 동별 대표자가 될 수 없도록 규정하고 있다. 동별 대표자의 임기가 개시하기 전에 당선인의 지위를 포기한 A는 동별 대표자를 사퇴한 사람에 해당되어 사퇴한 날부터 1년이 지나기 전에는 동별 대표자가 될 수 없는 것일까?

질의 배경

○ 입주자대표회의 동별 대표자 선거에서 당선되어 선거관리위원회로부터 당선증을 교부받은 후, 대표회의 회장을 뽑기 위한 임시대표회의에서 의견충돌이 있어 당선자가 임기개시 전에 당선자 지위를 포기하고, 해당 동별 대표자는 결원으로 처리되었음.

○ 다른 동별 대표자들의 임기(2년)가 만료하여 새로이 동별 대표자 선거를
   하여야 함에 따라, 임기개시 전에 당선자 지위를 포기한 당선자가 동별 대
   표자 결격사유에 해당하는지 국토교통부에 질의함.
○ 국토교통부가 당선자 지위 포기는 결격사유에 해당하지 아니한다고 회신
   하자, 법제처에 법령해석을 요청한 사안임.

질의 요지

「주택법 시행령」 제50조제4항제9호에 따른 "동별 대표자를 사퇴한 사람"에
"동별 대표자 선거에서 당선되어 당선증을 교부받은 후 그 임기가 개시되기 전
에 당선자의 지위를 포기한 사람"도 포함되는지?

주장 가능한 의견

가. 동별 대표자를 사퇴한 사람에 포함되지 않음

임기개시 전에 당선자의 지위를 포기한 사람은 문언상 "동별 대표자를 사퇴
한 사람"에 해당하지 않으며, 문언의 의미를 넘어 "동별 대표자를 사퇴한 사
람"에 포함하여 결격사유를 확대하는 것은 해석의 한계를 벗어나는 것임.

나. 동별 대표자를 사퇴한 사람에 포함됨

업무공백 및 입주자대표회의의 업무상 차질을 방지하기 위하여 동별 대표자
를 사퇴한 사람을 결격사유로 규정한 취지와 결격사유와 관련하여 사퇴 시기
를 임기 중으로 한정하고 있는 선거관리위원회 위원과 달리 동별 대표자는 사

퇴 시기를 한정하지 않고 있는 점을 고려할 때 "동별 대표자를 사퇴한 사람"에
포함됨.

최종 해석 내용

가. 결론

「주택법 시행령」 제50조제4항제9호에 따른 "동별 대표자를 사퇴한 사람"에
"동별 대표자 선거에서 당선되어 당선증을 교부받은 후 그 임기 개시 전에 당
선자의 지위를 포기한 사람"은 포함되지 않습니다.

나. 이유

먼저, 법률의 문언 자체가 비교적 명확한 개념으로 구성되어 있다면 원칙적
으로 더 이상 다른 해석방법은 활용할 필요가 없거나 제한될 수밖에 없는바(대
법원 2009. 4. 23. 선고 2006다81035 판결례 참조), 「주택법 시행령」 제50조제
4항제9호에서의 "사퇴"는 정해진 임기를 마치지 못하고 중도에 그만두어 물러
가는 것을 의미하고(법제처 2012. 11. 16. 회신 12-0628 해석례 참조), "중도
(中途)"란 사전적으로 "일이 되어 가는 동안"을 의미하므로, 동별 대표자의 임
기를 개시하기 전에 당선자의 지위를 포기하는 것은 동별 대표자로서 임기를
개시한 후 사퇴하는 것과는 명백히 구별된다고 할 것입니다.

그리고, 법령에서 결격사유를 규정하게 되면 해당 자격요건을 갖추지 못한
자는 특정 분야의 직업이나 사업을 영위할 수 없게 되어 헌법상 보장되는 기본
권인 직업선택의 자유나 경제활동의 자유 등 사회활동에 있어 제한을 받게 되

므로, 결격사유를 규정하는 경우에는 공익상의 목적을 달성하는 데 필요한 최소한의 사유에 그쳐야 하고, 결격사유를 정한 규정을 해석할 때에도 문언의 범위를 넘어 확대 해석하는 것은 허용되지 않는다고 할 것입니다(법제처 2014. 11. 21. 회신 14-0632 해석례 참조).

이 사안의 경우에도, 「주택법 시행령」 제50조의2제2항제3호에서는 동별 대표자 및 선거관리위원회 위원 임기 중에 사퇴한 사람에 대하여 잔여 임기 동안 선거관리위원회 위원이 될 수 없도록 규정하고 있는 반면, 동별 대표자를 사퇴한 사람은 "사퇴하거나 해임된 날로부터 4년"간 동별 대표자가 될 수 없도록 제한하고 있는바, 동별 대표자를 사퇴한 사람은 상당한 기간 동안 다시 동별 대표자로 선출될 수 없는 불이익을 받게 된다는 점에서 동별 대표자의 결격사유 규정을 제한적으로 해석하는 것이 타당하다고 할 것입니다.

해설

이 사안과는 다르지만 동별 대표자 선임과 관련하여 많이 제기되는 질의가 중임에 관한 것인데, 그에 관한 정부의 유권해석을 살펴보면 실질적으로 동별 대표자로서 업무를 수행했는지 여부를 중요하게 고려한다. 이 사안에서도 임기가 시작되기 전에 당선자의 지위를 포기했다면 동별 대표자로서 업무를 수행하지 않은 것이고 그에 따라 결격사유를 적용할 수 없다는 취지라고도 이해할 수 있겠다.

이 해석은 구 주택법령에 관한 것인데 현행 공동주택관리법령에도 유사한 규정이 있으므로 여전히 유효한 해석이라고 하겠다. 다만, 그 규정내용은 약간 바뀌었는데 현행 규정에 따르면 사퇴한 날부터 1년(단, 해임요구에 따라 사퇴한 경우에는 2년), 해임된 날부터 2년간 동별 대표자로 선출될 수 없다(「공동주택관리법 시행령」제11조제4항제5호).

관련조문

〈주택법 시행령〉

제50조(입주자대표회의의 구성 등) ① ~ ③ (생 략)

④ 다음 각 호의 어느 하나에 해당하는 사람은 동별 대표자가 될 수 없으며 그 자격을 상실한다.

1. ~ 8. (생 략)

9. 해당 공동주택의 동별 대표자를 사퇴하거나 해임된 날로부터 4년이 지나지 아니한 사람

10. (생 략)

⑤ ~ ⑨ (생 략)

제50조의2(동별 대표자 등의 선거관리) ① (생 략)

② 선거관리위원회는 위원장을 포함하여 5명(500세대 미만의 공동주택의 경우에는 3명) 이상 9명 이하의 위원으로 구성하고, 위원장은 호선한다. 이 경우 다음 각 호의 어느 하나에 해당하는 사람은 선거관리위원회 위원이 될 수 없다.

1. · 2. (생 략)

3. 동별 대표자 및 선거관리위원회 위원 임기 중에 사퇴한 사람으로서 사퇴할 당시의 임기가 끝나지 아니한 사람

③ ~ ⑥ (생 략)

〈現 공동주택관리법(법률 제17544호)〉

제14조(입주자대표회의의 구성 등) ① ~ ③ (생 략)

 ④ 서류 제출 마감일을 기준으로 다음 각 호의 어느 하나에 해당하는 사람
은 동별 대표자가 될 수 없으며 그 자격을 상실한다.

 1. ~ 4. (생 략)

 5. 그 밖에 대통령령으로 정하는 사람

 ⑤ ~ ⑪ (생 략)

〈現 공동주택관리법 시행령(대통령령 제32076호)〉

제11조(동별 대표자의 선출) ① ~ ③ (생 략)

 ④ 법 제14조제4항제5호에서 "대통령령으로 정하는 사람"이란 다음 각 호
의 어느 하나에 해당하는 사람을 말한다.

 1. ~ 4. (생 략)

 5. 해당 공동주택의 동별 대표자를 사퇴한 날부터 1년(해당 동별 대표자에
   대한 해임이 요구된 후 사퇴한 경우에는 2년을 말한다)이 지나지 아니하
   거나 해임된 날부터 2년이 지나지 아니한 사람

 6.·7. (생 략)

 ⑤ (생 략)

제7장

동별 대표자 해임의 의미

1. 동별 대표자 직무집행정지가처분을 받은 경우를 결격사유 인 "해임"에 해당하는 것으로 볼 수 있는지 (법제처 2011. 10. 27. 회신 11−0572 해석례)

예시 상황

甲 아파트단지의 입주민들은 동별 대표자 A의 직무수행에 문제가 있다고 판단하여 법원에 직무집행정지가처분 신청을 하였고, 그 직무집행정지가처분이 확정되었다. 그로부터 5개월 후 동별 대표자 A의 임기가 만료됨에 따라 새로운 동별 대표자를 선출하려고 한다. A는 새로 선출하는 동별 대표자 선거에 입후보하려고 하는데 甲 아파트단지의 입주민들은 직무집행정지가처분을 받았던 A는 동별 대표자에서 해임된 것으로 보아야 하고, 주택법령은 동별 대표자에서 해임된 후 4년이 지나지 않으면 동별 대표자가 될 수 없도록 규정하고 있으므로 A는 이번 동별 대표자 선거에 입후보할 수 없다고 주장하고 있다. A가 받았던 직무집행정지가처분은 주택법령상의 해임에 해당하는 것일까?

질의 배경

○ 동별 대표자에 대하여 아파트 주민 일부(그중 민원인도 포함)가 직무집행 정지가처분을 신청하여 해당 직무집행정지가처분이 확정됨.

○ 그 후 해당 대표자의 임기가 만료되었고, 새로운 동별 대표자를 선출하려 고 하는데, 직무집행정지가처분을 받은 전 대표자는 「주택법 시행령」 제 50조제4항제9호의 해임에 해당되는 것으로 4년이 지나지 않는 이상 대표 자가 될 수 없다고 판단한 민원인이 이를 확인받으려는 취지로 국토해양 부에 질의하였으나 국토해양부가 불분명하게 회신하자 법제처에 해석요 청이 됨.

질의 요지

법원의 결정에 의해 공동주택 동별 대표자의 직무집행정지가처분이 확정된 경우, 이를 「주택법 시행령」 제50조제4항제9호의 "해임"으로 볼 수 있는지?

주장 가능한 의견

가. 법원의 구체적인 판결내용에 따라 판단하여야 함

동별 대표자의 직무정지 판결이 「주택법 시행령」 제50조제4항제9호의 해임 에 해당하는지의 여부에 대해서는 법원의 구체적인 판결내용에 따라 판단하여 야 합니다.

나. 직무정지는 해임을 의미함

법원에서 직무정지가 확정되었으면 이는 그 직무를 그만두라는 의미로서 상식적으로도 직무정지는 곧 해임에 해당한다고 할 것입니다.

다. 직무집행정지가처분 받은 것을 해임으로 볼 수 없음

직무집행정지가처분이란 본안판결 등이 나오기 전까지 임시적으로 동별 대표자의 직무에 관한 권한을 정지시키는 것에 불과하므로 그 직위 자체를 박탈하는 "해임"으로 볼 수 없습니다.

최종 해석 내용

가. 결론

법원의 결정에 의해 공동주택 동별 대표자의 직무집행정지가처분이 확정된 경우, 이를 「주택법 시행령」 제50조제4항제9호의 "해임"으로 볼 수는 없습니다.

나. 이유

우선, 가처분이란 금전채권 이외의 권리 또는 법률관계에 관한 확정판결의 강제집행을 보전(保全)하기 위한 집행보전제도로서, 동별 대표자가 "직무집행정지가처분"을 받는다는 것은 본안판결이 확정되기 전까지 해당 대표자의 직무 집행을 임시로 정지시킨다는 의미입니다.

한편, "해임"이란 일정한 지위 또는 임무 등에 취임하고 있는 자에 대하여 그 지위를 물러나게 하거나 임무를 그만두게 하는 것(법제처 한국법제연구원 법률용어사례집 참조)으로, 동별 대표자의 결격사유에 해당하는 해임은 일정한 지위 자체를 박탈하는 침익적 규정이므로 엄격하게 해석해야 할 것이고 합리적인 이유 없이 확대해석하거나 유추해석할 수 없다고 할 것인바, 이는 「주택법 시행령」 제57조제1항제3호에서 동별 대표자의 해임사유에 대하여 관리규약 준칙에 포함하도록 하면서 해임사유는 "업무상의 위법행위로 한정한다"고 규정하여 해임사유를 업무상의 위법행위 외의 사유로 확대하는 것을 금지하고 있고, 같은 법 시행령 제50조의2제1항에서 입주자등이 입주자대표회의 동별 대표자를 민주적이고 공정하게 해임하기 위하여 자체적으로 선거관리위원회를 구성하도록 규정하고 있는 것 등에서도 확인할 수 있습니다.

이와 같은 점을 종합해 볼 때, 직무집행정지가처분을 받았다고 하더라도 이를 바로 해임이라고 볼 수 없고, 동별 대표자를 해임시키기 위해서는 그 대표자가 주택법령의 위임을 받은 관리규약에서 정한 해임사유에 해당하여 적법한 해임 절차를 거쳐 해임결정을 하거나 해임에 대한 본안판결을 받아야 할 것입니다.

해설

이 유권해석은 종전 주택법령 조항에 관한 것인데, 그와 유사한 내용이 현행 공동주택관리법령에도 있으므로 지금도 유효한 해석이다. 다만 종전에는 해임된 날부터 4년 동안 동별 대표자로 선출될 수 없었으나 현재는 2년 동안으로 그 기간이 변경되었다. 특기할 것은, 이 사안 당시의 「주택법 시행령」에서는 관리규약 준칙에서 동별 대표자의 해임사유는 업무상의 위법행위로 한정하여 정

하도록 규정하고 있었으나 현행 「공동주택관리법 시행령」 제19조제1항제3호
는 위법행위 한정부분을 삭제하여 각 공동주택에서 제한 없이 자율적으로 해
임사유를 정할 수 있도록 하고 있는 점이다.

관련조문

〈주택법 시행령〉

제50조(입주자대표회의의 구성 등) ① ~ ③ (생 략)

④ 다음 각 호의 어느 하나에 해당하는 사람은 동별 대표자가 될 수 없으
며 그 자격을 상실한다.

1. ~ 8. (생 략)

9. 해당 공동주택의 동별 대표자를 사퇴하거나 해임된 날로부터 4년이 지
나지 아니한 사람

10. (생 략)

⑤ ~ ⑧ (생 략)

제50조의2(동별 대표자 등의 선거관리) ① 입주자등은 입주자대표회의의
회장과 감사 및 동별 대표자를 민주적이고 공정하게 선출(해임하는 경우
를 포함한다. 이하 같다)하기 위하여 자체적으로 선거관리위원회(이하 "선
거관리위원회"라 한다)를 구성한다.

② ~ ⑥ (생 략)

제57조(관리규약의 준칙) ① 법 제44조제1항에 따라 시 · 도지사가 정하는
관리규약의 준칙에는 다음 각 호의 사항이 포함되어야 한다. 이 경우 공동
주택의 입주자등 외의 자의 기본적인 권리를 해하는 사항이 포함되어서는
아니된다.

1. · 2. (생 략)

3. 동별 대표자의 선거구 · 선출절차 · 해임사유(업무상의 위법행위로 한정한다)

3의2. ~ 22. (생 략)

② ~ ⑤ (생 략)

〈現 공동주택관리법 시행령(대통령령 제32076호)〉

제19조(관리규약의 준칙) ① 법 제18조제1항에 따른 관리규약의 준칙(이하 "관리규약준칙"이라 한다)에는 다음 각 호의 사항이 포함되어야 한다. 이 경우 입주자등이 아닌 자의 기본적인 권리를 침해하는 사항이 포함되어서는 안 된다.

1. · 2. (생 략)

3. 동별 대표자의 선거구 · 선출절차와 해임 사유 · 절차 등에 관한 사항

4. ~ 29. (생 략)

② · ③ (생 략)

선거의 절차상 하자로 인해 동별 대표자 당선이 무효가 된 사람이 결격사유인 "동별 대표자에서 해임"된 사람에 포함되는지

(법제처 2017. 2. 23. 회신 17-0026 해석례)

예시 상황

A는 甲 아파트단지의 동별 대표자로 선출되었는데 해당 선거가 절차상 하자가 있어 무효가 되었고, 다시 실시된 동별 대표자 선거에 입후보하여 다시 당선되었다. 그런데, 甲 아파트단지의 입주민들은 A는 이미 당선 무효로 인해 당연 해임되었으므로 주택법령에 따라 해임된 후 4년이 지나기 전까지는 동별 대표자가 될 수 없다고 주장하고 있다. 동별 대표자 선거가 절차상 하자로 무효가 되어 당선이 무효가 된 경우 주택법령상의 해임에 해당하는 것일까?

질의 배경

○ 민원인이 거주하는 의무관리대상 공동주택인 ○○ 공동주택 선거관리위원회는 동별 대표자를 선출하는 선거의 투표율이 저조하자 선거관리규정이 아닌 선거관리위원회 의결을 통하여 투표방법을 방문투표로 변경하여 선거를 실시하였고(1차 선거), 선거 결과 동별 대표자로 A가 선출되었음.

○ 관할 구청에서는 위 선거는 선거관리규정에 따르지 않은 것으로서 무효라고 확인하였고, 선거관리위원회는 1차 선거 무효 공고를 하고 선거관리규정을 제정하여 그 선거관리규정에 따라 방문투표의 방법으로 선거를 실시한 결과(2차 선거) 다시 A가 동별 대표자로 선출되었음.

○ 민원인은 1차 선거에서 동별 대표자로 선출되었으나 선거절차의 위법으

로 당선이 무효가 된 A는 "당연 해임"된 사람에 해당하므로, 동별 대표자 결격사유에 해당한다는 취지로 관할 구청 및 국토교통부에 질의하였으나, 이 경우 별도로 해임 절차를 거치지 않았으므로 동별 대표자에서 해임된 사람에 해당하지 않는다고 답변하자 이에 이의가 있어 법제처에 직접 법령해석을 요청함.

질의 요지

「공동주택관리법」제14조제7항에서는 동별 대표자의 선출이나 해임 방법 등 입주자대표회의의 구성 및 운영에 필요한 사항과 입주자대표회의의 의결 방법은 대통령령으로 정한다고 규정하고 있고, 같은 법 시행령 제13조제4항제1호에서는 동별 대표자는 관리규약으로 정한 사유가 있는 경우에 해당 선거구 전체 입주자와 사용자(이하 "입주자등"이라 함)의 과반수가 투표하고 투표자 과반수의 찬성으로 해임한다고 규정하고 있음.

그리고, 「공동주택관리법」제14조제4항제5호 및 같은 법 시행령 제11조제3항제5호에서는 해당 공동주택의 동별 대표자를 사퇴한 날부터 1년(해당 동별 대표자에 대한 해임이 요구된 후 사퇴한 경우에는 2년을 말함. 이하 같음)이 지나지 아니하거나 해임된 날부터 2년이 지나지 아니한 사람은 동별 대표자가 될 수 없으며 그 자격을 상실한다고 규정하고 있는바,

「공동주택관리법 시행령」제13조제4항제1호에 따른 해임 절차를 거치지 않고 공동주택 동별 대표자 선거 절차의 위법으로 동별 대표자 당선이 무효가 된 사람이 같은 영 제11조제3항제5호에 따른 동별 대표자에서 해임된 사람에 포함되는지?

가. "동별 대표자에서 해임된 사람"에 포함되지 않음

동별 대표자가 해임되려면 「공동주택관리법 시행령」 제13조제4항제1호 및 공동주택 관리규약에 따라 해임 사유가 발생하였을 경우 관리규약에 규정된 절차에 따라 해당 선거구 입주자등의 해임 결의가 있어야 하는 것이므로, 동별 대표자를 선출하는 선거가 무효가 되어 동별 대표자의 당선이 무효가 된 사람은 법령에 따른 해임절차를 거쳐 해임되지 않았다면 "동별 대표자에서 해임된 사람"에 포함되지 않음.

나. "동별 대표자에서 해임된 사람"에 포함됨

공동주택의 동별 대표자를 선출하는 선거를 통하여 동별 대표자로 선출되었으나, 그 선거가 절차적 위법으로 무효가 되어 당선이 무효가 된 사람은 해임 절차를 거쳐 해임된 사람보다 위법성이 명백한 사람이라고 할 것이므로 "당연 해임된 사람"으로 보아야 하고, 이는 "어떤 지위나 맡은 임무를 그만두게 함"을 뜻하는 해임의 사전적 의미에도 부합함.

최종 해석 내용

가. 결론

「공동주택관리법 시행령」 제13조제4항제1호에 따른 해임 절차를 거치지 않고 공동주택 동별 대표자 선거 절차의 위법으로 동별 대표자 당선이 무효가 된 사람은 같은 영 제11조제3항제5호에 따른 동별 대표자에서 해임된 사람에 포함되지 않습니다.

나. 이유

먼저, 「공동주택관리법」 제18조제1항 및 같은 법 시행령 제19조제1항제3호에서는 공동주택의 관리 또는 사용에 관하여 준거가 되는 관리규약의 준칙에는 동별 대표자의 해임 사유·절차 등에 관한 사항을 포함하여야 한다고 규정하고 있고, 같은 법 제18조제2항 전단에서는 관리규약은 같은 조 제1항에 따른 관리규약의 준칙을 참조하여 정한다고 규정하고 있으며, 같은 법 시행령 제13조제4항제1호에서는 동별 대표자는 관리규약으로 정한 사유가 있는 경우에 해당 선거구 전체 입주자등의 과반수가 투표하고 투표자 과반수의 찬성으로 해임한다고 규정하고 있는바, 이는 공동주택 관리·운영에 관한 입주자등의 자율성을 보장하기 위하여 해임 사유를 관리규약으로 정하되, 동별 대표자의 해임이 남발되지 않도록 법령에서 정한 요건에 따라 선거구 전체 입주자등의 과반수가 투표하고 투표자 과반수가 찬성한 경우에 한하여 동별 대표자를 해임하도록 하는 데 그 취지가 있다고 할 것입니다(2016. 8. 11. 대통령령 제27445호로 제정되어 제명이 「공동주택관리법 시행령」으로 개정되기 전의 것으로서 2013. 1. 9. 대통령령 제24307호로 개정된 「주택법 시행령」 조문별 개정이유서 참조).

그리고, 「공동주택관리법」 제14조제4항제5호 및 같은 법 시행령 제11조제3항제5호에서는 동별 대표자에서 해임된 사람은 해임된 날부터 2년이 지나지 않으면 동별 대표자가 될 수 없으며 해임되면 그 자격을 상실한다고 규정하고 있는바, 공동주택관리법령의 동별 대표자를 해임하는 규정은 일정한 지위 자체를 박탈하는 침익적 규정이므로 엄격하게 해석하여야 하고 합리적인 이유 없이 확대해석하거나 유추해석할 수는 없다는 점에 비추어 볼 때(법제처 2011. 10. 27. 회신 11-0572 해석례 참조), 「공동주택관리법 시행령」 제11조제3항제5호에 따른 "동별 대표자에서 해임된 사람"이란 같은 영 제13조제4항제1호에 따라 관리규약에서 정한 해임사유가 발생하고, 해당 선거구 전체 입주자 등의 과반수가 투표하고 투표자 과반수가 해임에 찬성한 결과에 따라 동별 대표자의 지위에서 물러나게 된 사람을 의미한다고 할 것입니다.

나아가, 공동주택관리법령 및 관리규약에 따른 해임 절차를 거쳐 동별 대표자에서 해임된 사람과 마찬가지로 동별 대표자로 선출되었으나 그 선거 절차의 위법으로 당선 무효가 된 사람도 동별 대표자의 지위에서 물러나게 되었다는 점에서는 공통점이 있다고 하여 「공동주택관리법 시행령」 제11조제3항제5호에 따른 동별 대표자에서 해임된 사람에 포함된다고 볼 경우, 선거를 통하여 동별 대표자로 선출되었으나 그 선거 절차의 위법으로 당선 무효가 된 사람은 공동주택관리법령 및 관리규약에 따른 해임 절차를 거치지 않았다고 하더라도 2년간 동별 대표자가 될 수 없게 되어 헌법상 보장되는 기본권인 직업선택의 자유나 경제활동의 자유를 제한하는 결과가 될 뿐만 아니라(법제처 2012. 6. 28. 회신 12-0346 해석례 참조), 해당 선거구 전체 입주자등의 해임 결의 없이도 동별 대표자가 해임된 것으로 보아 입주자등의 자치권한을 제한하는 결과를 초래할 수 있다는 점도 이 사안을 해석하는 데에 고려하여야 할 것입니다.

해설

이 사안에 참고할 만한 하급심의 판결을 소개한다. 구 주택법령에 대한 해석이기는 하나 현행 조항과 그 규정취지는 동일하기 때문에 이 사안에 적용할 수 있을 것이다. 2011가합5649(대전지법 천안지원, 2012. 1. 31)는 동별 대표자 선출의 무효를 구하는 사건이었는데 당선자에게 '해임된 날부터 4년이 지나지 않은' 결격사유가 있었다는 주장에 대해 법원은 해당 대표자가 그 직을 유지하지 못했던 것은 선출과정의 하자로 무효라는 법원의 판단 때문인 것이고, 무효는 해임과는 다르다는 취지로 원고의 주장을 배척하였다.

관련조문

〈공동주택관리법〉

제14조(입주자대표회의의 구성 등) ① ~ ③ (생 략)

④ 서류 제출 마감일을 기준으로 다음 각 호의 어느 하나에 해당하는 사람은 동별 대표자가 될 수 없으며 그 자격을 상실한다.

1. ~ 4. (생 략)

5. 그 밖에 대통령령으로 정하는 사람

⑤ · ⑥ (생 략)

⑦ 동별 대표자의 임기나 그 제한에 관한 사항, 동별 대표자 또는 입주자대표회의 임원의 선출이나 해임 방법 등 입주자대표회의의 구성 및 운영에 필요한 사항과 입주자대표회의의 의결 방법은 대통령령으로 정한다.

⑧ (생 략)

제18조(관리규약) ① 특별시장 · 광역시장 · 특별자치시장 · 도지사 또는 특별자치도지사(이하 "시 · 도지사"라 한다)는 공동주택의 입주자등을 보호하고 주거생활의 질서를 유지하기 위하여 대통령령으로 정하는 바에 따라 공동주택의 관리 또는 사용에 관하여 준거가 되는 관리규약의 준칙을 정하여야 한다.

② 입주자등은 제1항에 따른 관리규약의 준칙을 참조하여 관리규약을 정

한다. 이 경우 「주택법」 제21조에 따라 공동주택에 설치하는 어린이집의 임대료 등에 관한 사항은 제1항에 따른 관리규약의 준칙, 어린이집의 안정적 운영, 보육서비스 수준의 향상 등을 고려하여 결정하여야 한다.

③ · ④ (생 략)

〈공동주택관리법 시행령〉

제11조(동별 대표자의 선출) ① · ② (생 략)

③ 법 제14조제4항제5호에서 "대통령령으로 정하는 사람"이란 다음 각 호의 어느 하나에 해당하는 사람을 말한다.

1. ~ 4. (생 략)

5. 해당 공동주택의 동별 대표자를 사퇴한 날부터 1년(해당 동별 대표자에 대한 해임이 요구된 후 사퇴한 경우에는 2년을 말한다)이 지나지 아니하거나 해임된 날부터 2년이 지나지 아니한 사람

6. (생 략)

④ (생 략)

제13조(동별 대표자의 임기 등) ① ~ ③ (생 략)

④ 법 제14조제7항에 따라 동별 대표자 및 입주자대표회의의 임원은 관리규약으로 정한 사유가 있는 경우에 다음 각 호의 구분에 따른 방법으로 해임한다.

1. 동별 대표자: 해당 선거구 전체 입주자등의 과반수가 투표하고 투표자 과반수의 찬성으로 해임

2. (생 략)

제19조(관리규약의 준칙) ① 법 제18조제1항에 따른 관리규약의 준칙(이하 "관리규약준칙"이라 한다)에는 다음 각 호의 사항이 포함되어야 한다. 이

경우 입주자등이 아닌 자의 기본적인 권리를 침해하는 사항이 포함되어서는 아니 된다.

1. · 2. (생 략)

3. 동별 대표자의 선거구 · 선출절차와 해임 사유 · 절차 등에 관한 사항

4. ~ 28. (생 략)

② · ③ (생 략)

예시 상황

甲 아파트단지 동별 대표자 A는 입주자대표회의 감사로 선출되어 직무를 수행하여 왔는데 물품 횡령을 이유로 해당 선거구 입주민 등의 과반수 투표와 투표자 과반수 찬성으로 동별 대표자에서 해임되었다. 이에 입주자대표회의는 A가 동별 대표자 자격을 잃었으므로 감사의 자격도 당연히 상실된다고 하는데, A는 동별 대표자에서 해임되었다고 해서 감사의 자격이 당연히 상실되는 것이 아니라 주택법령에 따라 전체 입주자등의 10분의 1 이상이 투표하고 투표자 과반수의 찬성이 있어야 해임된다고 주장하고 있다. 동별 대표자 중에서 선출하도록 하고 있는 감사가 동별 대표자의 자격을 상실한 경우 감사의 자격은 자동으로 상실되는 것일까? 아니면 별도의 감사 해임 절차를 거쳐야 하는 것일까?

질의 배경

○ 민원인이 거주하는 아파트(500세대 이상) 입주자대표회의의 회장과 이사가 잘못된 회계 처리를 한 것을 감사가 지적함에 따라 내부 갈등이 발생했고, 오히려 감사가 물품 횡령을 이유로 동별 대표자에서 해임됨.

○ 민원인은 전체 입주민의 투표로 선출된 입주자대표회의의 감사에 대하여 특정 동의 입주민의 투표만으로 그 동별 대표자 자격과 감사의 자격을 한꺼번에 박탈하는 것은 부당하다고 보아 법령해석을 요청함.

입주자대표회의의 감사이자 동별 대표자인 사람에 대하여 「공동주택관리법 시행령」 제13조제4항제1호에 따라 동별 대표자 해임이 이루어진 경우 입주자 대표회의의 감사의 자격도 당연히 상실하는지?

주장 가능한 의견

가. 감사의 자격도 당연히 상실함

○ 입주자대표회의는 동별 대표자로 구성하고(「공동주택관리법」 제14조제1 항), 입주자대표회의에 두는 임원인 감사는 동별 대표자 중에서 선출하는 바(같은 법 시행령 제12조제2항), 동별 대표자가 아닌 자는 입주자대표회 의의 임원이 될 수 없다는 점이 문언상 명백하므로, 동별 대표자가 해임되 면 입주자대표회의의 임원인 감사의 자격도 당연히 상실한다고 보아야 함.

○ 동별 대표자가 해임되어도 입주자대표회의의 감사의 해임 절차를 별도로 거치지 않는 한 감사의 자격을 유지한다고 본다면, 결국 동별 대표자가 아 닌 사람이 입주자대표회의의 임원이 될 수 있다는 것이 되므로 부당함.

나. 감사의 자격을 당연 상실하는 것은 아님

「공동주택관리법 시행령」에 따르면 500세대 이상의 공동주택에서 동별 대표 자의 선임·해임을 위해서는 "해당 선거구의 입주자등"의 과반수가 투표해야 하는 반면, 입주자대표회의의 임원인 감사의 선임·해임을 위해서는 "전체 입 주자등"의 10분의 1 이상이 투표해야 하는바, 특정 선거구의 입주자등의 투표로 동별 대표자가 해임되었다고 해서 전체 입주자등의 투표를 거치지 않고도 그 사람의 입주자대표회의 감사의 자격까지 상실된다고 보는 것은 타당하지 않으므로, 같은 영 제13조제4항제1호에 따라 동별 대표자가 해임되더라도 같은 항 제2호에 따른 입주자대표회의의 감사의 해임절차를 거치지 않았다면 그 감사의 자격은 유지된다고 보아야 함.

최종 해석 내용

가. 결론

입주자대표회의 감사의 자격도 당연히 상실됩니다.

나. 이유

「공동주택관리법」 제14조제1항에서는 입주자대표회의는 동별 대표자로 구성한다고 규정하고 있고, 같은 법 시행령 제12조제2항에서는 입주자대표회의에 두는 임원은 동별 대표자 중에서 선출한다고 규정하고 있는바, 동별 대표자가 아닌 자는 입주자대표회의의 임원인 감사가 될 수 없다는 점이 문언상 명백하므로 동별 대표자가 해임되면 입주자대표회의의 감사의 자격도 당연히 상실된다고 보아야 합니다.

한편 「공동주택관리법 시행령」 제13조제4항에 따르면 동별 대표자의 해임은 특정 선거구의 입주자등[42]의 투표에 의해 이루어지는 반면(제1호), 500세

---

42 입주자[공동주택의 소유자 또는 그 소유자를 대리하는 배우자 및 직계존비속(直系尊卑屬)] 및 사용자[공동주택을 임차하여 사용하는 사람(임대주택의 임차인은 제외함)] 등을 말하며(「공동주택관리법」 제2조제7호), 이하 같음.

대 이상의 공동주택의 경우 입주자대표회의의 감사의 해임은 전체 입주자등의 10분의 1 이상의 투표를 요하는바(제2호가목), 같은 항 제1호에 따라 특정 선거구의 입주자등의 투표로 동별 대표자가 해임되더라도 같은 항 제2호에 따라 전체 입주자등의 투표로 입주자대표회의의 임원의 해임이 이루어지지 않는 한 그 임원 자격은 그대로 유지된다는 의견이 있습니다.

그러나 「공동주택관리법 시행령」 제13조제4항제2호는 입주자대표회의의 임원을 해임할 필요가 있는 경우 그 절차를 규정한 것으로서 이 사안과 같이 동별 대표자 해임이 이루어져 입주자대표회의의 임원 자격을 상실한 경우까지 적용되는 규정이 아닙니다.

그리고 동별 대표자가 해임되더라도 입주자대표회의의 감사의 해임이 별도로 이루어지지 않는 한 감사의 자격이 계속 유지된다고 본다면 결국 동별 대표자가 아닌 사람도 입주자대표회의의 임원이 될 수 있게 되어 입주자대표회의는 동별 대표자로 구성되고 그 임원은 동별 대표자 중에서 선출하도록 한 「공동주택관리법」 제14조제1항 및 같은 법 시행령 제12조제2항에 반하게 된다는 점에서 그러한 의견은 타당하지 않습니다.

해설

동별 대표자에서 해임되더라도 입주자대표회의 감사 자격이 당연 상실되지 않는다는 주장의 근거는 「공동주택관리법 시행령」 제13조다. 동 규정에서는 감사는 전체 입주자 등의 투표를 통해서 해임하도록 하고 있고, 동별 대표자는 전체 입주자 등이 아니고 해당 선거구 입주자 등의 투표를 통해서 해임이 되는 것이므로 서로 차이가 있다는 것이다. 그런데, 이 규정에서 감사의 해임방법을 규정하고 있는 것은 동별 대표자의 자격은 유지하면서 감사의 자격만 상실하는 경우에 관한 규정으로 보아야 할 것이다. 따라서 동별 대표자가 해임되면 감사의 해임 절차를 거쳤는지 여부와 무관하게 그 자격은 당연히 상실된다고 보아야 한다. 참고로, 본 유권해석에 언급되고 있는 「공동주택관리법 시행령」 제12조와 제13조는 최근 개정으로 규정 체계에 약간의 변화가 있으나 본 유권해석과 관련된 내용에는 별 차이가 없다는 점을 밝혀둔다.

〈공동주택관리법〉

제14조(입주자대표회의의 구성 등) ① 입주자대표회의는 4명 이상으로 구성하되, 동별 세대수에 비례하여 관리규약으로 정한 선거구에 따라 선출된 대표자(이하 "동별 대표자"라 한다)로 구성한다. 이 경우 선거구는 2개 동 이상으로 묶거나 통로나 층별로 구획하여 정할 수 있다.

② ~ ⑤ (생 략)

⑥ 입주자대표회의에는 대통령령으로 정하는 바에 따라 회장, 감사 및 이사를 임원으로 둔다.

⑦ (생 략)

⑧ 동별 대표자의 임기나 그 제한에 관한 사항, 동별 대표자 또는 입주자대표회의 임원의 선출이나 해임 방법 등 입주자대표회의의 구성 및 운영에 필요한 사항과 입주자대표회의의 의결 방법은 대통령령으로 정한다.

⑨ (생 략)

〈공동주택관리법 시행령〉

제12조(입주자대표회의 임원의 선출 등) ① (생 략)

② 법 제14조제8항에 따라 제1항의 임원은 동별 대표자 중에서 다음 각 호

234 공동주택 법령에 관한 정부유권해석 해설

의 구분에 따른 방법으로 선출한다.

1. 500세대 이상인 공동주택의 경우

　가. 회장 선출방법

　　1) 다음의 구분에 따라 입주자등의 보통 · 평등 · 직접 · 비밀선거를
　　　통하여 선출

　　　가) 후보자가 2명 이상인 경우: 전체 입주자등의 10분의 1 이상
　　　　이 투표하고 후보자 중 최다득표자를 선출

　　　나) 후보자가 1명인 경우: 전체 입주자등의 10분의 1 이상이 투
　　　　표하고 투표자 과반수의 찬성으로 선출

　　2) (생　략)

　나. · 다. (생　략)

2. (생　략)

③ · ④ (생　략)

제13조(동별 대표자의 임기 등) ① ~ ③ (생　략)

　④ 법 제14조제8항에 따라 동별 대표자 및 입주자대표회의의 임원은 관리규약
으로 정한 사유가 있는 경우에 다음 각 호의 구분에 따른 방법으로 해임한다.

1. 동별 대표자: 해당 선거구 전체 입주자등의 과반수가 투표하고 투표자
　과반수의 찬성으로 해임

2. 입주자대표회의 임원: 다음 각 목의 구분에 따른 방법으로 해임

　가. 회장 및 감사[제12조제2항제2호가목1)에 따라 입주자대표회의에서
　　선출된 회장 및 감사는 제외한다]: 전체 입주자등의 10분의 1 이상이
　　투표하고 투표자 과반수의 찬성으로 해임

　나. 이사[제12조제2항제2호가목1)에 따라 입주자대표회의에서 선출된
　　회장 및 감사를 포함한다]: 관리규약으로 정하는 절차에 따라 해임

〈現 공동주택관리법 시행령(대통령령 제32076호)〉

제12조(입주자대표회의 임원의 선출 등) ① (생 략)

　② 법 제14조제9항에 따라 제1항의 임원은 동별 대표자 중에서 다음 각 호의 구분에 따른 방법으로 선출한다.

　1. 회장 선출방법

　　가. 입주자등의 보통·평등·직접·비밀선거를 통하여 선출

　　나. 후보자가 2명 이상인 경우: 전체 입주자등의 10분의 1 이상이 투표하고 후보자 중 최다득표자를 선출

　　다. 후보자가 1명인 경우: 전체 입주자등의 10분의 1 이상이 투표하고 투표자 과반수의 찬성으로 선출

　　라. 다음의 경우에는 입주자대표회의 구성원 과반수의 찬성으로 선출하며, 입주자대표회의 구성원 과반수 찬성으로 선출할 수 없는 경우로서 최다득표자가 2인 이상인 경우에는 추첨으로 선출

　　　1) 후보자가 없거나 가목부터 다목까지의 규정에 따라 선출된 자가 없는 경우

　　　2) 가목부터 다목까지의 규정에도 불구하고 500세대 미만의 공동주택 단지에서 관리규약으로 정하는 경우

　2. 감사 선출방법

　　가. 입주자등의 보통·평등·직접·비밀선거를 통하여 선출

　　나. 후보자가 선출필요인원을 초과하는 경우: 전체 입주자등의 10분의 1 이상이 투표하고 후보자 중 다득표자 순으로 선출

　　다. 후보자가 선출필요인원과 같거나 미달하는 경우: 후보자별로 전체 입주자등의 10분의 1 이상이 투표하고 투표자 과반수의 찬성으로 선출

라. 다음의 경우에는 입주자대표회의 구성원 과반수의 찬성으로 선출하며, 입주자대표회의 구성원 과반수 찬성으로 선출할 수 없는 경우로서 최다득표자가 2인 이상인 경우에는 추첨으로 선출

　　1) 후보자가 없거나 가목부터 다목까지의 규정에 따라 선출된 자가 없는 경우(선출된 자가 선출필요인원에 미달하여 추가선출이 필요한 경우를 포함한다)

　　2) 가목부터 다목까지의 규정에도 불구하고 500세대 미만의 공동주택 단지에서 관리규약으로 정하는 경우

3. 이사 선출방법: 입주자대표회의 구성원 과반수의 찬성으로 선출하며, 입주자대표회의 구성원 과반수 찬성으로 선출할 수 없는 경우로서 최다득표자가 2인 이상인 경우에는 추첨으로 선출

③ · ④ (생　략)

제13조(동별 대표자의 임기 등) ① ~ ③ (생　략)

④ 법 제14조제9항에 따라 동별 대표자 및 입주자대표회의의 임원은 관리규약으로 정한 사유가 있는 경우에 다음 각 호의 구분에 따른 방법으로 해임한다.

1. 동별 대표자: 해당 선거구 전체 입주자등의 과반수가 투표하고 투표자 과반수의 찬성으로 해임

2. 입주자대표회의의 임원: 다음 각 목의 구분에 따른 방법으로 해임

가. 회장 및 감사: 전체 입주자등의 10분의 1 이상이 투표하고 투표자 과반수의 찬성으로 해임. 다만, 제12조제2항제1호라목2) 및 같은 항 제2호라목2)에 따라 입주자대표회의에서 선출된 회장 및 감사는 관리규약으로 정하는 절차에 따라 해임한다.

나. 이사: 관리규약으로 정하는 절차에 따라 해임

제8장

입주자대표회의의 구성요건

1	오피스텔과 아파트가 함께 있는 건축물의 경우 오피스텔 소유자도 입주자대표회의를 구성할 수 있는 입주자의 범위에 포함되는지 (법제처 2011. 7. 7. 회신 11-0297 해석례)

예시 상황

甲 주상복합아파트는 아파트와 오피스텔이 혼재되어 있다. 甲 주상복합아파트는 입주자대표회의를 구성하려고 하는데 입주자대표회의를 구성할 수 있는 입주자의 범위에 오피스텔 소유자도 포함되는 것일까?

질의 배경

○ 공동주택(승강기가 설치된 아파트)과 준주택(오피스텔)이 혼재되어 있는 주상복합아파트에서 오피스텔 소유자들이 관리체계의 일원화 내지 효율화를 주장하며 입주자대표회의를 구성하는 데 참여하고자 함.

○ 이에 민원인이 국토해양부에 질의하였으나, 국토해양부의 답변과 견해를 달리하여 법제처에 법령해석을 요청한 사안임.

질의 요지

「주택법」제43조제1항 및 제3항, 같은 법 시행령 제48조제4호에 따르면,「건축법」제11조에 따른 건축허가를 받아 주택 외의 시설(준주택인 오피스텔)과 주택(공동주택인 아파트)을 동일건축물로 건축한 건축물로서 주택이 150세대 이상인 건축물의 경우, 입주예정자의 과반수가 입주하였을 때에는 입주자대표회의를 구성하여야 하는데, 이 경우 오피스텔의 소유자도 입주자대표회의를 구성할 수 있는 입주자의 범위에 포함되는지?

주장 가능한 의견

가. 오피스텔 소유자는 아파트 입주자와 함께 입주자대표회의를 구성할 수 없고, 별도로 관리단을 구성하여 관리하여야 함

「주택법」제43조제1항 및 같은 법 시행령 제48조의 적용을 받는 의무관리대상 공동주택은 같은 법 시행령 제50조에 따라 입주자대표회의를 구성하도록 하고 있음. 그러나 오피스텔의 경우「건축법 시행령」별표 1 제14호나목의 일반업무시설에 해당되어「주택법」의 적용대상이 아니고,「집합건물의 소유 및 관리에 관한 법률」에 따라 관리단을 구성하도록 하고 있음. 따라서, 주택 외의 시설(준주택인 오피스텔)과 주택(공동주택인 아파트)을 동일건축물로 건축한 건축물이라 하더라도, 오피스텔 소유자는 아파트 입주자와 함께 입주자대표회의를 구성해 관리할 수 없음.

나. 오피스텔 소유자도 아파트 입주자와 함께 입주자대표회의를 구성하여
   관리할 수 있음

일명 주상복합아파트는 주택 외의 시설(준주택인 오피스텔)과 주택(공동주
택인 아파트)을 동일건축물로 건축한 건축물로서,「주택법 시행령」제46조제
4항제3호 및 제50조가 적용됨. 따라서 오피스텔 소유자도 아파트 입주자와 함
께 입주자대표회의를 구성하여 관리할 수 있음.

최종 해석 내용

가. 결론

「건축법」제11조에 따른 건축허가를 받아 주택 외의 시설(준주택인 오피스
텔)과 주택(공동주택인 아파트)을 동일건축물로 건축한 건축물로서 주택이
150세대 이상인 건축물의 경우, 오피스텔 소유자는 입주자대표회의를 구성할
수 있는 입주자의 범위에 포함되지 않습니다.

나. 이유

입주자대표회의는 동별 세대수에 비례하여 선출되는 동별 대표자를 구성원
으로 하는 법인 아닌 사단으로서(대법원 2007. 6. 15. 선고 2007다6307 판결
참조) 공동주택의 관리에 관한 사항을 결정하여 시행하는 관리권한을 가지므
로, 입주자대표회의를 구성할 수 있는 입주자의 범위를 해석함에 있어서는 법
률문언의 해석에서 출발하여 규정의 내용 및 취지, 다른 법률과의 관계를 고려
하여야 합니다.

한편, 「주택법」 제2조제12호다목에 따르면, 같은 법 제43조에서 입주자대표회의를 구성하는 경우의 "입주자"란 주택의 소유자 또는 그 소유자를 대리하는 배우자 및 직계존비속을 말하는데, 여기서 "주택"이라 함은 같은 법 제2조제1호에 따르면, 세대의 구성원이 장기간 독립된 주거생활을 할 수 있는 구조로 된 건축물의 전부 또는 일부 및 그 부속토지를 말하며, 단독주택과 공동주택으로 구분되고, 또한 「주택법」 제2조제2호, 같은 법 시행령 제2조제1항 및 「건축법 시행령」 별표 1 제2호가목에 따르면, "공동주택"이란 건축물의 벽·복도·계단이나 그 밖의 설비 등의 전부 또는 일부를 공동으로 사용하는 각 세대가 하나의 건축물 안에서 각각 독립된 주거생활을 할 수 있는 구조로 된 주택을 말하는데, 아파트는 공동주택에 해당하며, 「주택법」 제2조제1호의2는 주택 외의 건축물과 그 부속토지로서 주거시설로 이용 가능한 시설 등을 "준주택"으로 정의하여 "주택"과 구분하고 있는데, 같은 법 시행령 제2조의2제3호에 따르면, 오피스텔은 준주택에 해당되는바, 그렇다면 준주택인 오피스텔의 소유자는 주택의 소유자라고 할 수 없으므로, 입주자대표회의를 구성할 수 있는 입주자의 범위에 포함되지 않습니다.

그런데, 「집합건물의 소유 및 관리에 관한 법률」 제1조는 1개의 건물 중 구조상 구분된 여러 개의 부분이 독립한 건물로서 사용될 수 있을 때에는 그 각 부분은 소유권의 목적으로 할 수 있다고 규정하고 있고, 같은 법 제23조제1항은 건물에 대하여 구분소유 관계가 성립되면 구분소유자 전원을 구성원으로 하여 건물과 그 대지 및 부속시설의 관리에 관한 사업의 시행을 목적으로 하는 관리단이 설립된다고 규정하고 있는바, 이와 같은 관리단은 주택 부분의 구분소유자뿐 아니라 주택 외의 시설 부분인 오피스텔의 구분소유자 전원을 구성으로 하여 법률상 당연하게 설립되므로 주택 외의 시설과 주택을 동일건축물로 건축한 경우, 주택 외의 시설 부분의 소유자는 관리단을 통하여 건축물을 관리할 수 있는 것으로 보입니다.

해설

이 유권해석은 구 주택법령을 대상으로 한 것인데, 현행 공동주택관리법령하에서도 그 결론은 여전히 유효하다. 아파트 입주자대표회의는 공동주택관리법령에 따라 아파트 동별 세대수에 비례하여 선출된 대표자로 구성된 공법상의 단체인데, 준주택인 오피스텔의 소유자는 「집합건물의 소유 및 관리에 관한 법률」 제23조제1항에 따라 사법상의 단체인 관리단을 구성하여 관리에 관한 사업을 시행할 수 있을 뿐이다(서울행정법원 2006구합39086 판결(확정) 참조).

관련조문

〈주택법〉
제2조(정의) 이 법에서 사용하는 용어의 뜻은 다음과 같다.
1. "주택"이란 세대(世帶)의 구성원이 장기간 독립된 주거생활을 할 수 있는 구조로 된 건축물의 전부 또는 일부 및 그 부속토지를 말하며, 이를 단독주택과 공동주택으로 구분한다.
1의2. "준주택"이란 주택 외의 건축물과 그 부속토지로서 주거시설로 이용가능한 시설 등을 말하며, 그 범위와 종류는 대통령령으로 정한다.
2. "공동주택"이란 건축물의 벽·복도·계단이나 그 밖의 설비 등의 전부 또는 일부를 공동으로 사용하는 각 세대가 하나의 건축물 안에서 각각 독립된 주거생활을 할 수 있는 구조로 된 주택을 말하며, 그 종류와 범위는 대통령령으로 정한다.
3. ~ 11. (생 략)

12. "입주자"란 다음 각 목의 구분에 따른 자를 말한다.

　　가.·나. (생 략)

　　다. 제42조부터 제45조까지, 제55조 및 제59조의 경우: 주택의 소유자
　　　또는 그 소유자를 대리하는 배우자 및 직계존비속(直系尊卑屬)

　13. ~ 15. (생 략)

제43조(관리주체 등) ① 대통령령으로 정하는 공동주택(「건축법」 제11조에
　따른 건축허가를 받아 주택 외의 시설과 주택을 동일 건축물로 건축하는
　경우와 부대시설 및 복리시설을 포함하되, 복리시설 중 일반인에게 분양
　되는 시설은 제외한다. 이하 같다)을 건설한 사업주체는 입주예정자의 과
　반수가 입주할 때까지 그 공동주택을 직접 관리하여야 하며, 입주예정자
　의 과반수가 입주하였을 때에는 입주자에게 그 사실을 알리고 그 공동주
　택을 제2항에 따라 관리할 것을 요구하여야 한다.

　② ~ ⑨ (생 략)

〈주택법 시행령〉

제2조(공동주택의 종류와 범위) ①「주택법」(이하 "법"이라 한다) 제2조제2
　호의 규정에 의한 공동주택의 종류와 범위는「건축법 시행령」별표 1 제2
　호 가목 내지 다목의 규정이 정하는 바에 의한다.

　② (생 략)

제2조의2(준주택의 범위와 종류) 법 제2조제1호의2에 따른 준주택의 범위
　와 종류는 다음 각 호와 같다.

　1.·2. (생 략)

　3.「건축법 시행령」별표 1 제14호나목에 따른 오피스텔

제46조(주택관리의 적용범위) ① 법 제5장 및 이 장에서 정하는 공동주택의

관리에 관한 사항은 법 제16조에 따른 사업계획승인을 받아 건설한 공동주택(부대시설 및 복리시설을 포함한다. 이하 이 조 및 제47조·제57조제4항에서 같다)에 대하여 적용한다.

② · ③ (생 략)

④ 제1항에도 불구하고 「건축법」 제11조에 따른 건축허가를 받아 주택 외의 시설과 주택을 동일건축물로 건축한 건축물에 대해서는 다음 각 호만 적용한다.

1. · 2. (생 략)

3. 제48조부터 제50조까지, 제50조의2, 제50조의3, 제51조부터 제55조까지, 제55조의2부터 제55조의4까지, 제56조부터 제59조까지, 제59조의2, 제60조, 제60조의2, 제61조, 제62조, 제62조의2부터 제62조의10까지, 제63조부터 제67조까지의 규정에 따른 공동주택관리에 관한 사항

4. · 5. (생 략)

제48조(주택관리업자 등에 의한 의무관리대상 공동주택의 범위) 법 제43조제1항에서 "대통령령이 정하는 공동주택"이라 함은 다음 각 호의 어느 하나에 해당하는 공동주택(「건축법」 제11조에 따른 건축허가를 받아 주택 외의 시설과 주택을 동일건축물로 건축한 건축물과 부대시설 및 복리시설을 포함하되, 복리시설 중 일반에게 분양되는 시설은 제외한다. 이하 같다)을 말한다.

1. ~ 3. (생 략)

4. 「건축법」 제11조에 따른 건축허가를 받아 주택 외의 시설과 주택을 동일건축물로 건축한 건축물로서 주택이 150세대 이상인 건축물

제50조(입주자대표회의의 구성 등) ① 법 제43조제7항제2호에 따라 입주자대표회의는 4명 이상으로 구성하되, 동별 세대수에 비례하여 법 제44

조제2항에 따른 공동주택관리규약(이하 "관리규약"이라 한다)으로 정한 선거구에 따라 선출된 대표자(이하 "동별 대표자"라 한다)로 구성한다. 이 경우 선거구는 2개동 이상으로 묶거나 통로나 층별로 구획하여 정할 수 있다.

② ~ ⑧ (생 략)

〈건축법 시행령〉

[본칙]

제3조의4(용도별 건축물의 종류) 법 제2조제2항 각 호의 용도에 속하는 건축물의 종류는 별표 1과 같다.

[별표 1]

용도별 건축물의 종류(제3조의4 관련)

1. (생 략)

2. 공동주택[공동주택의 형태를 갖춘 가정보육시설·공동생활가정·지역 아동센터·노인복지시설(노인복지주택은 제외한다) 및 「주택법 시행령」 제3조제1항에 따른 원룸형 주택을 포함한다]. 다만, 가목이나 나목에서 층수를 산정할 때 1층 전부를 필로티 구조로 하여 주차장으로 사용하는 경우에는 필로티 부분을 층수에서 제외하고, 다목에서 층수를 산정할 때 1층의 바닥면적 2분의 1 이상을 필로티 구조로 하여 주차장으로 사용하고 나머지 부분을 주택 외의 용도로 쓰는 경우에는 해당 층을 주택의 층수에서 제외한다.

가. 아파트: 주택으로 쓰는 층수가 5개 층 이상인 주택

나. ~ 라. (생 략)

3. ~ 13. (생 략)

14. 업무시설

　가. (생 략)

　나. 일반업무시설: 금융업소, 사무소, 신문사, 오피스텔(업무를 주로 하
　　　며, 분양하거나 임대하는 구획 중 일부의 구획에서 숙식을 할 수 있도
　　　록 한 건축물로서 국토해양부장관이 고시하는 기준에 적합한 것을 말
　　　한다), 그 밖에 이와 비슷한 것으로서 제2종 근린생활시설에 해당하
　　　지 아니하는 것

15. ~ 28. (생 략)

〈집합건물의 소유 및 관리에 관한 법률〉

제1조(건물의 구분소유) 1동의 건물 중 구조상 구분된 여러 개의 부분이 독
　　립한 건물로서 사용될 수 있을 때에는 그 각 부분은 이 법에서 정하는 바
　　에 따라 각각 소유권의 목적으로 할 수 있다.

제23조(관리단의 당연 설립 등) ① 건물에 대하여 구분소유 관계가 성립되
　　면 구분소유자 전원을 구성원으로 하여 건물과 그 대지 및 부속시설의 관
　　리에 관한 사업의 시행을 목적으로 하는 관리단이 설립된다.

　② (생 략)

예시 상황

주택법령은 입주자대표회의는 4명 이상으로 구성하도록 규정하고 있다. 甲 아파트단지는 최초로 입주자대표회의를 구성하려고 하는데, 입주자대표회의 정원을 4명으로 하여 선거를 실시하였으나 출마인원이 정원에 미달되어 동별 대표자 현원을 3명밖에 확보하지 못했다. 이 경우 입주자대표회의는 적법하게 구성된 것으로 볼 수 있을까?

질의 배경

민원인들의 문의가 많자, 국토교통부에서 입주자대표회의의 "4명 이상"의 의미에 대한 명확한 판단을 위하여 법제처에 법령해석을 요청함.

질의 요지

입주자대표회의를 최초로 구성할 때 4명 이상의 동별 대표자가 확보되지 못한 경우, 「주택법 시행령」제50조제1항 전단에 따른 입주자대표회의의 구성요건을 충족한 것으로 볼 수 있는지?

가. 4명 미만의 동별 대표자로 구성된 입주자대표회의는 적법하게 구성된 것
   이 아님

○ 「주택법 시행령」 제50조제1항의 문언에서 입주자대표회의는 "4명 이상"
   으로 구성하도록 규정하고 있음.
○ 또한, 입주자대표회의의 최소 구성원 수인 4명은 입주민의 의사 또는 이
   익을 대표하기 위하여 선출된 인원을 의미함.

나. 4명 미만의 동별 대표자로 구성된 입주자대표회의도 적법하게 구성된 것임

○ 각종 법령에서 규정하고 있는 최소 구성원 수는 현실 상황에 따라 변동될
   수 있는 현원이 아니라, 정원으로 해석하는 것이 타당함.
○ 또한, 「주택법 시행령」 제50조제5항에서는 구성원을 관리규약으로 정한
   정원으로 규정하고 있으므로, 실제 입주자대표회의를 구성하는 인원은
   정원을 갖추지 아니하여도 됨.

다. 4명 미만의 동별 대표자로 구성된 입주자대표회의는 적법하게 구성된 것
   이 아님

○ 통상적으로 위원회 등 회의체는 법정 구성원의 수 미만으로 구성된 경우
   에도 적법하게 구성된 것으로 볼 수 있음.
○ 다만, 「주택법 시행령」 제50조제5항에서는 입주자대표회의의 기관으로서
   의 회장 등을 선출하여야 하는데, 그 인원의 최소 기준이 4명인 점을 고려할

때, 입주자대표회의가 최초 구성될 때에도 최소 4명은 선출될 필요가 있음.

최종 해석 내용

가. 결론

입주자대표회의를 최초로 구성할 때 4명 이상의 동별 대표자가 확보되지 못한 경우에는 「주택법 시행령」 제50조제1항 전단에 따른 입주자대표회의의 구성요건을 충족한 것으로 볼 수 없습니다.

나. 이유

먼저 공동주택의 입주자대표회의는 그 법적 성격이 스스로 권리·의무의 주체가 될 수 있는 단체로서의 조직을 갖추고 의사결정기관과 대표자가 있을 뿐만 아니라, 현실적으로도 자치관리기구를 지휘·감독하는 등 공동주택의 관리업무를 수행하고 있으므로 특별한 다른 사정이 없는 한 법인 아닌 사단에 해당하는바(대법원 2007. 6. 15. 선고 2007다6307 판결례 참조), 입주자단체의 단순한 대표기관·집행기관에 지나지 않는 것이 아니라 독자적 조직체로서의 지위가 인정된다고 할 것입니다.

따라서, 법인 아닌 사단으로서 입주자대표회의의 구성과 관련된 규정은 그 구성원과 제3자의 이해관계에 중요한 영향을 미치는 사항이고, 「주택법」 제43조제3항에서 입주자는 3개월 이내에 입주자대표회의를 구성하여 관할 시장·군수·구청장에게 신고하여야 한다고 규정하고 있는 점을 고려할 때, 입주자대표회의의 구성요건에 관한 규정은 강행규정으로 보아야 할 것입니다.

또한, 종전에는 입주자대표회의의 구성원의 수에 관하여 전혀 규정하지 않던 것을 2010년 7월 6일 「주택법 시행령」 제50조제1항 전단을 개정하여 입주자대표회의의 최소 구성원의 수를 "4명 이상"으로 명시한 점, 일부 선거구에서 동별 대표자가 선출되지 않아 4명 이상으로 구성되지 못한 경우에는 해당 선거구 입주민들의 의사 또는 이익의 대표성이 침해될 소지가 있는 점 등을 고려할 때, 입주자대표회의를 최초로 구성할 때에는 「주택법 시행령」 제50조제1항 전단에 따른 "4명 이상"의 구성요건을 반드시 충족하여야 할 것입니다.

해설

해석 대상 조항에서 입주자대표회의는 4명 이상으로 구성하도록 한 것은 입주자들의 의사를 대표하는 사람이 최소한 4명은 있어야 한다는 정책판단에 따른 것이고 이는 강행규정이라는 취지이다. 이 유권해석의 결론은 제2기 이후의 입주자대표회의 구성변경 신고의 경우에도 동일하게 적용된다(16-0126 유권해석 참조). 이들 건과 구별되는 사안으로서, 4명 이상으로 구성된 후 구성원 일부가 궐위되어 일시적으로 3명이 된 경우는 어떻게 될 것인지가 문제 될 수 있는데, 이에 대한 유권해석이 14-0557이다. 결론은, 그 경우에는 문제가 없다고 보아 입주자대표회의 운영을 할 수 있다고 보았다.

본 유권해석의 대상 법령은 구 「주택법 시행령」인데, 그 후 공동주택관리법령이 제정되면서 그 내용이 이관되었는바, 4명 이상의 요건은 법률에 직접 규정되었다(「공동주택 관리법」 제14조제1항). 따라서 현재도 이 유권해석은 유효하다.

〈주택법〉

제43조(관리주체 등) ① · ② (생 략)

③ 입주자는 제1항에 따른 요구를 받았을 때에는 그 요구를 받은 날부터 3개월 이내에 입주자대표회의를 구성하고, 그 공동주택의 관리방법을 결정(주택관리업자에게 위탁하여 관리하는 방법을 선택한 경우에는 그 주택관리업자의 선정을 포함한다)하여 이를 사업주체에게 통지하고, 관할 시장 · 군수 · 구청장에게 신고하여야 한다.

④ ~ ⑪ (생 략)

〈주택법 시행령〉

제50조(입주자대표회의의 구성 등) ① 법 제43조제8항제2호에 따라 입주자대표회의는 4명 이상으로 구성하되, 동별 세대수에 비례하여 법 제44조제2항에 따른 공동주택관리규약(이하 "관리규약"이라 한다)으로 정한 선거구에 따라 선출된 대표자(이하 "동별 대표자"라 한다)로 구성한다. 이 경우 선거구는 2개동 이상으로 묶거나 통로나 층별로 구획하여 정할 수 있다.

② ~ ④ (생 략)

⑤ 입주자대표회의에서는 동별 대표자 중에서 다음 각 호의 임원을 그 구성원(관리규약으로 정한 정원을 말하며, 해당 입주자대표회의 구성원의 3분의 2 이상이 선출된 때에는 그 선출된 인원을 말한다. 이하 같다) 과반수의 찬성으로 선출하여야 한다.

1. 회장 1명

2. 감사 1명 이상

3. 이사 2명 이상

⑥ ~ ⑨ (생 략)

〈舊 주택법 시행령(2010. 7. 6. 대통령령 제22254호로 일부개정되기 전의 것)〉

제50조(입주자대표회의의 구성 등) ① 법 제43조의 규정에 의하여 입주자
대표회의는 동별 세대수에 비례하여 선출된 대표자(이하 "동별 대표자"라
한다)로 구성한다.

② · ③ (생 략)

④ 입주자대표회의에 두는 임원은 동별 대표자중에서 선출하되, 회장 1인
을 포함한 3인 이상의 이사 및 1인 이상의 감사로 구성한다.

⑤ (생 략)

〈現 공동주택관리법(법률 제17544호)〉

제14조(입주자대표회의의 구성 등) ① 입주자대표회의는 4명 이상으로 구
성하되, 동별 세대수에 비례하여 관리규약으로 정한 선거구에 따라 선출
된 대표자(이하 "동별 대표자"라 한다)로 구성한다. 이 경우 선거구는 2개
동 이상으로 묶거나 통로나 층별로 구획하여 정할 수 있다.

② ~ ⑪ (생 략)

3

입주자대표회의 구성원 일부가 궐위되어 구성원의 수가 일시적으로 법령상 요건에 미달된 경우 입주자대표회의의 운영이 가능한지 (법제처 2014. 11. 14. 회신 14-0557 해석례)

예시 상황

주택법령은 입주자대표회의는 4명 이상으로 구성하도록 규정하고 있다. 甲 아파트단지는 최초로 입주자대표회의를 구성할 당시에는 5명의 동별 대표자로 입주자대표회의를 구성하였다. 그런데 그 후 2명이 사임함에 따라 현원은 3명만 남아 있는데 관리업체 입찰을 위한 절차를 진행하려고 한다. 이에 대해 입주자 중 일부는 주택법령상의 요건을 갖추지 못한 상태이므로 입주자대표회의가 적법하게 구성된 것으로 볼 수 없으므로 입주자대표회의를 운영하는 것은 문제가 있다고 주장하고 있다. 구성원의 일부가 궐위되어 일시적으로 주택법령상의 요건보다 적은 수로 입주자대표회의가 구성된 경우 회의 운영이 가능할까?

질의 배경

A아파트 입주자대표회의의 당초 구성원이 5명에서, 회장 및 동별 대표자 1명이 각각 사임하여 3명으로 구성되어 있고, 위 A아파트 입주자대표회의에서 관리업체 선정을 위한 입찰절차를 진행함에 따라, 입주자대표회의 구성원과 아파트 입주자 간에 「주택법 시행령」 제50조제1항에 따른 "4명 이상으로 구성"된 입주자대표회의에 해당하는지 여부에 대해 분쟁이 제기됨

「주택법 시행령」 제50조제1항 전단에 따라 입주자대표회의가 4명 이상의 동별 대표자로 구성된 후 그 일부가 궐위되어 일시적으로 3명이 된 경우, 입주자대표회의를 운영할 수 있는지?

주장 가능한 의견

가. 3명으로 구성·운영할 수 없음

「주택법 시행령」 제50조제1항에 따라 입주자대표회의는 반드시 4명 이상으로 구성되어야 하고, 궐위된 선거구 입주민의 권익보호를 고려할 때, 3명의 동별 대표자로 이루어진 입주자대표회의는 적법하게 구성된 회의에 해당하지 아니함.

나. 일시적 궐위 시 3명으로 운영할 수 있음

「주택법 시행령」 제50조제1항은 입주자대표회의의 최소 구성원을 정한 규정으로서, 동별 대표자의 궐위가 있는 경우 아파트 관리규약에 따라 새로 선출하면 되므로, 이 건 입주자대표회의는 적법하게 구성된 회의에 해당함.

최종 해석 내용

가. 결론

「주택법 시행령」 제50조제1항 전단에 따라 입주자대표회의가 4명 이상의 동별 대표자로 구성된 후 그 일부가 궐위되어 일시적으로 3명이 된 경우에도 입주자대표회의를 운영할 수 있습니다.

나. 이유

살피건대, 「주택법 시행령」 제50조제1항 전단에 따른 "4명 이상"은 입주자대표회의 구성에 필요한 최소 인원을 규정한 것이라고 할 수 있는데, 이러한 기준에 맞게 입주자대표회의가 구성된 후 그 기준이 계속 유지되어야 하는지에 대하여는 주택법령에서 특별한 규정을 두고 있지 않으므로, 입주자대표회의 구성원의 변동 가능성, 입주자대표회의의 기능 및 성격 등을 종합적으로 고려하여 판단하여야 할 것입니다.

먼저, 입주자대표회의의 운영과정에서 해임이나 임기만료 등으로 인한 구성원의 결원은 통상적으로 발생할 수 있고, 궐위된 동별 대표자는 주택법령과 해당 관리규약에서 정하는 바에 따라 상당한 기간이 소요되더라도 새로 선출하면 될 것이며, 입주자대표회의 구성원의 수가 3명인 경우라도 회의체로서의 기능을 온전히 수행할 수 없다고 보기는 어려우므로, 일부 구성원이 궐위되었다는 이유로 입주자대표회의를 운영할 수 없다고 하는 것은 오히려 입주민의 이익을 저해하는 결과를 초래할 수도 있다고 할 것입니다.

또한, 입주자대표회의의 구성원인 동별 대표자는 해당 동(棟)의 의견을 대변하는 지위와 함께, 해당 공동주택 전체에 대한 입주자대표로서의 지위 또한 보유하고 있다고 할 것인바(법제처 2014. 4. 8. 회신 14-0122 해석례 참조), 입주자대표회의의 구성원들은 궐위된 동별 대표자의 선거구에 거주하는 입주민의 의사를 대변하고 이익을 보호하는 역할도 수행해야 할 것이므로 일부 구성원이 궐위된 경우라도 입주자의 대표기구로서의 성격을 상실하지 않은 경우라면 계속하여 그 기능을 수행할 수 있도록 하는 것이 입주자대표회의 제도를 둔 입법취지에 부합하는 해석이라 할 것입니다.

우선, 본 유권해석의 대상 법령은 구 「주택법 시행령」인데, 그 후 공동주택관리법령이 제정되면서 그 내용이 이관되었는바, 4명 이상의 요건은 법률에 직접 규정되었다(「공동주택 관리법」 제14조제1항). 따라서 현재도 이 유권해석은 유효하다.

입주자대표회의는 운영과정에서 구성원들이 해임이나 임기만료 등으로 결원이 수시로 생길 수 있고 그 결원은 소요시간의 장단이 문제 될 뿐 충원이 될 것이다. 따라서 일시적으로 구성원의 수가 3인이라고 하더라도 입주자대표회의가 전혀 그 기능을 수행할 수 없다고 보는 것은 입주자들의 이익을 해치는 결과가 초래되어 타당하지 않다고 보아야 한다. 이와 관련하여 대법원 2007다6307 판결에서도 입주자대표회의가 적법하게 구성된 후에 그 후임 동별 대표자를 선출하는 것은 입주자대표회의의 동일성을 잃지 않은 채 그대로 존속하면서 단순히 그 구성원을 변경하는 것에 지나지 않는다고 보았다.

또한 입주자대표회의도 위원회의 성격을 갖는다고 볼 수 있으므로 위원회에 관한 논의를 적용하여 문제를 해결할 수도 있을 것이다. 만약 법령에 의사정족수(예컨대, 몇 명 이상이 참석해야 회의를 열 수 있다는 규정)가 있다면, 그에 따라서 회의를 운영할 수 있는지 여부가 결정되겠지만, 이 사안과 같이 의사정족수가 없는 경우가 문제 된다. 이 문제에 관한 법원의 판단을 살펴보면 사립학교 학교법인 이사회 결의와 관련한 사안에서 대법원은 이사회 결의 당시 이사의 수에 결원이 있었더라도 그것만으로 이사회의 구성이 위법하다고 볼 수는 없다고 판단하였다(대법원 2013마1801 판결). 참고로, 헌법재판소의 사례를 보면, 심판정족수 규정이 별도로 있는데(「헌법재판소법」 제23조제1항, 7인), 법정헌법재판관 정수 요건(같은 법 제3조, 9인)을 충족하지 못했음에도, 사건을 심리하고 위헌결정도 내린 바 있다(2006년, 2013년 헌법재판소장 궐위 사례).

관련조문

〈주택법 시행령〉

제50조(입주자대표회의의 구성 등) ① 법 제43조제8항제2호에 따라 입주자대표회의는 4명 이상으로 구성하되, 동별 세대수에 비례하여 법 제44조제2항에 따른 공동주택관리규약(이하 "관리규약"이라 한다)으로 정한 선거구에 따라 선출된 대표자(이하 "동별 대표자"라 한다)로 구성한다.

②~⑨ (생 략)

〈現 공동주택관리법(법률 제17544호)〉

제14조(입주자대표회의의 구성 등) ① 입주자대표회의는 4명 이상으로 구성하되, 동별 세대수에 비례하여 관리규약으로 정한 선거구에 따라 선출된 대표자(이하 "동별 대표자"라 한다)로 구성한다. 이 경우 선거구는 2개 동 이상으로 묶거나 통로나 층별로 구획하여 정할 수 있다.

②~⑪ (생 략)

4

제2기 이후의 입주자대표회의 구성 변경신고를 할 때에도 최초로 구성할 때와 마찬가지로 동별 대표자 4명 이상이 선출되어야 하는지 (법제처 2016. 5. 20. 회신 16-0126 해석례)

예시 상황

주택법령은 입주자대표회의는 4명 이상으로 구성하도록 규정하고 있다. 甲 아파트단지는 최초로 1기 입주자대표회의를 구성할 당시에는 4명의 동별 대표자로 입주자대표회의를 구성하였다. 그런데 2기 입주자대표회의 구성 시에는 3명의 동별 대표자밖에 확보하지 못했다. 甲 아파트단지는 주택법령상의 요건이 입주자대표회의를 최초로 구성할 때에만 적용된다고 판단하여 주택법령상 요건에 미달하는 3명만으로 2기 입주자대표회의 구성 변경신고를 하려고 한다. 甲 아파트단지의 구성 변경신고는 수리될 수 있을까?

질의 배경

○ 제1기 입주자대표회의를 4명 이상으로 구성한 이후에, 그 임기가 종료되어 새로이 동별 대표자를 선출하였으나, 선출된 동별 대표자가 4명에 미달함.

○ 4명에 미달하는 동별 대표자로 입주자대표회의 구성 변경신고를 하려 하였으나, 4명에 미달하여 입주자대표회의 구성요건에 충족되지 않으므로 해당 지방자치단체에서 신고를 반려함.

○ 질의자는 국토교통부에 제2기 이후의 입주자대표회의의 경우에도 "4명 이상"을 선출하여야 하는지에 대하여 질의하였으나, 국토교통부에서 "4

명 이상"의 입주자대표회의 구성요건을 충족하여야 한다는 취지의 답변을 하자, 이에 이견이 있어 해석을 요청한 사안임.

질의 요지

「주택법 시행령」 제50조제1항에서는 입주자대표회의는 4명 이상으로 구성하도록 규정하고 있고, 같은 영 제52조제3항 전단에서는 「주택법」 제43조제3항 및 제8항에 따라 해당 공동주택의 관리방법 등을 결정한 경우에는 시장·군수·구청장에게 신고하도록 규정하고 있으며, 같은 항 후단에서는 신고한 사항이 변경된 경우에도 신고하도록 규정하고 있는바,

최초로 구성된 공동주택 입주자대표회의(이하 "제1기 입주자대표회의"라 함) 동별 대표자 전원의 임기만료를 이유로 제2기 이후의 공동주택 입주자대표회의 구성원인 동별 대표자를 선출하여 「주택법 시행령」 제52조제3항에 따른 신고를 할 때에 같은 영 제50조제1항에 따른 "4명 이상"의 입주자대표회의 구성요건을 충족하여야 하는지?

주장 가능한 의견

가. 제2기 이후의 입주자대표회의 신고 시에도 4명 이상의 입주자대표회의 구성요건을 충족하여야 함

○ 임기만료를 이유로 제2기 이후의 입주자대표회의의 임원 및 동별 대표자를 신고하는 것은 최초의 입주자대표회의 구성 신고와 마찬가지로 보아야 할 것이므로, 입주자대표회의의 구성 요건을 충족하여야 함.

- 임기만료를 이유로 제2기 이후의 입주자대표회의의 동별 대표자를 새로이 선출하여 그 변경 사항을 신고하는 경우에도 "4명 이상"으로 입주자대표회의의 구성원 수를 갖추어야만 한다고 해석하는 것이 「주택법 시행령」 제50조제1항의 취지에 부합함.

나. 제2기 이후의 입주자대표회의 신고 시에 반드시 4명 이상의 입주자대표회의 구성요건을 충족하여야 하는 것은 아님

○ "4명 이상"의 입주자대표회의 구성요건은 최초로 입주자대표회의를 구성할 때에만 요구되는 것이고, 임기만료로 제2기 이후의 입주자대표회의 구성 변경을 신고하는 경우까지 입주자대표회의 구성요건을 충족하여야 한다고 볼 수 없음.
- 일부 구성원이 선출되지 않았다는 이유로 입주자대표회의 변경 신고를 할 수 없다고 하는 것은 입주민의 이익을 저해하는 결과를 초래할 수도 있을 뿐만 아니라, 그 신고의 수리를 거부할 실익도 없음.

최종 해석 내용

가. 결론

제1기 입주자대표회의 동별 대표자 전원의 임기만료를 이유로 제2기 이후의 입주자대표회의 구성원인 동별 대표자를 선출하여 「주택법 시행령」 제52조제3항에 따른 신고를 할 때에도 같은 영 제50조제1항에 따른 "4명 이상"의 입주자대표회의 구성요건을 충족하여야 합니다.

나. 이유

먼저, 공동주택의 입주자대표회의는 그 법적 성격이 스스로 권리·의무의 주체가 될 수 있는 단체로서의 조직을 갖추고 의사결정기관과 대표자가 있을 뿐만 아니라, 현실적으로도 자치관리기구를 지휘·감독하는 등 공동주택의 관리업무를 수행하고 있으므로 특별한 다른 사정이 없는 한 법인 아닌 사단에 해당하는바(대법원 2007. 6. 15. 선고 2007다6307 판결례 참조), 법인 아닌 사단으로서 입주자대표회의의 구성과 관련된 규정은 그 구성원과 제3자의 이해관계에 중요한 영향을 미치는 사항이고, 종전에는 입주자대표회의의 구성원의 수에 관하여 전혀 규정하지 않던 것을 2010년 7월 6일 대통령령 제22254호로 「주택법 시행령」 제50조제1항을 개정하여 입주자대표회의의 최소 구성원의 수를 "4명 이상"으로 명시한 점을 고려할 때, 입주자대표회의의 구성요건에 관한 규정은 강행규정으로 보아야 할 것입니다(법제처 2014. 11. 14. 회신 14-0628 해석례 참조).

그런데, 입주자대표회의를 "구성"한다는 것은 입주대표회의의 구성원과 임원을 선출함으로써 법인 아닌 사단인 입주자대표회의가 그 목적 달성에 이바지할 수 있도록 그 형식과 실질을 갖추는 것을 의미한다고 할 것인바, 입주자대표회의 구성원 전원의 임기만료로 인하여 새로운 임기의 구성원으로 변경하는 경우에는 입주자로부터 새로 위임을 받아 새로운 임기의 구성원으로 종전 임기의 입주자대표회의와는 실질적으로 구별되는 입주자대표회의의 형식과 실질을 새로이 갖추도록 하는 것이므로, 전임 입주자대표회의 동별 대표자 전원의 임기만료로 후임 입주자대표회의 동별 대표자와 임원을 선출하는 것을 최초로 입주자대표회의를 구성하는 것과 달리 볼 이유가 없다고 할 것입니다.

그렇다면, 제1기 입주자대표회의 동별 대표자 전원의 임기만료를 이유로 제

2기 이후의 입주자대표회의의 동별 대표자를 새로이 선출하여 신고하는 경우에도 "4명 이상"으로 입주자대표회의의 구성원 수를 갖추어야 한다고 해석하는 것이 「주택법 시행령」 제50조제1항의 취지에 부합한다고 할 것입니다.

한편, 「주택법 시행령」 제50조제1항에서 규정하는 "4명 이상"의 입주자대표회의 구성요건은 입주자대표회의 최초 구성 시에만 갖추어야 하는 것이므로, 제2기 이후의 입주자대표회의의 구성 변경 시에는 적용되지 않는다는 의견이 있을 수 있습니다.

그러나, 「주택법 시행령」 제50조제1항은 입주자대표회의 구성의 최소 요건을 규정한 것이므로 전임 입주자대표회의 동별 대표자 전원의 임기만료로 제2기 이후의 입주자대표회의의 구성원 및 임원을 신고하는 것과 제1기 입주자대표회의 구성 신고를 달리 보기 어려울 뿐만 아니라, 원래 적법하게 "4명 이상"의 입주자대표회의 구성요건을 갖추었다가 임기 중간에 일부 구성원의 궐위 등으로 "4명 이상"의 구성요건을 갖추지 못하는 경우라도 입주자 대표기구로서의 성격을 상실하지 않은 경우라면 계속하여 그 기능을 수행할 수 있을 것이나(법제처 2014. 11. 14. 회신, 14-0628 해석례 참조), 궐위된 구성원은 주택법령과 관리규약이 정하는 바에 따라 언제든 선출될 수 있고, 새로 선출된 구성원의 임기는 궐위된 전임자의 잔여 임기라는 점 등을 고려할 때 동별 대표자 전원의 임기만료로 제2기 이후의 입주자대표회의 구성원을 새로이 선출할 때부터 "4명 이상"의 구성요건을 갖추지 못하는 경우와 동일하게 취급하기 어렵다는 점에서 그러한 의견은 타당하지 않다고 할 것입니다.

해설

이 유권해석은 제2기 이후의 입주자대표회의를 다시 구성하는 경우 4명 이상의 동별 대표자가 선출되지 못하게 되면 구성신고를 할 수 없다는 것에 한정된다는 점을 지적하고자 한다. 즉, 이 해석은 제2기 이후의 입주자대표회의에 결원이 있는 경우에 입주자대표회의 운영이 전혀 불가능하다는 취지는 아니다. 만약 그렇게 해석한다면 입주자들의 불이익이 발생할 수 있기 때문이다. 그래서 법제처는 15-0066 유권해석에서 최소 3명의 동별 대표자가 선출되었다면 입주자대표회의 회장, 감사, 이사를 선출할 수 있다고 보았다.

아울러 본 유권해석의 대상 법령은 구「주택법 시행령」인데, 그 후 공동주택 관리법령이 제정되면서 그 내용이 이관되었는바, 4명 이상의 요건은 법률에 직접 규정되었다(「공동주택 관리법」 제14조제1항). 따라서 현재도 이 유권해석은 유효하다.

관련조문

〈주택법 시행령〉
제50조(입주자대표회의의 구성 등) ① 법 제43조제8항제2호에 따라 입주자대표회의는 4명 이상으로 구성하되, 동별 세대수에 비례하여 법 제44조제2항에 따른 공동주택관리규약(이하 "관리규약"이라 한다)으로 정한 선거구에 따라 선출된 대표자(이하 "동별 대표자"라 한다)로 구성한다.
　② ~ ⑨ (생 략)
제52조(관리방법의 결정 등) ① · ② (생 략)
　③ 입주자대표회의를 대표하는 자는 법 제43조제3항 및 제8항에 따라 해당 공동주택의 관리방법 등을 결정한 경우에는 그 날부터 30일 이내에 국토교통부령으로 정하는 바에 따라 시장 · 군수 · 구청장에게 신고하고, 사업주체에게 통지하여야 한다. 신고한 사항이 변경된 경우에도 또한 같다.

④ ~ ⑨ (생 략)

〈現 공동주택관리법(법률 제17544호)〉

제14조(입주자대표회의의 구성 등) ① 입주자대표회의는 4명 이상으로 구성하되, 동별 세대수에 비례하여 관리규약으로 정한 선거구에 따라 선출된 대표자(이하 "동별 대표자"라 한다)로 구성한다. 이 경우 선거구는 2개 동 이상으로 묶거나 통로나 층별로 구획하여 정할 수 있다.

② ~ ⑪ (생 략)

제9장

입주자대표회의 임원 선출 절차

500세대 이상인 공동주택의 경우 관리규약으로 정한 입주자
대표회의 정원의 3분의 2 이상의 동별 대표자가 선출되어야
만 입주자대표회의 회장과 감사를 선출할 수 있는지

(법제처 2020. 7. 14. 회신 20-0207 해석례)

예시 상황

甲 아파트단지는 500세대 이상인 공동주택으로서 관리규약상 입주자대표
회의 정원은 14명인데, 정원의 2/3에 미치지 못하는 8명의 동별 대표자가
선출된 상황에서 입주자와 사용자의 직접 투표에 의하여 입주자대표회의
의 회장과 감사를 선출하였다. 그런데, 입주민 일부가 입주자대표회의 정
원의 2/3 이상의 동별 대표자, 즉 10명 이상의 동별 대표자가 선출되지 않
은 상황에서 실시된 입주자대표회의 회장 및 감사 선거는 무효라고 주장하
고 있다. 주택법령상 직접적으로 이러한 요건을 규정하고 있지는 않다. 입
주자대표회의는 정원의 2/3 이상으로 구성되어야만 의결 기능을 제대로
수행할 수 있는 것일까?

○ 관리규약에 따른 입주자대표회의 정원은 14명이고, 8명의 동별 대표자가 선출된 상황에서 입주자와 사용자가 직접 투표하여 입주자대표회의 회장과 감사를 선출함.

○ 질의자는 입주자대표회의 정원의 3분의 2 이상(이 사안의 경우 10명 이상)의 동별 대표자가 선출되지 않은 상황에서 실시된 입주자대표회의 회장 및 감사 선거는 무효라고 주장하며 국토교통부에 질의하였으나, 500세대 이상인 공동주택의 경우 관리규약으로 정한 입주자대표회의 정원의 3분의 2 이상의 동별 대표자가 선출되지 않아도 입주자대표회의 회장 및 감사를 선출할 수 있다는 회신을 받자 이에 이견이 있어 법제처에 법령해석을 요청함.

질의 요지

500세대 이상인 공동주택의 경우 「공동주택관리법 시행령」 제4조제3항에 따라 관리규약으로 정한 입주자대표회의 정원의 3분의 2 이상의 동별 대표자[43]가 선출되어야만 「공동주택관리법 시행령」 제12조제2항에 따라 입주자대표회의의 회장과 감사를 선출할 수 있는지?

---

43 「공동주택관리법」 제14조제1항에 따른 동별 대표자를 말하며, 이하 같음.

가. 입주자대표회의 정원의 3분의 2 이상의 동별 대표자가 선출되지 않아도 됨

○ 500세대 이상인 공동주택에서 입주자대표회의의 회장 및 감사는 우선적으로 「공동주택관리법」에 따라 동별 세대수에 비례하여 관리규약으로 정한 선거구에 따라 선출된 동별 대표자 중에서 입주자의 의사가 입주자대표회의를 통하지 않고 선거를 통해 직접 반영되도록 하기 위해[44] 입주자등의 보통·평등·직접·비밀선거를 통해 선출되는바,

- 입주자대표회의 동별 대표자의 수가 관리규약으로 정한 정원과 비교하여 3분의 2 이상이 되는 경우에만 입주자등이 직접 선거를 통해 입주자대표회의의 회장 및 감사를 선출할 수 있다고 볼 만한 규정은 없음.

○ 또한 입주자대표회의 회장 및 감사 선거에서 후보자가 없거나 선출된 자가 없는 경우 등에는 입주자대표회의 구성원 과반수의 찬성으로 선출하도록 보충적인 방법을 정하고 있는데, 여기서 "입주자대표회의 구성원"은 같은 영 제4조제3항에 따라 관리규약으로 정한 정원을 말하며, 해당 입주자대표회의 구성원의 3분의 2 이상이 선출되었을 때에는 그 선출된 인원을 말하는바,

- 이와 같이 「공동주택관리법 시행령」의 선출방법을 적용하더라도 입주자대표회의 정원 과반수의 찬성으로 입주자대표회의의 회장 및 감사를 선출할 수 있으며, 경우에 따라 입주자대표회의 구성원의 과반수 찬성이 어려운 경우가 발생하여 입주자대표회의의 회장 및 감사를 선출하지

---

44 법제처 2014. 9. 1. 회신 14-0457 해석례 참조.

못할 수는 있다고 하더라도, 이를 근거로 입주자대표회의 정원의 3분의 2 이상이 선출된 후에만 입주자대표회의 회장 및 감사를 선출할 수 있다고 보는 것은 타당하지 않음.

나. 입주자대표회의 정원의 3분의 2 이상의 동별 대표자가 선출되어야 함

○ 「공동주택관리법 시행령」 제4조제3항에 따라 관리규약으로 정한 입주자대표회의 정원의 3분의 2 이상의 동별 대표자가 선출되어야만 입주자대표회의가 구성된 것으로 보아야 하고, 같은 영 제14조에서는 같은 영 제4조제3항에 따라 그 의미가 정해지는 입주자대표회의 구성원 과반수를 입주자대표회의에서의 각종 의결을 위한 의결정족수 기준으로 삼고 있는바,

- 입주자대표회의가 온전히 구성되어 의결 기능을 제대로 수행하기 위해서는 500세대 이상 공동주택의 입주자대표회의 회장 및 감사를 선출할 때에도 관리규약으로 정한 입주자대표회의 정원의 3분의 2 이상의 동별 대표자가 선출되어 입주자대표회의가 구성되어 있어야 함.

최종 해석 내용

가. 결론

500세대 이상인 공동주택의 경우 입주자대표회의 정원의 3분의 2 이상의 동별 대표자가 선출되지 않아도 「공동주택관리법 시행령」 제12조제2항에 따라 입주자대표회의의 회장과 감사를 선출할 수 있습니다.

나. 이유

법의 해석에 있어서는 법령에 사용된 문언의 의미에 충실하게 해석하는 것을 원칙으로 하고 법령의 문언 자체가 비교적 명확한 개념으로 구성되어 있다면 다른 해석방법은 제한될 수밖에 없는바,[45] 「공동주택관리법 시행령」 제12조제2항에서는 공동주택의 규모를 기준으로 입주자대표회의 회장, 감사 및 이사의 선출방법을 구분하면서, 500세대 이상인 공동주택의 경우 회장과 감사는 입주자등[46]의 의사가 입주자대표회의를 통하지 않고 선거를 통해 직접 반영[47]되도록 하기 위해 입주자등의 보통·평등·직접·비밀선거를 통해 선출하도록 규정[제1호가목1)·나목1)]하고 있으나, 회장과 감사의 선출을 위해 입주자대표회의 정원의 3분의 2 이상의 동별 대표자가 선출되어야 하는지 여부에 대해서는 별도로 규정하고 있지 않습니다.

그리고 「공동주택관리법 시행령」 제12조제2항제1호가목2) 및 나목2)에서는 같은 호 가목1) 및 나목1)에도 불구하고 입주자대표회의 회장 및 감사 선거에서 후보자가 없거나 선출된 자가 없는 경우 등에는 입주자대표회의 구성원 과반수의 찬성으로 선출하도록 보충적인 방법을 정하고 있으며, 이때 입주자대표회의 구성원은 관리규약으로 정한 정원으로 해당 입주자대표회의 구성원의 3분의 2 이상이 선출되었을 때에는 그 선출된 인원을 말하는바(제4조제3항), 이와 같은 보충적인 방법으로 회장 및 감사를 선출하더라도 입주자대표회의 구성원 과반수의 찬성만 있으면 선출할 수 있는 것이고, 설사 입주자대표회의 구성원의 과반수 찬성이 어려워 입주자대표회의 회장 및 감사를 선출하지 못

---

45 대법원 2009. 4. 23. 선고 2006다81035 판결례 참조.

46 「공동주택관리법」 제2조제1항제7호의 입주자등을 말하며, 이하 같음.

47 법제처 2014. 9. 1. 회신 14-0457 해석례 참조.

하게 되는 경우가 있을 수 있더라도, 이를 이유로 명문의 근거 없이 입주자대표회의 정원의 3분의 2 이상이 선출된 후에만 입주자대표회의 회장 및 감사를 선출할 수 있다고 보는 것은 타당하지 않습니다.

또한 「공동주택관리법 시행령」 제4조제3항에서 관리규약으로 정한 입주자대표회의 정원을 입주자대표회의 구성원이라고 하면서, 해당 입주자대표회의 구성원의 3분의 2 이상의 동별 대표자가 선출된 경우에는 그 선출된 인원을 입주자대표회의 구성원이라고 규정한 것은, 입주자대표회의의 원활한 기능 수행을 위해 공동주택관리법령에 따른 입주자대표회의의 의결 시 의결정족수를 완화하여 적용하려는 취지[48]이므로, 해당 규정은 같은 영 제12조제2항제1호가목2) 및 나목2)에 따라 보충적인 방법으로 입주자대표회의의 회장 및 감사를 선출할 때 입주자대표회의 구성원 과반수의 찬성 여부를 판단할 때 적용될 뿐, 입주자대표회의의 회장 및 감사를 선출하기 위한 전제가 되는 규정은 아닙니다.

따라서 500세대 이상인 공동주택의 경우 입주자대표회의 정원의 3분의 2 이상의 동별 대표자가 선출되지 않아도 「공동주택관리법 시행령」 제12조제2항에 따라 입주자대표회의의 회장과 감사를 선출할 수 있습니다.

아울러 이 사안의 500세대 이상인 공동주택은 「공동주택관리법」 제2조제1항제2호가목에 따라 의무관리대상 공동주택에 해당하고, 입주자등이 같은 법 제11조제1항 및 제2항에 따라 입주예정자의 과반수가 입주하여 사업주체로부터 의무관리대상 공동주택을 관리할 것을 요구받았을 때에는 그 요구를 받은 날부터 3개월 이내에 입주자를 구성원으로 하는 입주자대표회의를 구성해야 하는데, 이러한 입주자대표회의의 구성에 대해 같은 법 제14조제1항에서는 4

---

48 법제처 2011. 10. 13. 회신 11-0495 해석례 및 법제처 2017. 9. 13. 회신 17-0352 해석례 참조.

명 이상으로 구성하되, 동별 대표자로 구성하도록 정하고 있을 뿐이므로, 관리규약으로 정한 정원 3분의 2 이상의 동별 대표자가 선출되지 않은 경우에도 입주자대표회의를 구성할 수 있게 되어 있다는 점도 이 사안을 해석할 때 고려해야 합니다.

해설

이 건은 500세대 이상의 경우에는 원칙적으로 전체 입주자등의 선거를 통하여 임원을 선출하게 되므로 입주자대표회의 구성은 고려요소가 안 된다는 점을 이유로 들고 있다. 그러면 만약 500세대 미만인 경우라면 어떻게 될 것인가? 현행 공동주택 관리법령에 대한 유권해석은 따로 없지만 유사한 규정을 두고 있던 과거 주택법령 시행 당시 해석이 있어 이를 소개한다. 이 유권해석은 현재도 유효하다고 볼 수 있을 것이다. 그 사안은 11-0495인데 임원 선출을 위해서 입주자대표회의 정원의 3분의 2 이상의 동별 대표자가 선출되어야 하는지가 쟁점이었다. 이에 대해서 그럴 필요가 없다고 결론을 내렸다. 구성원 정원의 3분의 2가 선출되지 않은 경우 원칙으로 돌아가서 구성원 정원의 과반수 찬성으로 선출이 가능하기 때문이라는 것이다. 구체적인 예를 들어 보자. 정원이 9명이라면 그 3분의 2는 6명이고, 만약 동별 대표자가 1명이 모자란 5명만 선출된 경우라 해도 정원 9명의 과반수인 5명 전원의 찬성이 있으면 임원 선출이 가능하게 되는 것이다. 참고로, 본 유권해석에 언급되고 있는 「공동주택관리법 시행령」 제12조와 제13조는 최근 개정으로 규정 체계에 약간의 변화가 있으나 본 유권해석과 관련된 내용에는 별 차이가 없다는 점을 밝혀 둔다.

〈공동주택관리법〉

제2조(정의) ① 이 법에서 사용하는 용어의 뜻은 다음과 같다.

　1. (생 략)

　2. "의무관리대상 공동주택"이란 해당 공동주택을 전문적으로 관리하는
　　 자를 두고 자치 의결기구를 의무적으로 구성하여야 하는 등 일정한 의무
　　 가 부과되는 공동주택으로서, 다음 각 목 중 어느 하나에 해당하는 공동
　　 주택을 말한다.

　　 가. 300세대 이상의 공동주택

　　 나. ~ 마. (생 략)

　3. ~ 21. (생 략)

　② (생 략)

제11조(관리의 이관) ① 의무관리대상 공동주택을 건설한 사업주체는 입주
　　 예정자의 과반수가 입주할 때까지 그 공동주택을 관리하여야 하며, 입주
　　 예정자의 과반수가 입주하였을 때에는 입주자등에게 대통령령으로 정하
　　 는 바에 따라 그 사실을 통지하고 해당 공동주택을 관리할 것을 요구하여
　　 야 한다.

　　 ② 입주자등이 제1항에 따른 요구를 받았을 때에는 그 요구를 받은 날부터
　　 3개월 이내에 입주자를 구성원으로 하는 입주자대표회의를 구성하여야
　　 한다.

　　 ③ (생 략)

제14조(입주자대표회의의 구성 등) ① 입주자대표회의는 4명 이상으로 구
　　 성하되, 동별 세대수에 비례하여 관리규약으로 정한 선거구에 따라 선출
　　 된 대표자(이하 "동별 대표자"라 한다)로 구성한다. 이 경우 선거구는 2개

동 이상으로 묶거나 통로나 층별로 구획하여 정할 수 있다.

② ~ ⑪ (생 략)

⟨공동주택관리법 시행령⟩

제4조(자치관리기구의 구성 및 운영) ① · ② (생 략)

③ 자치관리기구 관리사무소장은 입주자대표회의가 입주자대표회의 구성원(관리규약으로 정한 정원을 말하며, 해당 입주자대표회의 구성원의 3분의 2 이상이 선출되었을 때에는 그 선출된 인원을 말한다. 이하 같다)과 반수의 찬성으로 선임한다.

④ · ⑤ (생 략)

제12조(입주자대표회의 임원의 선출 등) ① 법 제14조제6항에 따라 입주자대표회의에는 다음 각 호의 임원을 두어야 한다.

1. 회장 1명

2. 감사 2명 이상

3. 이사 1명 이상

② 법 제14조제9항에 따라 제1항의 임원은 동별 대표자 중에서 다음 각 호의 구분에 따른 방법으로 선출한다.

1. 500세대 이상인 공동주택의 경우

　가. 회장 선출방법

　　1) 다음의 구분에 따라 입주자등의 보통 · 평등 · 직접 · 비밀선거를 통하여 선출

　　가) 후보자가 2명 이상인 경우: 전체 입주자등의 10분의 1 이상이 투표하고 후보자 중 최다득표자를 선출

　　나) 후보자가 1명인 경우: 전체 입주자등의 10분의 1 이상이 투표하

고 투표자 과반수의 찬성으로 선출

　　2) 1)에도 불구하고 후보자가 없거나 선출된 자가 없는 경우에는 입주
　　　자대표회의 구성원 과반수의 찬성으로 선출

　나. 감사 선출방법

　　1) 다음의 구분에 따라 입주자등의 보통 · 평등 · 직접 · 비밀선거를
　　　통하여 선출

　　　가) 후보자가 선출필요인원을 초과하는 경우: 전체 입주차등의 10
　　　　분의 1 이상이 투표하고 후보자 중 다득표자를 선출

　　　나) 후보자가 선출필요인원과 같거나 미달하는 경우: 전체 입주자등
　　　　의 10분의 1 이상이 투표하고 투표자 과반수의 찬성으로 선출

　　2) 1)에도 불구하고 후보자가 없거나 선출된 자가 없는 경우(선출된
　　　자가 선출필요인원에 미달하여 추가선출이 필요한 경우를 포함한
　　　다)에는 입주자대표회의 구성원 과반수의 찬성으로 선출

　다. 이사 선출방법: 입주자대표회의 구성원 과반수의 찬성으로 선출

2. (생　략)

③ · ④ (생　략)

〈現 공동주택관리법 시행령(대통령령 제32076호)〉

제12조(입주자대표회의 임원의 선출 등) ① (생　략)

　② 법 제14조제9항에 따라 제1항의 임원은 동별 대표자 중에서 다음 각 호
의 구분에 따른 방법으로 선출한다.

　1. 회장 선출방법

　　가. 입주자등의 보통 · 평등 · 직접 · 비밀선거를 통하여 선출

　　나. 후보자가 2명 이상인 경우: 전체 입주자등의 10분의 1 이상이 투표

하고 후보자 중 최다득표자를 선출

다. 후보자가 1명인 경우: 전체 입주자등의 10분의 1 이상이 투표하고
　투표자 과반수의 찬성으로 선출

라. 다음의 경우에는 입주자대표회의 구성원 과반수의 찬성으로 선출하
　며, 입주자대표회의 구성원 과반수 찬성으로 선출할 수 없는 경우로
　서 최다득표자가 2인 이상인 경우에는 추첨으로 선출

　1) 후보자가 없거나 가목부터 다목까지의 규정에 따라 선출된 자가 없
　　는 경우

　2) 가목부터 다목까지의 규정에도 불구하고 500세대 미만의 공동주
　　택 단지에서 관리규약으로 정하는 경우

2. 감사 선출방법

가. 입주자등의 보통 · 평등 · 직접 · 비밀선거를 통하여 선출

나. 후보자가 선출필요인원을 초과하는 경우: 전체 입주자등의 10분의
　1 이상이 투표하고 후보자 중 다득표자 순으로 선출

다. 후보자가 선출필요인원과 같거나 미달하는 경우: 후보자별로 전체
　입주자등의 10분의 1 이상이 투표하고 투표자 과반수의 찬성으로
　선출

라. 다음의 경우에는 입주자대표회의 구성원 과반수의 찬성으로 선출하
　며, 입주자대표회의 구성원 과반수 찬성으로 선출할 수 없는 경우로
　서 최다득표자가 2인 이상인 경우에는 추첨으로 선출

　1) 후보자가 없거나 가목부터 다목까지의 규정에 따라 선출된 자가 없
　　는 경우(선출된 자가 선출필요인원에 미달하여 추가선출이 필요한
　　경우를 포함한다)

　2) 가목부터 다목까지의 규정에도 불구하고 500세대 미만의 공동주

택 단지에서 관리규약으로 정하는 경우

3. 이사 선출방법: 입주자대표회의 구성원 과반수의 찬성으로 선출하며,
입주자대표회의 구성원 과반수 찬성으로 선출할 수 없는 경우로서 최다
득표자가 2인 이상인 경우에는 추첨으로 선출

③ · ④ (생 략)

입주자대표회의 임원 선출 시 반드시 선거관리위원회가 구성되어야 하는지 (법제처 2019. 2. 1. 회신 18-0596/18-0764 해석례)

예시 상황

甲 아파트단지는 500세대 미만인 공동주택이다. 甲 아파트단지는 선거관리위원회를 구성하여 동별 대표자를 적법하게 선출하였다. 그런데, 동별 대표자 선거 완료 후 선거관리위원회 위원이 전원 사퇴함에 따라 선거관리위원회가 존재하지 않게 되었는데, 새로 선거관리위원회를 구성하지 않고 입주자대표회의 임원을 선출하였다. 주택법령상 동별 대표자나 입주자대표회의 임원을 선출하기 위해 선거관리위원회를 구성한다고 규정하고 있기는 하지만 선거관리위원회 구성에 관한 사항은 관리규약으로 정하도록 위임하고 있고, 입주자대표회의 임원 선거 시 선거관리위원회의 구체적 역할을 정하고 있지 않은 점 등을 고려할 때 甲 아파트단지는 입주자대표회의 임원 선거 시 선거관리위원회를 구성하지 않아도 문제가 없다고 주장하고 있다. 甲 아파트단지의 주장대로 입주자대표회의 임원 선거 시 선거관리위원회를 구성할 것인지 여부는 관리규약으로 정하는 바에 따라 결정되는 것일까?

질의 배경

○ 500세대 미만 공동주택의 선거관리위원회가 동별 대표자 선거 완료 후 전원 자진 사퇴하여 선거관리위원회가 구성되지 않은 상태에서 입주자대표회의 구성원 과반수 찬성으로 임원을 선출하였고, 이에 대해 민원이 발

생하자 관할 구청에서는 선거관리위원회가 구성되지 않더라도 입주자대
표회의 구성원 과반수의 찬성으로 선출 가능하다고 답변함.
○ 이후에도 지속적으로 민원이 발생하자 관할 구청에서 국토교통부에 해당
사안을 질의하였으며, 국토교통부에서 반드시 선거관리위원회를 구성하
여야 한다는 회신을 하자 이에 이의가 있어 법제처에 해석을 요청함.

질의 요지

「공동주택관리법」 제15조제1항에 따른 선거관리위원회의 선거관리 하에 같
은 법 제14조제3항에 따른 동별 대표자를 적법하게 선출하여 해당 동별 대표
자로 같은 법 제14조제1항에 따른 입주자대표회의를 구성한 후 해당 선거관리
위원회의 위원 전원이 자진사퇴하는 등의 사유로 선거관리위원회가 구성되어
있지 않다면 같은 법 제14조제6항에 따른 입주자대표회의의 임원을 선출하기
위해 반드시 선거관리위원회를 구성해야 하는지?

주장 가능한 의견

가. 선거관리위원회를 반드시 구성하여야 함

○ 「공동주택관리법」 제15조제1항에서는 "입주자대표회의의 임원을 선출하
기 위하여" 선거관리위원회를 구성하도록 하고 있는바, 문언상 입주자대
표회의 임원의 선출과정에서 선거관리위원회가 일정한 기능을 수행하도
록 하고 있음.
○ 또한 입주자대표회의는 공동주택 입주자등의 이해관계와 직접 관련이 있
는 사항에 대한 의결 기능을 수행하는바, 선거관리위원회가 구성되지 않

은 상황에서는 그 선출의 과정이 공정하게 이루어졌는지를 담보할 수 없고, 공정성이 담보되지 않은 방식으로 선출된 입주자대표회의 의결도 정당성을 확보하기 어려우므로 입주자대표회의 임원 선거과정에서 선거관리위원회가 반드시 구성되어야 할 것임.

나. 관리규약에서 정한 바에 따라 선거관리위원회의 구성 여부가 결정됨

○ 「공동주택관리법」 제15조제1항은 "동별 대표자나 입주자대표회의의 임원을 선출하거나 해임하기 위하여 선거관리위원회를 구성한다"고 하여 일반적으로 선거관리위원회를 구성하는 사유를 나열하고 있을 뿐 반드시 선거관리위원회를 구성하여야 한다는 의무를 부여하는 것은 아니며,

- 같은 법 제15조제3항에서 선거관리위원회의 구성 및 운영에 필요한 사항을 대통령령에 위임하고 있고, 같은 법 시행령 제15조제5항에서는 다시 선거관리위원회의 구성·업무 등을 관리규약으로 정하도록 하고 있으므로 선거관리위원회의 구성 여부 및 구체적인 업무범위 등은 입주자 등의 필요에 따라 해당 공동주택의 관리규약에 따라 정해지는 것임.

○ 또한 「공동주택관리법」 제16조에서는 선거관리위원회의 위원장이 동별 대표자 후보자에 대하여 결격사유 해당 여부를 확인하도록 하고 있는바 동별 대표자의 선출 과정에 선거관리위원회가 구성되어야 함은 명백하나,

- 동별 대표자 선거에서와 달리 입주자대표회의의 임원 선거와 관련해서는 「공동주택관리법」 또는 같은 법 시행령에 선거관리위원회의 구체적 역할을 별도로 규정하고 있지 않은 점 등을 고려하였을 때에도 선거관리위원회가 반드시 구성되어야 한다고 보기는 어려움.

가. 결론

이 사안의 경우 입주자대표회의의 임원을 선출할 때 반드시 선거관리위원회를 구성해야 합니다.

나. 이유

먼저 법령에 사용된 문언 자체가 비교적 명확한 개념으로 구성되어 있다면 다른 해석방법은 제한될 수밖에 없는데,[49] 「공동주택관리법」 제15조제1항에서는 "동별 대표자나 입주자대표회의의 임원을 선출하거나 해임하기 위하여 선거관리위원회를 구성한다"고 규정하고 있으므로 문언상 입주자대표회의 임원을 선출하기 위하여 선거관리위원회를 구성해야 함이 명백합니다.

또한 입주자대표회의는 「공동주택관리법」 제14조제9항 및 그 위임에 따른 같은 법 시행령 제14조제2항에 따라 공동주택 주민의 이해관계에 직접적인 영향을 주는 의결 기능을 수행하는데, 선거관리위원회가 구성되지 않은 상황에서 입주자대표회의 임원이 선출된 경우 그 선출 과정이 공정하게 이루어졌는지를 담보할 수 없게 되어 입주자대표회의의 의결도 정당성을 확보하기 어려우므로 입주자대표회의의 임원을 선출하는 경우 선거관리위원회가 구성되어 선출 과정이 공정하게 이루어지는지 여부를 확인할 필요가 있다는 점도 이 사안을 해석할 때 고려해야 합니다.

---

49 대법원 2009. 4. 23. 선고 2006다81035 판결례 참조.

한편 「공동주택관리법」 제15조제3항 및 그 위임에 따른 같은 법 시행령 제15조제5항에 따르면 선거관리위원회의 구성 등에 관한 사항을 관리규약으로 정하도록 하고 있으므로 입주자대표회의 임원을 선출하기 위해 반드시 선거관리위원회를 구성해야 하는 것은 아니고 선거관리위원회의 구성 여부는 해당 공동주택의 관리규약에 따라 정해진다는 의견이 있습니다.

그러나 「공동주택관리법」 제15조제3항에서는 "구성원의 수 등 선거관리위원회의 구성 및 운영에 필요한 사항"을 대통령령으로 정하도록 규정하고 있고, 그 위임에 따른 같은 법 시행령 제15조에서는 "500세대 이상인 공동주택의 경우 5명 이상 9명 이하" 등으로 선거관리위원회 구성원 수의 범위를 정하면서(제1항), "제1항에도 불구하고 500세대 이상인 공동주택은 관리규약으로 정하는 바에 따라 「선거관리위원회법」에 따른 선거관리위원회 소속 직원을 위원으로 위촉"할 수 있도록(제3항) 하는 등 선거관리위원회의 세부구성에 관하여 관리규약으로 정할 사항을 예시하고 있습니다.

따라서 이러한 규정들을 종합적으로 고려할 때 관리규약으로 정할 수 있는 사항은 선거관리위원회의 구성을 전제로 이미 구성된 선거관리위원회의 세부적인 구성 등에 관한 사항으로 한정되는 것으로 보아야 한다는 점에서 그러한 의견은 타당하지 않습니다.

해설

당초에 관할 구청이 이 사안에서 선거관리위원회를 반드시 구성해야 하는 것은 아니고 관리규약에서 정한 바에 따르면 된다고 판단한 이유는 인천광역시 공동주택 관리규약 준칙 때문이었다. 즉 그 준칙에서는 입주자대표회의 임원을 입주자등의 직접투표로 선출하는 경우 선거관리위원회로 하여금 임원 선출을 공고하도록 하는 내용만 두었고, 그 밖에 선거관리위원회의 역할에 대한 내용을 담고 있지 않았었다. 하지만 준칙대로만 관리규약을 만들었다고 해서 그 관리규약을 근거로 법령 조항의 취지에 어긋나게 제도를 운영해서는 안 되는 것이다.

관련조문

〈공동주택관리법〉

제14조(입주자대표회의의 구성 등) ① 입주자대표회의는 4명 이상으로 구성하되, 동별 세대수에 비례하여 관리규약으로 정한 선거구에 따라 선출된 대표자(이하 "동별 대표자"라 한다)로 구성한다. 이 경우 선거구는 2개동 이상으로 묶거나 통로나 층별로 구획하여 정할 수 있다.

② (생 략)

③ 동별 대표자는 동별 대표자 선출공고에서 정한 각종 서류 제출 마감일(이하 이 조에서 "서류 제출 마감일"이라 한다)을 기준으로 다음 각 호의 요건을 갖춘 입주자(입주자가 법인인 경우에는 그 대표자를 말한다) 중에서 대통령령으로 정하는 바에 따라 선거구 입주자등의 보통·평등·직접·비밀선거를 통하여 선출한다.

1. 해당 공동주택단지 안에서 주민등록을 마친 후 계속하여 대통령령으로 정하는 기간 이상 거주하고 있을 것(최초의 입주자대표회의를 구성하거나 제2항 단서에 따른 입주자대표회의를 구성하기 위하여 동별 대표자를 선출하는 경우는 제외한다)

2. 해당 선거구에 주민등록을 마친 후 거주하고 있을 것

④·⑤ (생 략)

⑥ 입주자대표회의에는 대통령령으로 정하는 바에 따라 회장, 감사 및 이

사를 임원으로 둔다.

⑦·⑧ (생 략)

⑨ 입주자대표회의의 의결사항은 관리규약, 관리비, 시설의 운영에 관한 사항 등으로 하며, 그 구체적인 내용은 대통령령으로 정한다.

제15조(동별 대표자 등의 선거관리) ① 입주자등은 동별 대표자나 입주자대표회의의 임원을 선출하거나 해임하기 위하여 선거관리위원회(이하 "선거관리위원회"라 한다)를 구성한다.

② (생 략)

③ 선거관리위원회의 구성원 수, 위원장의 선출 방법, 의결의 방법 등 선거관리위원회의 구성 및 운영에 필요한 사항은 대통령령으로 정한다.

④ (생 략)

〈공동주택관리법 시행령〉

제14조(입주자대표회의의 의결방법 및 의결사항 등) ① (생 략)

② 법 제14조제9항에 따른 입주자대표회의의 의결사항은 다음 각 호와 같다.

1. 관리규약 개정안의 제안(제안서에는 개정안의 취지, 내용, 제안유효기간 및 제안자 등을 포함한다. 이하 같다)

2. 관리규약에서 위임한 사항과 그 시행에 필요한 규정의 제정·개정 및 폐지

3. 공동주택 관리방법의 제안

4. 제23조제1항부터 제5항까지에 따른 관리비 등의 집행을 위한 사업계획 및 예산의 승인(변경승인을 포함한다)

5. 공용시설물 이용료 부과기준의 결정

6. 제23조제1항부터 제5항까지에 따른 관리비 등의 회계감사 요구 및 회

계감사보고서의 승인

7. 제23조제1항부터 제5항까지에 따른 관리비 등의 결산의 승인

8. 단지 안의 전기·도로·상하수도·주차장·가스설비·냉난방설비 및 승강기 등의 유지·운영 기준

9. 자치관리를 하는 경우 자치관리기구 직원의 임면에 관한 사항

10. 장기수선계획에 따른 공동주택 공용부분의 보수·교체 및 개량

11. 법 제35조제1항에 따른 공동주택 행위허가 또는 신고 행위의 제안

12. 제39조제5항 및 제6항에 따른 공동주택 공용부분의 담보책임 종료 확인

13. 주민공동시설(어린이집은 제외한다. 이하 제19조, 제23조, 제25조, 제29조 및 제29조의2에서 같다) 위탁 운영의 제안

13의2. 제29조의2에 따른 인근 공동주택단지 입주자등의 주민공동시설 이용에 대한 허용 제안

14. 장기수선계획 및 안전관리계획의 수립 또는 조정(비용지출을 수반하는 경우로 한정한다)

15. 입주자등 상호간에 이해가 상반되는 사항의 조정

16. 공동체 생활의 활성화 및 질서유지에 관한 사항

17. 그 밖에 공동주택의 관리와 관련하여 관리규약으로 정하는 사항

③ ~ ⑤ (생 략)

제15조(선거관리위원회 구성원 수 등) ① 법 제15조제1항에 따른 선거관리위원회(이하 "선거관리위원회"라 한다)는 입주자등(서면으로 위임된 대리권이 없는 공동주택 소유자의 배우자 및 직계존비속이 그 소유자를 대리하는 경우를 포함한다) 중에서 위원장을 포함하여 다음 각 호의 구분에 따른 위원으로 구성한다.

1. 500세대 이상인 공동주택: 5명 이상 9명 이하

2. 500세대 미만인 공동주택: 3명 이상 9명 이하

② (생 략)

③ 제1항에도 불구하고 500세대 이상인 공동주택은 「선거관리위원회법」 제2조에 따른 선거관리위원회 소속 직원 1명을 관리규약으로 정하는 바에 따라 위원으로 위촉할 수 있다.

④ (생 략)

⑤ 선거관리위원회의 구성 · 운영 · 업무(법 제14조제4항 각 호에 따른 동별 대표자 결격사유의 확인을 포함한다) · 경비, 위원의 선임 · 해임 및 임기 등에 관한 사항은 관리규약으로 정한다.

500세대 이상인 공동주택의 경우 제2기 이후의 입주자대표회의 구성 시 새로운 동별 대표자가 3명만 선출된 경우에도 회장과 감사를 선출할 수 있는지 (법제처 2015. 3. 27. 회신 15-0066 해석례)

예시 상황

甲 아파트단지는 500세대 이상인 공동주택이다. 甲 아파트단지의 동별 대표자 전원의 임기가 만료되어 새로 동별 대표자 선거를 하였으나, 3명밖에 선출되지 못하였다. 주택법령상 500세대 이상인 공동주택은 입주자등의 직접 선거를 통해 동별 대표자 중에서 입주자대표회의 임원을 선출할 수 있도록 규정되어 있으므로 甲 아파트단지는 이 규정에 근거하여 입주자대표회의 임원 선거를 실시하려고 한다. 하지만 이에 대하여 주택법령은 입주자대표회의를 4명 이상으로 구성하도록 하고 있는데, 현재 3명밖에 없어 입주자대표회의의 구성요건을 충족하지 못하고 있으므로 입주자대표회의 선거를 할 수 없다는 주장이 제기되고 있다. 500세대 이상인 아파트단지에서 2기 이후의 입주자대표회의를 구성하려고 할 때 동별 대표자가 3명만 선출된 경우에도 임원을 선출할 수 있을까?

질의 배경

500세대 이상인 공동주택에서 동별 대표자 전원의 임기가 만료되어 새로 동별 대표자 선거를 실시하였으나 3명밖에 선출되지 않은 경우, 「주택법 시행령」 제50조제6항에 따라 회장과 감사를 선출할 수 있는지에 대하여 민원인과 국토교통부의 의견이 대립하여 민원인이 법제처에 법령해석을 요청함.

500세대 이상인 공동주택에서 동별 대표자의 임기가 전원 만료된 후, 「주택법」 제44조제2항의 공동주택관리규약에 따라 새로 선출한 동별 대표자가 3명인 경우, 같은 법 시행령 제50조제6항에 따라 새로 선출된 동별 대표자 중에서 전체 입주자 또는 사용자의 보통 · 평등 · 직접 · 비밀선거를 통하여 회장과 감사를 선출할 수 있는지?

주장 가능한 의견

가. 회장과 감사를 선출할 수 있음

500세대 이상의 공동주택의 경우 입주자대표회의 구성원 과반수가 선출되지 아니하였더라도 전체 입주자등의 보통 · 평등 · 직접 · 비밀선거를 통하여 회장과 감사를 선출할 수 있음.

나. 회장과 감사를 선출할 수 없음

500세대 이상의 공동주택이더라도 「주택법 시행령」 제50조제1항에 따른 입주자대표회의 구성요건을 충족하지 못한 동대표만으로는 회장과 감사 선거를 할 수 없음.

최종 해석 내용

가. 결론

500세대 이상인 공동주택에서 동별 대표자의 임기가 전원 만료된 후, 「주택법」 제44조제2항의 공동주택관리규약에 따라 새로 선출한 동별 대표자가 3명인 경우, 같은 법 시행령 제50조제6항에 따라 새로 선출된 동별 대표자 중에서 전체 입주자 또는 사용자의 보통·평등·직접·비밀선거를 통하여 회장과 감사를 선출할 수 있습니다.

나. 이유

먼저, 「주택법 시행령」 제50조제6항의 문언을 보면, 같은 항은 같은 조 제5항에 대한 예외규정으로, 입주자대표회의에서 회장과 감사를 선출하는 500세대 미만의 공동주택과는 달리, 500세대 이상의 공동주택의 경우에는 입주자대표회의와는 별도로 회장과 감사를 전체 입주자등의 보통·평등·직접·비밀선거를 통하여 선출하도록 하면서 각 호에서 그 선출 방법을 규정하고 있습니다. 또한, 같은 조를 비롯한 현행 법령 어디에도 기존의 동별 대표자의 임기가 만료되어 새로 동별 대표자를 선출하는 경우 회장과 감사의 선출에 관하여는 동별 대표자 수에 대하여 별다른 제한 요건을 두고 있지 않습니다.

다음으로, 「주택법 시행령」 제50조제6항의 입법 취지는 세대 규모에 따라 회장과 감사 선출 방법을 달리 정함으로써 입주자대표회의 선출 시 입후보 기피, 투표율 저하 등 현장 실상을 합리적으로 반영하기 위한 것으로(대통령령 제22254호 주택법 시행령 일부개정령 개정이유 및 주요내용 참조), 이러한 취지에 따라 500세대 이상인 공동주택의 경우 입주자대표회의나 그 정족수에 구애받지 않고 전체 입주자등의 보통·평등·직접·비밀선거를 통하여 다득표자를 회장과 감사로 선출할 수 있도록 한 것입니다.

한편, 「주택법 시행령」 제50조제1항에 비추어 보아 동별 대표자가 3명만 선출된 경우에는 입주자대표회의가 구성되지 않은 것이므로 회장과 감사를 선출할 수 없다는 의견이 있을 수 있습니다. 그러나 입주자대표회의가 일단 적법하게 구성된 이후에 후임 동별 대표자를 선출하는 것은 법인 아닌 사단으로서의 입주자대표회의가 동일성을 잃지 않은 채 그대로 존속하면서 단순히 그 구성원을 변경하는 것에 지나지 아니하다는 점(대법원 2007. 6. 15. 선고, 2007다6307 판결례 참조)을 고려할 때, 후임 동별 대표자가 3명만 선출되었다 하더라도 최초에 적법하게 입주자대표회의가 구성된 이상, 그 입주자대표회의는 그대로 유지되면서 동별 대표자가 선출되고 있는 과정에 있다고 할 것인바, 이러한 경우를 입주자대표회의가 전혀 구성되지 않은 것으로 볼 수는 없으므로 그러한 의견은 타당하지 않습니다.

해설

우선 이 사례는 500세대 이상의 공동주택 단지의 경우에만 적용되는 해석이라는 점을 유의해야 할 것이다. 입주자대표회의에서 임원 선출을 하는 것이 아니고 입주자들의 직접 투표로 임원을 선출한다는 점이 이 결론을 도출하는 데에서 고려되었다고 본다. 입주자대표회의는 운영과정에서 구성원들이 해임이나 임기만료 등으로 결원이 수시로 생길 수 있고 그 결원은 소요시간의 장단이 문제 될 뿐 충원이 될 것이다. 따라서 일시적으로 구성원의 수가 3인이라고 하더라도 입주자대표회의가 전혀 그 기능을 수행할 수 없다고 보는 것은 입주자들의 이익을 해치는 결과가 초래되어 타당하지 않다고 보아야 한다. 이와 관련하여 대법원 2007다6307 판결에서도 입주자대표회의가 적법하게 구성된 후에 그 후임 동별 대표자를 선출하는 것은 입주자대표회의의 동일성을 잃지 않은 채 그대로 존속하면서 단순히 그 구성원을 변경하는 것에 지나지 않는다고 보았다.

참고로 14-0457 유권해석도 500세대 이상의 공동주택 단지를 대상으로 한 것이었는데 쟁점은 입주자대표회의 구성원 과반수가 선출되어야만 회장과 감사를 선출할 수 있는지 여부였고, 결론은 과반수가 선출되지 않았더라도 회장과 감사를 선출할 수 있다고 보았다.

관련조문

〈주택법 시행령〉

제50조(입주자대표회의의 구성 등) ① 법 제43조제8항제2호에 따라 입주자대표회의는 4명 이상으로 구성하되, 동별 세대수에 비례하여 법 제44조제2항에 따른 공동주택관리규약(이하 "관리규약"이라 한다)으로 정한 선거구에 따라 선출된 대표자(이하 "동별 대표자"라 한다)로 구성한다.

② ~ ④ (생 략)

⑤ 입주자대표회의에서는 동별 대표자 중에서 다음 각 호의 임원을 그 구성원(관리규약으로 정한 정원을 말하며, 해당 입주자대표회의 구성원의 3분의 2 이상이 선출된 때에는 그 선출된 인원을 말한다. 이하 같다) 과반수의 찬성으로 선출하여야 한다.

1. 회장 1명

2. 감사 1명 이상

3. 이사 2명 이상

⑥ 제5항에도 불구하고 500세대 이상인 공동주택은 다음 각 호의 구분에 따라 전체 입주자등의 보통 · 평등 · 직접 · 비밀선거를 통하여 동별 대표자 중에서 회장과 감사를 선출한다. 다만, 후보자가 없거나 선거 후 선출된 사람이 없을 때에는 관리규약으로 정하는 바에 따라 제5항에 따른 방법으로 회장과 감사를 선출할 수 있다.

1. 후보자가 2명 이상인 경우: 다득표자를 선출

2. 후보자가 1명인 경우: 전체 입주자등의 10분의 1 이상이 투표하고 그 투표한 입주자등의 과반수 찬성으로 선출

⑦ ~ ⑨ (생 략)

4	입주자대표회의 임원 선출을 위해서는 관리규약으로 정한 입주자대표회의 정원의 3분의 2 이상의 동별 대표자가 선출되어야 하는지 (법제처 2011. 10. 13. 회신 11-0495 해석례)

예시 상황

甲 아파트단지의 입주자대표회의 정원은 관리규약상 9명인데 정원의 2/3에 미치지 못하는 5명의 동별 대표자만 선출되었다. 주택법령상 甲 아파트단지의 경우 입주자대표회의 구성원 과반수의 찬성으로 입주자대표회의 임원을 선출할 수 있는데, 5명 전원이 찬성을 하면 과반수를 확보할 수 있으므로 甲 아파트단지는 입주자대표회의 임원을 선출하려고 한다. 그런데, 이에 대하여 관리규약으로 정한 정원의 2/3 이상, 즉 6명 이상이 선출되어야만 입주자대표회의 임원을 선출할 수 있다는 주장이 제기되고 있다. 어느 쪽 주장이 옳은 것일까?

질의 배경

○ 민원인은 입주자대표회의 구성원(관리규약으로 정한 정원)의 3분의 2 미만의 동별 대표자만이 선출되었음에도 그 입주자대표회의가 의결권을 행사하여 임원을 선출하는 것이 타당한지 여부에 관하여 국토해양부에 질의하였음.

○ 이에 국토해양부에서 관리규약으로 정한 정원의 3분의 2 이상의 동별 대표자가 선출되지 않았더라도 입주자대표회의의 임원을 선출할 수 있다고 회신하자, 이에 이견을 제시하며 법제처에 법령해석을 요청한 사안임.

입주자대표회의에서 회장, 감사 등의 임원을 선출하기 위해서는, 공동주택관리규약으로 정한 입주자대표회의 정원의 3분의 2 이상의 동별 대표자가 선출되어야 하는지?

주장 가능한 의견

가. 3분의 2 이상의 동별 대표자가 선출될 필요 없음

○「주택법 시행령」제50조제5항에 따라 입주자대표회의에서 동별 대표자 중 임원(회장 1명, 감사 1명 이상, 이사 2명 이상)을 그 구성원(관리규약으로 정한 정원을 말하며, 해당 입주자대표회의의 구성원의 3분의 2 이상이 선출된 때에는 그 선출된 인원을 말한다) 과반수의 찬성으로 선출하도록 한 규정은 해당 공동주택의 관리규약으로 정한 동별 대표자 정원의 3분의 2 이상이 선출되어야 입주자대표회의가 구성된 것으로 보는 것이 아님.

○ 예를 들어 관리규약으로 정한 정원 중 3분의 2에 해당하는 6명이 선출된 경우에는 선출된 6명의 과반수인 4명의 찬성으로 임원을 선출할 수 있고, 위 정원 9명 중 5명이 선출된 경우에는 그 정원인 9명의 과반수인 5명 전원이 찬성한다면 그로써 임원을 선출할 수 있음.

나. 3분의 2 이상의 동별 대표자가 선출되어야 함

○「주택법 시행령」제50조제5항에 따라 해당 공동주택의 관리규약으로 정

한 정원의 3분의 2 이상이 선출되어야 하고, 그 선출된 구성원의 과반수 찬성으로 임원을 선출해야 함.

○ 「주택법 시행령」 제50조제1항에 따르면 입주자대표회의는 4명 이상으로 구성하는바, 정원 9명 중 4명이 선출되었을 경우, 같은 규정에 따라 4명만으로 입주자대표회의를 구성할 수는 있으나, 같은 조 제5항에 따른 임원의 선출은 정원 9명의 과반수인 5명의 찬성이 있어야 하는데, 4명뿐인 경우 임원을 선출하지 못하는 상황에 놓이게 됨.

최종 해석 내용

가. 결론

입주자대표회의에서 회장, 감사 등의 임원을 선출하기 위해서는, 반드시 관리규약으로 정한 입주자대표회의 정원의 3분의 2 이상의 동별 대표자가 선출될 필요는 없다고 할 것입니다.

나. 이유

「주택법」 제43조제1항 및 제3항에 따르면, 공동주택을 건설한 사업주체는 입주예정자의 과반수가 입주할 때까지 그 공동주택을 직접 관리하되, 입주예정자의 과반수가 입주하였을 때에는 입주자에게 그 사실을 알리고 그 공동주택을 관리할 것을 요구하여야 하고, 입주자는 그 요구를 받은 날부터 3개월 이내에 입주자대표회의를 구성하여야 하는데, 같은 조 제7항에서는 그 입주자대표회의의 구성 등에 관하여 필요한 사항은 대통령령으로 정하도록 규정하고 있습니다.

이에 따라「주택법 시행령」제50조제1항에서는 입주자대표회의는 4명 이상으로 구성하되, 동별 세대수에 비례하여 법 제44조제2항에 따른 공동주택관리규약(이하 "관리규약"이라 함)으로 정한 선거구에 따라 선출된 대표자(이하 "동별 대표자"라 함)로 구성한다고 규정하고 있고, 같은 조 제5항에 따르면, 입주자대표회의에서는 동별 대표자 중에서 회장 1명, 감사 1명 이상, 이사 2명 이상의 임원을 그 구성원(관리규약으로 정한 정원을 말하며, 해당 입주자대표회의 구성원의 3분의 2 이상이 선출된 때에는 그 선출된 인원을 말한다) 과반수의 찬성으로 선출되어야 한다고 규정하고 있습니다.

위 규정을 종합해 보면, 입주자대표회의는 공동주택 입주예정자의 과반수가 입주한 후 비로소 구성되고, 4명 이상의 동별 대표자로 구성되는데, 그 정원은 관리규약으로 정하며, 입주자대표회의의 임원을 선출함에 있어서는, 원칙적으로 관리규약으로 정한 입주자대표회의 구성원 정원의 과반수 찬성으로 선출하되, 다만 입주자대표회의의 구성원인 동별 대표자로 선출된 인원이 관리규약에서 정한 구성원 정원의 3분의 2 이상인 경우에는 예외적으로 그 선출된 인원의 과반수 찬성으로 임원을 선출할 수 있는바, 이는 구성원 정원의 3분의 2 이상이 선출되지 않은 경우에는 구성원 정원의 과반수의 찬성이 있어야 되지만, 구성원 정원의 3분의 2 이상이 선출된 경우에는 공동주택 입주자 전체의 의사를 충분히 반영할 수 있음을 근거로 정원의 과반수가 아닌 선출된 인원의 과반수로 임원 선출이 가능하다는 취지를 반영한 것이라고 볼 수 있습니다.

그렇다면, 위 규정을 해석함에 있어서 원칙적으로 입주자대표회의가 구성원 정원 중 몇 명으로 구성되어 있는지를 불문하고, 구성원 정원의 과반수의 찬성만 있으면 입주자대표회의의 임원을 선출하는 것이 가능하다고 보아야 하며(현실적으로 구성원 정원의 과반수의 찬성을 얻으려면, 구성원은 과반수가 선출된 상태에서 임원을 선출해야 할 것입니다), 이 경우 그 구성원이 정원 중 얼

마가 선출된 상태에서 선출행위를 하는지는 문제 되지 아니하고, 다만 구성원 정원의 3분의 2 이상이 선출된 상태에서 임원을 선출하는 경우에는 예외적으로 정원의 과반수 찬성이 아닌 선출된 인원의 과반수만 찬성하면 임원을 선출할 수 있는 것으로 봄이 타당하다고 할 것입니다.

해설

구체적인 사례를 들어보기로 한다. 예를 들어 관리규약상 입주자대표회의 정원이 10명인 단지에 10명이 다 충원되어 있다면 과반수인 6명이 찬성해야 임원을 선출할 수 있다는 것에는 의문의 여지가 없다. 다음으로, 동대표 7명만 선출되어 있다고 가정하자. 7명은 정원 10명의 3분의 2가 넘는 숫자이기 때문에 이 유권해석 대상 법령조문의 적용을 받을 수 있다. 즉 7명의 과반수인 4명이 찬성한다면 임원을 선출할 수 있게 된다. 만일 6명만 선출되어 있다면 어찌 될 것인가? 본 유권해석과 의견을 달리하는 입장에서는 이 경우 3분의 2가 선출되어 있지 않기 때문에 아예 임원 선출을 할 수 없다고 주장한다. 그러나 본 유권해석의 최종 결론에 따르면 이 주장은 타당하지 않다는 것이고, 이 경우 관리규약 정원의 과반수라는 원칙으로 돌아가서 정원 10명의 과반인 6명의 찬성 (즉, 이 사례의 경우에는 선출된 6명 전원의 찬성)으로 임원 선출이 가능하게 된다.

이 사안은 구 주택법령 조항을 대상으로 한 것인데 그 후 공동주택관리법령의 제정으로 관련조항이 이관되면서 내용의 변경이 있다. 그렇지만 입주자대표회의 과반수의 찬성으로 선출해야 하는 경우가 여전히 존재하기 때문에 이 유권해석은 현재도 유효하다.

〈주택법〉

제43조(관리주체 등) ① 대통령령으로 정하는 공동주택(「건축법」 제11조에 따른 건축허가를 받아 주택 외의 시설과 주택을 동일 건축물로 건축하는 경우와 부대시설 및 복리시설을 포함하되, 복리시설 중 일반인에게 분양되는 시설은 제외한다. 이하 같다)을 건설한 사업주체는 입주예정자의 과반수가 입주할 때까지 그 공동주택을 직접 관리하여야 하며, 입주예정자의 과반수가 입주하였을 때에는 입주자에게 그 사실을 알리고 그 공동주택을 제2항에 따라 관리할 것을 요구하여야 한다.

② 입주자는 제1항에 해당하는 공동주택을 제4항에 따라 자치관리하거나 제53조에 따른 주택관리업자에게 위탁하여 관리하여야 한다.

③ 입주자는 제1항에 따른 요구를 받았을 때에는 그 요구를 받은 날부터 3개월 이내에 입주자대표회의를 구성하고, 그 공동주택의 관리방법을 결정(주택관리업자에게 위탁하여 관리하는 방법을 선택한 경우에는 그 주택관리업자의 선정을 포함한다)하여 이를 사업주체에게 통지하고, 관할 시장·군수·구청장에게 신고하여야 한다.

④ 입주자대표회의가 공동주택을 자치관리하려는 경우에는 제1항에 따른 요구가 있었던 날부터 6개월 이내에 공동주택의 관리사무소장을 자치관리기구의 대표자로 선임하고, 대통령령으로 정하는 기술인력 및 장비를 갖춘 자치관리기구를 구성하여야 한다. 다만, 제53조에 따른 주택관리업자에게 위탁관리하다가 자치관리로 관리방법을 변경할 경우에는 그 위탁관리의 종료일까지 자치관리기구를 구성하여야 한다.

⑤·⑥ (생 략)

⑦ 다음 각 호에 해당하는 사항 등에 필요한 사항은 대통령령으로 정한다.

1. 제1항에 따른 통지·요구의 방법 및 절차

2. 제3항에 따른 입주자대표회의의 구성·운영 및 의결사항

3. 관리주체의 업무

4. 관리방법의 변경

5. 공동주택관리기구(제4항에 따른 자치관리기구를 포함한다)의 구성·기
   능·운영

⑧·⑨ (생 략)

〈주택법 시행령〉

제50조(입주자대표회의의 구성 등) ① 법 제43조제7항제2호에 따라 입주
자대표회의는 4명 이상으로 구성하되, 동별 세대수에 비례하여 법 제44
조제2항에 따른 공동주택관리규약(이하 "관리규약"이라 한다)으로 정한
선거구에 따라 선출된 대표자(이하 "동별 대표자"라 한다)로 구성한다.
이 경우 선거구는 2개동 이상으로 묶거나 통로나 층별로 구획하여 정할
수 있다.

② ~ ④ (생 략)

⑤ 입주자대표회의에서는 동별 대표자 중에서 다음 각 호의 임원을 그 구
성원(관리규약으로 정한 정원을 말하며, 해당 입주자대표회의 구성원의 3
분의 2 이상이 선출된 때에는 그 선출된 인원을 말한다. 이하 같다) 과반수
의 찬성으로 선출하여야 한다.

1. 회장 1명

2. 감사 1명 이상

3. 이사 2명 이상

⑥ ~ ⑧ (생 략)

500세대 미만인 공동주택의 입주자대표회의 회장 선출 시 후보자별 득표수가 동일하면서 각 득표수가 구성원 과반수 찬성에 이르지 못한 경우 추첨 방식으로 선출할 수 있는지

(법제처 2021. 6. 4. 회신 21-0206 해석례)

예시 상황

甲 아파트단지는 500세대 미만인 공동주택이다. 주택법령은 500세대 미만인 공동주택의 입주자대표회의 회장 선출 시 입주자대표회의 구성원 과반수 찬성으로 선출하도록 규정하면서 이 경우 후보자별 득표수가 같을 때에는 추첨으로 선출할 수 있도록 규정하고 있다. 甲 아파트단지는 입주자대표회의 회장을 선출하려고 하는데 A와 B 2명이 입후보하였다. 甲 아파트단지의 입주자대표회의 구성원은 총 7명인데, 1명이 불참을 해서 6명이 투표를 했고, A와 B가 각각 3표씩 같은 수를 득표했다. 甲 아파트단지는 A와 B가 같은 수를 득표했으므로 주택법령에 따라 추첨을 실시했고, 그 결과 A가 회장으로 선출되었다. 그런데 B는 주택법령상 추첨을 통해 선출할 수 있는 경우는 각 후보가 과반수 찬성을 얻은 상황에서 득표수가 같은 경우로 한정되므로 A와 B가 모두 과반수에 미치지 못한 지금과 같은 경우에는 추첨을 통해 회장을 선출할 수 없다고 주장하고 있다. B의 주장은 타당한 것일까?

질의 배경

○ 민원인은 입주자대표회의 회장 후보자로 선거에 출마하였는데, 전체 후보

자 수가 민원인을 포함 2인이었음. 그런데 각 후보자가 동일하게 3표씩 득표하자 추첨을 하였고 그 결과 민원인 본인이 아닌 다른 후보자가 회장으로 선출되었음.

○ 이에 민원인은 이와 같은 추첨 방식의 위법 여부에 대해 국토교통부에 질의하였고, 국토교통부에서 문제가 없다고 회신하자 이에 이의가 있어 법령해석을 요청함.

질의 요지

500세대 미만인 공동주택에서 입주자대표회의 회장을 선출할 때 후보자별 득표수가 같으나 각 득표수가 입주자대표회의 구성원의 과반수 찬성에 이르지 못한 경우, 추첨으로 회장을 선출하는 것이 「공동주택관리법 시행령」 제12조제2항제2호가목1)에 위반되는지?[50]

주장 가능한 의견

가. 이 사안의 경우 추첨 방식은 법령에 위반되지 않음

○ 1명을 선출하는 회장 선거의 경우에는 과반수 찬성과 같은 수 득표의 요건이 동시에 성립될 수 없다는 점에서, 해당 조 제2항제2호가목1) 후단에서의 "이 경우"는 "구성원 과반수 찬성으로 선출"된 경우가 아니라 선출과정 자체를 의미한다고 보아야 할 것임.

---

50 「공동주택관리법 시행령」 제12조제2항제2호가목2)에 따라 관리규약에서 선출 방법을 달리 정하지 않은 경우를 전제함.

○ 따라서 같은 목 1) 후단에 따른 추첨의 방식은 같은 목 1) 전단에 따라 과반수의 찬성이 있었는지 여부를 전제하지 않고, 단지 후보자별 득표수가 같은 경우가 발생했을 때 임원을 선출하는 방식을 추가적으로 규정한 것으로 보아야 함.

나. 이 사안의 경우 추첨방식은 법령에 위반됨

○ 「공동주택관리법 시행령」 제12조제2항제2호가목1) 후단의 "이 경우"는 전단의 규정에 따라 과반수의 득표를 한 경우를 전제하는 의미로 보아야 하는바, 이는 과반수 득표와 동수 득표가 동시에 가능한 경우에만 적용할 수 있는 규정으로 보아야 함.
○ 또한 입주자대표회의는 의결 기능을 수행하는 자치 기구인 점에 비추어 볼 때, 회장 선출에 관한 동 규정의 취지는 공동주택 입주자등의 이해관계에 직접적인 영향을 주는 입주자대표회의가 안정적으로 운영될 수 있도록 하기 위한 것으로 보아야 하므로, 해당 1) 후단을 해석할 때에도 이러한 취지를 고려할 필요가 있음.

최종 해석 내용

가. 결론

이 사안의 경우 추첨으로 회장을 선출하는 것은 「공동주택관리법 시행령」 제12조제2항제2호가목1)에 위반되지 않습니다.

나. 이유

「공동주택관리법 시행령」 제12조제2항제2호가목1) 전단에서는 500세대 미만인 공동주택의 경우 입주자대표회의 회장 및 감사는 입주자대표회의 구성원 과반수의 찬성으로 선출한다고 규정하면서, 같은 목 1) 후단에서는 "이 경우" 후보자별 득표수가 같은 경우에는 추첨으로 선출한다고 규정하고 있는바, 이 사안과 같이 입주자대표회의 회장 선출 시 과반수 득표자는 없고 후보자별 득표수가 같은 상황에서 추첨의 방식을 적용하려는 경우, 같은 목 1) 후단의 "이 경우"가 같은 목 1) 전단 중 "과반수 찬성으로 선출"된 경우를 전제로 하는 것인지를 판단할 필요가 있습니다.

그런데 관리규약에서 입주자대표회의의 선출 방식에 대해 달리 정한 바가 없다면 1명의 임원 선출을 위해 입주자대표회의 구성원 1명당 1표를 행사하는 것이 일반적이고, 그렇다면 「공동주택관리법 시행령」 제12조제1항제1호에 따라 1명을 선출하는 회장 선거의 경우에는 과반수 찬성과 같은 수 득표의 요건이 동시에 성립될 수 없다는 점에서, 같은 조 제2항제2호가목1) 후단에서의 "이 경우"는 "구성원 과반수 찬성으로 선출"된 경우가 아니라 선출 과정 자체를 의미한다고 보아야 할 것인바, 같은 목 1) 후단에 따른 추첨의 방식은 같은 목 1) 전단에 따라 과반수의 찬성이 있었는지 여부를 전제하지 않고, 단지 후보자별 득표수가 같은 경우가 발생하였을 때 임원을 선출하는 방식을 추가적으로 규정한 것으로 보아야 합니다.

또한 「공동주택관리법 시행령」 제12조제2항제2호가목1) 후단은 같은 영이 2021년 1월 5일 대통령령 제31366호로 일부개정되면서 신설된 것으로, 추첨의 방식을 도입함으로써 입주자대표회의의 구성이 지연되는 것을 방지하여[51] 공동주택의 관리에 관한 주요 결정이 신속하게 이루어지도록 하려는 취지인데, 만약 "과반수 찬성" 및 "같은 수 득표" 요건을 모두 갖춘 경우만 추첨의 방식으로 입주자대표회의 임원을 선출할 수 있다고 본다면, 입주자대표회의 구성원 과반수의 찬성을 얻은 사람이 없는 경우 추첨 방식을 활용할 수가 없어 선출 과정을 반복하는 등 입주자대표회의 구성이 장기간 지연되는 경우도 발생할 수 있는바, 이러한 해석은 위와 같은 개정 취지에 부합하지 않습니다.

따라서 500세대 미만인 공동주택에서 입주자대표회의 회장을 선출할 때 후보자별 득표수가 같으나 각 득표수가 입주자대표회의 구성원의 과반수 찬성에 이르지 못한 경우에 추첨으로 회장을 선출하는 것은 「공동주택관리법 시행령」 제12조제2항제2호가목1)에 위반되지 않습니다.

해설

이 사안의 쟁점은 비교적 단순하다. 해당 법령의 문언을 보면 회장 및 감사의 선출방법에 대해 "입주자대표회의 구성원 과반수의 찬성으로 선출. 이 경우 후보자별 득표수가 같은 경우에는 추첨으로 선출한다"라고 규정되어 있는데, 이 때 과반수의 찬성이라는 요건과 후보자별 득표수가 같아야 한다는 요건이 동시에 충족되어야만 추첨방식을 활용할 수 있느냐는 것이다.

그런데, 동시에 충족되어야 한다는 주장에 따르면 이 조항을 적용하여 추첨 방식으로 회장이나 감사를 선출할 수 있는 경우라는 것이 존재하기가 무척 어렵다. 굳이 사례를 구성해 보자면, 2명 이상의 감사 선출을 위하여 입주자대표회의 구성원 1인이 2 이상의 투표권을 갖는 경우, 즉 입주자대표회의 5인의 구

---

51 2021년 1월 5일 대통령령 제31366호로 일부개정된 「공동주택관리법 시행령」 개정이유 및 주요내용 참조.

성원이 각 2표씩 행사하여 A, B, C 3인의 후보자 중 2인의 감사를 선출하는 경우에 각 후보자가 각각 3, 3, 4표씩을 얻은 경우, 4표를 획득한 C 외에 1명은 과반수 및 동수 득표를 한 A와 B 중 추첨으로 선출하는 경우를 들 수 있겠다. 그렇지만 이 가상사례도 감사 2인을 뽑는 경우를 든 데서 알 수 있듯이 회장 1인을 선출하는 경우 과반수 찬성이면서 동시에 득표수도 동일한 경우라는 것이 있을 수 없다는 점에서 본 유권해석에서 설시하고 있는 바와 같이 추첨 방식은 과반수 찬성 여부와는 무관하게 득표수가 같은 경우에 적용될 수 있다고 보아야 한다. 다행스럽게 본 유권해석이 있은 후 법제처의 의견에 따라 「공동주택 관리법 시행령」의 해당 부분이 정비되었다. 즉, 2021. 10. 19 공포·시행된 개정내용에 따르면 입주자대표회의 구성원 과반수의 찬성으로 선출할 수 없는 경우로서 최다득표자가 2인 이상인 경우에는 추첨으로 선출할 수 있도록 하여 과반수 찬성을 전제하지 않는다는 점이 명시되었다.

〈공동주택관리법 시행령〉

제12조(입주자대표회의 임원의 선출 등) ① 법 제14조제6항에 따라 입주자
대표회의에는 다음 각 호의 임원을 두어야 한다.

1. 회장 1명

2. 감사 2명 이상

3. 이사 1명 이상

② 법 제14조제9항에 따라 제1항의 임원은 동별 대표자 중에서 다음 각 호
의 구분에 따른 방법으로 선출한다.

1. 500세대 이상인 공동주택의 경우

　가. ~ 다. (생　략)

2. 500세대 미만인 공동주택의 경우

　가. 회장 및 감사: 다음의 구분에 따른 방법으로 선출

　　1) 입주자대표회의 구성원 과반수의 찬성으로 선출. 이 경우 후보자
　　별 득표수가 같은 경우에는 추첨으로 선출한다.

　　2) 1)에도 불구하고 관리규약으로 정하는 경우에는 제1호가목 및 나
　　목의 방법으로 선출

　나. 이사: 입주자대표회의 구성원 과반수의 찬성으로 선출. 이 경우 후보
　자별 득표수가 같은 경우에는 추첨으로 선출한다.

　③ · ④ (생　략)

〈現 공동주택관리법 시행령(대통령령 제32076호)〉

제12조(입주자대표회의 임원의 선출 등) ① (생　략)

　② 법 제14조제9항에 따라 제1항의 임원은 동별 대표자 중에서 다음 각 호

의 구분에 따른 방법으로 선출한다.

1. 회장 선출방법

    가. 입주자등의 보통·평등·직접·비밀선거를 통하여 선출

    나. 후보자가 2명 이상인 경우: 전체 입주자등의 10분의 1 이상이 투표
    하고 후보자 중 최다득표자를 선출

    다. 후보자가 1명인 경우: 전체 입주자등의 10분의 1 이상이 투표하고
    투표자 과반수의 찬성으로 선출

    라. 다음의 경우에는 입주자대표회의 구성원 과반수의 찬성으로 선출하
    며, 입주자대표회의 구성원 과반수 찬성으로 선출할 수 없는 경우로
    서 최다득표자가 2인 이상인 경우에는 추첨으로 선출

       1) 후보자가 없거나 가목부터 다목까지의 규정에 따라 선출된 자가
       없는 경우

       2) 가목부터 다목까지의 규정에도 불구하고 500세대 미만의 공동주
       택 단지에서 관리규약으로 정하는 경우

2. 감사 선출방법

    가. 입주자등의 보통·평등·직접·비밀선거를 통하여 선출

    나. 후보자가 선출필요인원을 초과하는 경우: 전체 입주자등의 10분의
    1 이상이 투표하고 후보자 중 다득표자 순으로 선출

    다. 후보자가 선출필요인원과 같거나 미달하는 경우: 후보자별로 전체 입
    주자등의 10분의 1 이상이 투표하고 투표자 과반수의 찬성으로 선출

    라. 다음의 경우에는 입주자대표회의 구성원 과반수의 찬성으로 선출하
    며, 입주자대표회의 구성원 과반수 찬성으로 선출할 수 없는 경우로
    서 최다득표자가 2인 이상인 경우에는 추첨으로 선출

       1) 후보자가 없거나 가목부터 다목까지의 규정에 따라 선출된 자가

없는 경우(선출된 자가 선출필요인원에 미달하여 추가선출이 필요
한 경우를 포함한다)

　　2) 가목부터 다목까지의 규정에도 불구하고 500세대 미만의 공동주
택 단지에서 관리규약으로 정하는 경우

3. 이사 선출방법: 입주자대표회의 구성원 과반수의 찬성으로 선출하며,
입주자대표회의 구성원 과반수 찬성으로 선출할 수 없는 경우로서 최다
득표자가 2인 이상인 경우에는 추첨으로 선출

③ · ④ (생 략)

제10장
입주자대표회의 의결 절차

<table>
<tr><td>1</td><td>입주자대표회의가 관리규약상 정원인 4명의 동별 대표자로 구성된 후 그 일부가 궐위되어 3명이 된 경우 입주자대표회의 의결 정족수 산정기준은 관리규약상 정원(4명)인지, 현원(3명)인지
(법제처 2017. 9. 13. 회신 17-0352 해석례)</td></tr>
</table>

예시 상황

甲 아파트단지는 250세대인 공동주택이다. 甲 아파트단지는 입주자대표회의를 구성할 당시에는 주택법령 및 관리규약에서 정하고 있는 정원인 4명으로 구성되었는데 이후 1명이 사퇴하면서 현재는 3명으로만 운영되고 있다. 甲 아파트단지는 동별 대표자 A를 입주자대표회의 회장으로 선출하려고 한다. 회장 선출 시에는 입주자대표회의 구성원 과반수의 찬성이 필요한데 3명 중 2명만 A를 입주자대표회의 회장으로 하는 것에 찬성하고 있다. 주택법령상 입주자대표회의는 구성원 과반수의 찬성으로 의결한다고 규정하면서 구성원의 의미를 원칙적으로는 관리규약으로 정한 정원을 의미하지만, 해당 입주자대표회의 구성원의 3분의 2 이상이 선출되었을 때에는 그 선출된 인원을 말한다고 규정하고 있다. 이 규정을 해석함에 있어

甲 아파트단지는 최초에 4명을 선출했기 때문에 4명을 기준으로 의결정족수를 산정해야 하므로 과반수 확보를 위해서는 3명 전원의 찬성이 필요하다는 입장과 현재 선출되어 있는 현원 3명은 구성원의 3분의 2 이상을 선출한 경우에 해당하기 때문에 예외 규정의 적용을 받아 그 3명을 기준으로 의결정족수를 산정해야 하므로 2명의 찬성만 있으면 과반수를 확보할 수 있다는 입장이 대립하고 있다. 의결정족수는 정원을 기준으로 산정해야 할까, 현원을 기준으로 산정해야 할까?

질의 배경

○ 질의자가 거주하는 공동주택에서는 당초 관리규약에 따라 4명으로 입주자대표회의를 구성하였으나, 그 구성원 중 1명이 임기를 시작한 지 5개월 만에 사퇴한 후 동별 대표자를 다시 선출하지 못하여 현재 3명으로 입주자대표회의를 구성하여 운영 중임.

○ 질의자는 이와 같은 경우 입주자대표회의의 의결정족수(입주자대표회의 구성원의 과반수)의 산정 기준에 관하여서 국토교통부에 질의하였고, 국토교통부에서 이 사안의 입주자대표회의의 의결정족수는 「공동주택관리법」 제14조제1항 및 관리규약에서 정하고 있는 정원인 4명의 과반수인 3명이므로, 현재 입주자대표회의를 구성하고 있는 3명 모두가 찬성하여야 의결할 수 있다는 취지로 답변하자, 이에 이의가 있어서 법령해석을 요청함.

○ 질의자는 소규모 공동주택의 경우에는 현실적으로 입주자대표회의를 4명으로 구성하기 어려우므로(이 사안의 공동주택은 250세대임), 입주자대표회의의 원활한 운영을 위해서 현원(3명)의 과반수인 2명을 의결정족

수로 보아야 한다는 입장임.

「공동주택관리법」 제14조제1항 전단에서는 입주자대표회의는 4명 이상으로 구성하되, 동별 세대수에 비례하여 관리규약으로 정한 선거구에 따라 선출된 대표자(이하 "동별 대표자"라 함)로 구성한다고 규정하고 있고, 「공동주택관리법 시행령」 제4조제3항에서는 자치관리기구 관리사무소장은 입주자대표회의가 입주자대표회의 구성원(관리규약으로 정한 정원을 말하며, 해당 입주자대표회의 구성원의 3분의 2 이상이 선출되었을 때에는 그 선출된 인원을 말함. 이하 같음) 과반수의 찬성으로 선임한다고 규정하고 있고, 같은 영 제14조제1항에서는 「공동주택관리법」 제14조제7항에 따라 입주자대표회의는 입주자대표회의 구성원 과반수의 찬성으로 의결한다고 규정하고 있는바,

입주자대표회의가 관리규약에 따라 4명의 동별 대표자로 구성된 후 그 일부가 궐위되어 입주자대표회의 구성원이 3명으로 된 경우, 입주자대표회의의 의결정족수는 관리규약으로 정한 정원(4명)을 기준으로 산정하여야 하는지, 아니면 입주자대표회의 의결 당시 선출된 현원(3명)을 기준으로 산정하여야 하는지?

가. 관리규약으로 정한 정원(4명)을 기준으로 의결정족수를 산정하여야 함

○ 「공동주택관리법」 제14조제1항 전단에서 입주자대표회의의 정원을 관리

규약으로 정하도록 하되, 최소한 4명 이상으로 입주자대표회의를 구성하도록 규정한 것은 공동주택 관리 자치기구인 입주자대표회의를 구성함에 있어서 공동주택 입주자 전체의 의사를 충분히 반영할 수 있도록 하려는 취지임.

○ 하위법령을 해석할 때에는 상위법령의 규정이나 입법 취지에 저촉되지 않도록 해석하여야 한다는 점을 고려할 때,「공동주택관리법 시행령」제4조제3항 괄호에서 관리규약으로 정한 정원의 3분의 2 이상이 선출된 경우 그 "선출된 인원"을 "입주자대표회의 구성원"의 수로 보기 위해서는「공동주택관리법」제14조제1항에 따른 입주자대표회의의 최소 구성원 수인 4명 이상이어야 할 것이므로, 만약 "선출된 인원"이 4명 미만이라면 관리규약에서 정한 정원을 "입주자대표회의 구성원"으로 보아야 함.

나. 의결 당시 선출된 현원(3명)을 기준으로 의결정족수를 산정하여야 함

○ 「공동주택관리법 시행령」제4조제3항 괄호 후단 부분에서는 관리규약으로 정한 정원의 3분의 2 이상이 선출된 경우 그 "선출된 인원"을 "입주자대표회의 구성원"으로 보도록 규정하면서, 그 "선출된 인원"이 몇 명 이상인 경우로 한정한다는 제한을 두고 있지 않고,

- 「공동주택관리법」제14조제1항에 따른 입주자대표회의의 최소 인원 요건과 같은 조 제7항 및 같은 영 제14조제1항에 따른 입주자대표회의의 의결정족수 결정 방법은 서로 별개의 사항을 규정한 것이므로,

- 관리규약으로 정한 정원의 3분의 2 이상이 선출된 경우에는 그 선출된 인원이 4명 이상인지 미만인지 여부와 상관없이 해당 입주자대표회의는 "선출된 인원"의 과반수의 찬성으로 의결할 수 있다고 보아야 함.

최종 해석 내용

가. 결론

입주자대표회의가 관리규약에 따라 4명의 동별 대표자로 구성된 후 그 일부가 궐위되어 입주자대표회의 구성원이 3명으로 된 경우, 입주자대표회의의 의결정족수는 입주자대표회의 의결 당시 선출된 현원(3명)을 기준으로 산정하여야 합니다.

나. 이유

먼저, 법의 해석에 있어서는 법령에 사용된 문언의 의미에 충실하게 해석하는 것을 원칙으로 하고, 법령의 문언 자체가 비교적 명확한 개념으로 구성되어 있다면 다른 해석방법은 제한될 수밖에 없다고 할 것인데(대법원 2009. 4. 23. 선고 2006다81035 판결례 참조), 「공동주택관리법 시행령」 제14조제1항에서는 입주자대표회의는 입주자대표회의 구성원 과반수의 찬성으로 의결한다고 규정하고 있고, 이때 "입주자대표회의 구성원"의 의미에 관하여 같은 영 제4조제3항 괄호에서는 원칙적으로 관리규약으로 정한 정원을 말하며, 해당 입주자대표회의 구성원의 3분의 2 이상이 선출되었을 때에는 그 선출된 인원을 말한다고 규정하면서, 관리규약으로 정한 정원의 3분의 2 이상이 선출된 경우 "선출된 인원"이 몇 명 이상인 경우에만 그 "선출된 인원"을 "입주자대표회의 구성원"으로 본다는 별도의 제한을 두고 있지 않으므로, 관리규약으로 정한 정원의 3분의 2 이상이 선출된 경우에는 그 "선출된 인원"이 4명 이상인지 여부와 상관없이 같은 영 제14조제1항에 따른 "입주자대표회의의 구성원"은 "관리규약으로 정한 정원"이 아닌 "선출된 인원"을 의미한다고 보아야 할 것입니다.

그리고, 「공동주택관리법」 제14조제1항에서 규정하고 있는 입주자대표회의 구성의 최소 인원 요건과 같은 조 제7항 및 같은 법 시행령 제14조제1항에서 규정하고 있는 입주자대표회의의 의결정족수는 별개의 규율 사항이라고 할 것이므로, 입주자대표회의의 의결정족수를 "관리규약으로 정한 정원"의 과반수로 하는 경우와 "선출된 인원"의 과반수로 하는 경우를 나누어 규정하고 있는 규정 체계를 고려할 때, 「공동주택관리법 시행령」 제4조제3항의 괄호 및 제14조제1항을 해석하는 경우 입주자대표회의를 구성하는 "선출된 인원"이 반드시 같은 법 제14조제1항에 따른 입주자대표회의의 최소 인원 요건인 4명 이상이어야 한다고 보기는 어렵다고 할 것입니다.

또한, 「공동주택관리법」 제14조제1항에서는 입주자대표회의의 구성에 필요한 최소 인원을 규정한 것이기는 하나, 입주자대표회의의 운영 과정에서 해임이나 임기만료 등으로 인한 구성원의 결원은 통상적으로 발생할 수 있는 사정이라는 점과 입주자의 의사를 대변하고 이익을 보호하는 입주자대표회의의 기능 및 성격을 고려할 때, 입주자대표회의가 4명 이상의 동별 대표자로 구성된 후 그 일부가 궐위되어 3명이 된 경우에도 입주자대표회의를 운영할 수 있다고 할 것인데(법제처 2014. 11. 14. 회신 14-0628 해석례 참조), 「공동주택관리법 시행령」 제4조제3항 괄호에서 "입주자대표회의의 구성원의 3분의 2 이상이 선출되었을 때에는 그 선출된 인원을 말한다"고 규정한 취지는 관리규약에서 정한 정원의 과반수 찬성이라는 원칙적인 의결정족수를 엄격하게 적용할 경우 현실적으로 입주자대표회의가 그 기능을 원활히 수행하기 어려워지는 점을 고려한 것이라는 점에 비추어 볼 때(법제처 2011. 10. 13. 회신 11-0495 해석례 참조), 「공동주택관리법」 제14조제1항에 따라 관리규약에서 입주자대표회의의 정원을 4명으로 정하여 그 정원의 3분의 2 이상이 선출된 경우에는 그 선출된 인원이 4명 미만이더라도 "선출된 인원", 즉 입주자대표회의를 구성하고 있는 현원(3명)을 기준으로 의결정족수를 산정하는 것이 입법 취지에도 부합한다고 할 것입니다.

본 유권해석의 결론에 따른 몇 가지 사례를 살펴보기로 한다. 입주자대표회의 구성원 3분의 1 이상의 청구로 입주자대표회의를 소집할 때(「공동주택관리법 시행령」 제14조제4항제1호)에는 3인 중 1인의 동의만 있으면 되고, 입주자대표회의 구성원 과반수 찬성으로 회장, 감사 및 이사를 선출하는 경우(동 시행령 제12조제2항), 또는 일반적인 입주자대표회의 의결(동 시행령 제14조제1항), 그리고 안전관리계획을 조정(동 시행규칙 제30조제1항제3호)하는 경우에는 3인 중 2인의 동의가 필요하다. 아울러 입주자대표회의 구성원 3분의 2 이상 찬성이 필요한, 계약기간이 끝난 주택관리업자를 수의계약으로 다시 관리주체로 선정하려는 경우(동 시행령 제5조제2항제2호나목)에도 마찬가지로 3인 중 2인의 동의가 있으면 된다.

아울러, 이 건과 유사한 유권해석이 있어서 소개하자면, 첫째 15-0737 사안은 입주자대표회의가 아닌 선거관리위원회 의결정족수가 문제 된 사안으로 그 결론은 다음과 같다. 공동주택의 관리규약에서 선거관리위원회의 구성원 수를 정수로 정하지 않고 5명 이상 9명 이하(또는 6명 이상 8명 이하 등)와 같이 그 최소 인원과 최대 인원을 정하는 방식으로 규정한 경우로서, 그 구성원의 일부가 궐위되었으나 궐위된 인원을 제외하고도 현재 남아 있는 인원이 관리규약으로 정한 최소 인원 이상인 경우, 구 「주택법 시행령」 제50조의2제4항에 따른 구성원 과반수는 의결 당시 현원을 기준으로 하여 산정할 수 있다는 것이다. 다음으로, 15-0176 안건도 선거관리위원회에 관한 사안인데, 법정 최소기준에 맞추어 5명으로 구성된 선거관리위원회가 그 후 구성원 일부가 궐위되어 일시적으로 5명 미만이 된 경우라도 선거관리위원회가 구성되지 않은 것으로 볼 수는 없다는 결론을 내렸다. 다만, 그 사안에서는 단서를 달아 회의체로서의 기능을 수행할 수 있는지는 관리규약에서 정하고 있는 구성원의 정원과 현재 구성원의 수, 법령에서 규정하고 있는 의결정족수 등에 따라 개별적으로 판단해야 할 것이라고 했는데, 이는 선거관리위원회 관련 규정이 입주자대표회의와는 다른 데서 오는 불가피한 것이다. 앞으로 선거관리위원회의 의결정족수를 묻는 별도의 질의가 있을 경우 유권해석으로 해결되어야 할 것이다.

참고로, 본 유권해석과 관련된 종전 유권해석을 요약 정리해 보면 다음과 같다.

※ 입주자대표회의 및 선거관리위원회 의결정족수 관련 종전 유권해석

안건번호	질의 요지	회신 내용
15-0737	**선거관리위원회** 구성원 일부가 궐위된 경우 의결정족수 산정기준은 최초 구성원 수인지, 아니면 의결 당시 현원인지	현원이 관리규약으로 정한 최소 정원 이상인 경우, 의결 당시 현원 기준으로 산정할 수 있음
15-0176	**선거관리위원회**의 구성원 일부가 궐위되어 법령에 따른 최소 정원(5명) 이하가 된 경우 선거관리위원회가 구성되지 않은 것인지	구성원 일부가 궐위되었더라도 선거관리위원회가 구성되지 않은 것으로 볼 수는 없음
14-0628	가. **입주자대표회의**를 최초로 구성할 때 반드시 4명 이상으로 구성해야 하는지 나. 입주자대표회의 일부가 궐위되어 일시적으로 3명이 된 경우, 입주자대표회의를 운영할 수 있는지	가. 입주자대표회의를 최초로 구성할 때 반드시 4명 이상으로 구성해야 함 나. 입주자대표회의 일부가 궐위되어 일시적으로 3명이 된 경우, 입주자대표회의를 운영할 수 있음
14-0376	**입주자대표회의**의 의결정족수 산정기준인 "선출된 인원"은 최초에 선출된 인원을 의미하는지, 아니면 의결 당시 선출되어 있는 현원을 의미하는지	"선출된 인원"은 의결 당시 선출되어 있는 현원을 의미함
11-0495	**입주자대표회의**의 임원을 선출하기 위해서는 반드시 정원의 3분의 2 이상이 선출되어야 하는지	입주자대표회의 정원의 3분의 2 이상이 선출되지 않더라도 입주자대표회의 구성원의 과반수 찬성만 있으면 임원을 선출할 수 있음

⟨공동주택관리법⟩

제14조(입주자대표회의의 구성 등) ① 입주자대표회의는 4명 이상으로 구성하되, 동별 세대수에 비례하여 관리규약으로 정한 선거구에 따라 선출된 대표자(이하 "동별 대표자"라 한다)로 구성한다. 이 경우 선거구는 2개 동 이상으로 묶거나 통로나 층별로 구획하여 정할 수 있다.

② ~ ⑥ (생 략)

⑦ 동별 대표자의 임기나 그 제한에 관한 사항, 동별 대표자 또는 입주자대표회의 임원의 선출이나 해임 방법 등 입주자대표회의의 구성 및 운영에 필요한 사항과 입주자대표회의의 의결 방법은 대통령령으로 정한다.

⑧ (생 략)

⟨공동주택관리법 시행령⟩

제4조(자치관리기구의 구성 및 운영) ① · ② (생 략)

③ 자치관리기구 관리사무소장은 입주자대표회의가 입주자대표회의 구성원(관리규약으로 정한 정원을 말하며, 해당 입주자대표회의 구성원의 3분의 2 이상이 선출되었을 때에는 그 선출된 인원을 말한다. 이하 같다) 과반수의 찬성으로 선임한다.

④ (생 략)

⑤ 입주자대표회의 구성원은 자치관리기구의 직원을 겸할 수 없다.

제14조(입주자대표회의의 의결방법 및 의결사항 등) ① 법 제14조제7항에 따라 입주자대표회의는 입주자대표회의 구성원 과반수의 찬성으로 의결한다.

② ~ ⑤ (생 략)

〈現 공동주택관리법 시행령(대통령령제32076호)〉

제5조(주택관리업자의 선정 등) ① (생 략)

② 법 제7조제1항제2호에서 "입찰의 방법 등 대통령령으로 정하는 방식"
이란 다음 각 호에 따른 방식을 말한다.

1. (생 략)

2. 제1호에도 불구하고 계약기간이 끝난 주택관리업자를 수의계약의 방법
   으로 다시 관리주체로 선정하려는 경우에는 다음 각 목의 요건을 모두
   갖출 것

   가. (생 략)

   나. 가목의 요건이 충족된 이후 입주자대표회의 구성원 3분의 2 이상이
      찬성할 것

3. · 4. (생 략)

③ (생 략)

제12조(입주자대표회의 임원의 선출 등) ① (생 략)

② 법 제14조제9항에 따라 제1항의 임원은 동별 대표자 중에서 다음 각 호
의 구분에 따른 방법으로 선출한다.

1. 회장 선출방법

   가. 입주자등의 보통 · 평등 · 직접 · 비밀선거를 통하여 선출

   나. 후보자가 2명 이상인 경우: 전체 입주자등의 10분의 1 이상이 투표
      하고 후보자 중 최다득표자를 선출

   다. 후보자가 1명인 경우: 전체 입주자등의 10분의 1 이상이 투표하고
      투표자 과반수의 찬성으로 선출

   라. 다음의 경우에는 입주자대표회의 구성원 과반수의 찬성으로 선출하
      며, 입주자대표회의 구성원 과반수 찬성으로 선출할 수 없는 경우로

서 최다득표자가 2인 이상인 경우에는 추첨으로 선출

    1) 후보자가 없거나 가목부터 다목까지의 규정에 따라 선출된 자가 없는 경우

    2) 가목부터 다목까지의 규정에도 불구하고 500세대 미만의 공동주택 단지에서 관리규약으로 정하는 경우

2. 감사 선출방법

  가. 입주자등의 보통·평등·직접·비밀선거를 통하여 선출

  나. 후보자가 선출필요인원을 초과하는 경우: 전체 입주자등의 10분의 1 이상이 투표하고 후보자 중 다득표자 순으로 선출

  다. 후보자가 선출필요인원과 같거나 미달하는 경우: 후보자별로 전체 입주자등의 10분의 1 이상이 투표하고 투표자 과반수의 찬성으로 선출

  라. 다음의 경우에는 입주자대표회의 구성원 과반수의 찬성으로 선출하며, 입주자대표회의 구성원 과반수 찬성으로 선출할 수 없는 경우로서 최다득표자가 2인 이상인 경우에는 추첨으로 선출

    1) 후보자가 없거나 가목부터 다목까지의 규정에 따라 선출된 자가 없는 경우(선출된 자가 선출필요인원에 미달하여 추가선출이 필요한 경우를 포함한다)

    2) 가목부터 다목까지의 규정에도 불구하고 500세대 미만의 공동주택 단지에서 관리규약으로 정하는 경우

3. 이사 선출방법: 입주자대표회의 구성원 과반수의 찬성으로 선출하며, 입주자대표회의 구성원 과반수 찬성으로 선출할 수 없는 경우로서 최다득표자가 2인 이상인 경우에는 추첨으로 선출

③·④ (생 략)

제14조(입주자대표회의의 의결방법 및 의결사항 등) ① ~ ③ (생 략)

④ 입주자대표회의는 관리규약으로 정하는 바에 따라 회장이 그 명의로 소집한다. 다만, 다음 각 호의 어느 하나에 해당하는 때에는 회장은 해당일부터 14일 이내에 입주자대표회의를 소집해야 하며, 회장이 회의를 소집하지 않는 경우에는 관리규약으로 정하는 이사가 그 회의를 소집하고 회장의 직무를 대행한다.

1. 입주자대표회의 구성원 3분의 1 이상이 청구하는 때

2. 입주자등의 10분의 1 이상이 요청하는 때

3. 전체 입주자의 10분의 1 이상이 요청하는 때(제2항제14호 중 장기수선계획의 수립 또는 조정에 관한 사항만 해당한다)

⑤ · ⑥ (생 략)

입주자대표회의가 인터넷 홈페이지 공개 대상인 의결행위를 한 후에 이를 미공개한 경우 그 의결은 효력이 있는지

(법제처 2016. 7. 6. 회신 16-0208 해석례)

예시 상황

甲 아파트단지 입주자대표회의는 관리사무소 직원의 급여 인상을 의결하였는데 이러한 의결사항을 인터넷 홈페이지 등을 통해 공개하지 않고 급여를 인상하여 지급하였다. 입주민 A는 주택법령상 공동주택의 관리주체는 관리비와 입주자대표회의 의결사항을 인터넷 홈페이지 등을 통해 공개하도록 되어 있는데 이를 위반하였으므로 입주자대표회의의 의결이 무효라고 주장하고 있다. 甲 아파트단지 입주자대표회의의 급여 인상 의결은 무효일까?

질의 배경

입주자대표회의에서 관리사무소 직원의 급여인상을 의결했으나, 이를 공동주택단지의 인터넷 홈페이지나 게시판에 공개하지 않고 급여를 인상하여 지급하자, 해당 공동주택에 거주하는 민원인이 입주자대표회의의 의결사항을 공개하도록 「주택법 시행령」에서 규정하고 있으므로 이를 위반한 입주자대표회의의 의결은 무효가 아닌지 소관 부처인 국토교통부에 문의하였는데, 무효로 볼 수 없다는 답변을 받자 직접 법제처에 법령해석을 요청한 사안임.

질의 요지

「주택법」 제45조제4항에서는 공동주택의 관리주체는 관리비를 공동주택단지의 인터넷 홈페이지(인터넷 홈페이지가 없는 경우에는 해당 공동주택단지의 관리사무소나 게시판 등을 말함. 이하 "인터넷 홈페이지"라 함)에 공개하여야 한다고 규정하고 있고,

「주택법」 제43조제8항제2호, 같은 법 시행령 제51조제1항 및 제56조제1호에서는 공동주택의 입주자대표회의는 그 구성원 과반수의 찬성으로 공동주택의 관리와 관련하여 관리규약에서 정하거나 위임한 사항 등을 의결하여야 하고, 공동주택의 관리주체는 "입주자대표회의에서 의결한 사항"을 인터넷 홈페이지에 공개하도록 규정하고 있는바,

공동주택의 입주자대표회의가 "관리사무소 직원의 급여 인상"을 입주자대표회의 구성원 과반수의 찬성으로 의결하였으나 해당 공동주택의 관리주체가 "관리비" 내역으로 "그 인상분"을 인터넷 홈페이지에 공개하지 않거나 "그 의결사항"을 인터넷 홈페이지에 공개하지 않은 경우 그 의결은 효력이 있는지?

주장 가능한 의견

가. 의결 효력 있음

○ 「주택법 시행령」 제56조제1호에서는 입주자대표회의에서 의결한 사항을 그 공동주택단지의 인터넷 홈페이지에 공개하도록 규정하고 있으나, 입주자대표회의에서 의결한 사항을 공개하지 아니한 경우 의결 자체의 효력을 부인하는 규정은 없음.

- 법령을 위반한 사실이 있을 경우 관리감독청인 지방자치단체의 장이 입주자대표회의 및 관리주체 등에게 「주택법」 제59조에 따른 시정명령을 하거나, 같은 법 제101조제3항에 따른 과태료를 부과할 수 있을 뿐이고 그 의결의 효력이 발생하지 않는 것은 아님.

나. 의결은 무효임

「주택법」 제45조제4항 및 같은 법 시행령 제56조제1호에서 관리비 내역 및 입주자대표회의에서 의결한 내용을 반드시 공개하도록 규정하고 있으므로, 강행규정을 위반한 입주자대표회의의 의결은 효력이 발생하지 않음.

최종 해석 내용

가. 결론

공동주택의 입주자대표회의가 "관리사무소 직원의 급여 인상"을 입주자대표회의 구성원 과반수의 찬성으로 의결한 경우, 해당 공동주택의 관리주체가 "관리비" 내역으로 "그 인상분"을 인터넷 홈페이지에 공개하지 않거나 "그 의결사항"을 인터넷 홈페이지에 공개하지 않더라도 그 의결은 효력이 있습니다.

나. 이유

먼저, 의결 내용의 공개나 통지가 의결 효력발생 요건이 되려면 "의결은 공개함으로써 효력을 발생한다" 등과 같이 어떠한 행위가 다른 행위의 효력발생의 요건임을 분명하게 해주는 법 규정이 있어야 할 것입니다. 그런데, 「주택법 시행령」제56조제1호에서는 공동주택의 관리주체는 입주자대표회의에서 의결한 내용을 인터넷 홈페이지에 공개하거나 입주자 또는 사용자에게 개별 통지하도록 규정하고 있을 뿐, 의결한 내용의 공개가 입주자대표회의 의결의 효력발생 요건이라는 별도의 규정을 두고 있지 않으므로, 이 경우 의결 내용의 공개는 입주자대표회의의 의결의 효력발생을 위한 요건을 규정한 것은 아닌 것으로 보이고, 따라서 공동주택의 관리주체가 입주자대표회의의 의결사항을 공동주택의 입주자나 사용자에게 알리는 것은 일정한 사실을 입주자등에게 알리는 단순한 사실행위에 불과하다고 할 것입니다.

다음으로, 「주택법」제59조제1항제2호에서는 지방자치단체의 장이 공동주택관리의 효율화와 입주자·사용자의 보호를 위하여, 같은 법 또는 같은 법에 따른 명령이나 처분을 위반하여 조치가 필요한 경우, 관리주체나 공동주택의 관리사무소장에게 필요한 명령을 할 수 있도록 하는 규정을 두고 있고, 같은 법 제101조제3항제8호에서는 공동주택의 관리주체가 관리비 내역 등을 공개하지 않은 경우 과태료를 부과한다는 제재규정을 두고 있을 뿐, 같은 법 제43조제8항제2호 및 같은 법 시행령 제51조제1항에 따른 의결사항을 공개하지 아니한 경우 벌칙이나 과태료를 부과한다든가 관리업체가 속한 주택관리업의 등록을 말소하는 등의 제재조치에 대해서는 아무런 규정을 두고 있지 않은바, 입주자대표회의의 의결사항을 공개 또는 개별 통지하도록 하는 규정은 입주자등이 관리비의 산정기준 등에 관한 정보를 얻고 부당한 관리비 산정 등 입주자대표회의의 위법·부당한 행위를 감시할 수 있도록 하려는 취지에서 선언적으로 규정할 것일 뿐 이를 강제하게 하거나 입주자대표회의의 의결의 효력요건으로 둔 규정은 아니라고 할 것입니다.

　동별 대표자 등을 구성원으로 하는 입주자대표회의는 비법인 사단인데(대법원 2007. 6. 15. 선고 2007다6307 판결례 참조), 사적 자치의 원칙에 따라 사단이 적법하게 의결한 사항을 공법관계를 규율하는 주택법령에서 무효로 의율하기 위해서는 법률(시행령이나 부령 등 하위법령으로는 불가능)에 명확한 근거규정이 필요하다. 그런데 본 해석 대상 법령에는 관리주체가 관리비 내역 등을 공개하지 않은 경우에 대한 과태료 부과조항만 있을 뿐이므로 결국 본 건에서 입주자대표회의 의결을 무효라고 볼 수 없다는 결론이다. 본 유권해석은 현행 「공동주택 관리법」 제정 전의 「주택법」 규정을 대상으로 한 것이지만 현행 법령의 규정 체계도 유사하므로 여전히 유효한 해석이다.

관련조문

〈주택법〉

제43조(관리주체 등) ① ~ ⑦ (생 략)

　⑧ 다음 각 호에 해당하는 사항 등에 필요한 사항은 대통령령으로 정한다.

　1. (생 략)

　2. 제3항에 따른 입주자대표회의의 구성 · 운영 및 의결사항

　3. ~ 5. (생 략)

　⑨ ~ ⑪ (생 략)

제45조(관리비등의 납부 및 공개 등) ① ~ ③ (생 략)

　④ 제1항에 따른 공동주택의 관리주체는 다음 각 호의 내역(항목별 산출내역을 말하며, 세대별 부과내역은 제외한다)을 대통령령으로 정하는 바에 따라 해당 공동주택단지의 인터넷 홈페이지(인터넷 홈페이지가 없는

경우에는 해당 공동주택단지의 관리사무소나 게시판 등을 말한다. 이하 같다)와 제45조의7제1항에 따른 공동주택관리정보시스템에 공개하여야 한다. 다만, 공동주택관리정보시스템에 공개하기 곤란한 경우로서 대통령령으로 정하는 경우에는 해당 공동주택단지의 인터넷 홈페이지에 만 공개할 수 있다.

1. 제2항에 따른 관리비

2. 제3항에 따른 사용료 등

3. 제51조제1항에 따른 장기수선충당금과 그 적립금액

4. 그 밖에 대통령령으로 정하는 사항

⑤ (생 략)

제59조(공동주택관리에 관한 감독) ① 지방자치단체의 장은 공동주택관리의 효율화와 입주자·사용자의 보호를 위하여 다음 각 호의 어느 하나에 해당하는 경우 입주자·사용자, 입주자대표회의나 동별 대표자, 관리주체, 제55조제1항에 따른 공동주택의 관리사무소장 또는 입주자대표회의 구성을 위한 선거를 관리하는 기구나 그 구성원 등에게 대통령령으로 정하는 업무에 관한 사항을 보고하게 하거나 자료의 제출이나 그 밖에 필요한 명령을 할 수 있으며, 소속 공무원으로 하여금 영업소·관리사무소 등에 출입하여 공동주택의 시설·장부·서류 등을 조사 또는 검사하게 할 수 있다. 이 경우 출입·검사 등을 하는 공무원은 그 권한을 나타내는 증표를 지니고 이를 관계인에게 내보여야 한다.

1. (생 략)

2. 이 법 또는 이 법에 따른 명령이나 처분을 위반하여 조치가 필요한 경우

3. ~ 5. (생 략)

② ~ ⑥ (생 략)

제101조(과태료) ① · ② (생 략)

③ 다음 각 호의 어느 하나에 해당하는 자에게는 5백만원 이하의 과태료를 부과한다.

1. ~ 7의2. (생 략)

8. 제45조제4항에 따른 공개를 하지 아니한 자

8의2. ~ 19. (생 략)

④ (생 략)

〈주택법 시행령〉

제51조(입주자대표회의의 의결사항 등) ① 입주자대표회의는 법 제43조에 따라 그 구성원 과반수의 찬성으로 다음 각 호의 사항을 의결한다.

1. 관리규약 개정안의 제안(제안서에는 개정안의 취지, 내용, 제안유효기간 및 제안자 등을 포함한다. 이하 같다)

1의2. 관리규약에서 위임한 사항과 그 시행에 필요한 규정의 제정 · 개정 및 폐지

1의3. 공동주택 관리방법의 제안

2. 제58조에 따른 관리비등의 집행을 위한 사업계획 및 예산의 승인(변경 승인을 포함한다)

2의2. 공용시설물의 사용료 부과기준의 결정

2의3. 제58조에 따른 관리비등의 회계감사의 요구 및 회계감사보고서의 승인

2의4. 제58조에 따른 관리비등의 결산의 승인

3. 단지안의 전기 · 도로 · 상하수도 · 주차장 · 가스설비 · 냉난방설비 및 승강기 등의 유지 및 운영기준

4. 자치관리를 하는 경우 자치관리기구 직원의 임면에 관한 사항

5. 법 제47조제1항에 따른 장기수선계획(이하 "장기수선계획"이라 한다)에 따른 공동주택의 공용부분의 보수 · 교체 및 개량

5의2. 제47조제1항에 따른 공동주택의 행위허가 또는 신고행위의 제안

6. 공동주택에 대한 리모델링의 제안 및 리모델링의 시행

6의2. 주민운동시설 위탁 운영의 제안

7. 장기수선계획 및 법 제49조의 규정에 의한 안전관리계획(이하 "안전관리계획"이라 한다)의 수립 또는 조정(비용지출을 수반하는 경우에 한한다)

8. 입주자등 상호간에 이해가 상반되는 사항의 조정

8의2. 공동체 생활의 활성화 및 질서유지에 관한 사항

9. 그 밖에 공동주택의 관리와 관련하여 관리규약으로 정하는 사항

② ~ ⑤ (생 략)

제56조(관리현황의 공개) 관리주체는 다음 각 호의 사항을 그 공동주택단지의 인터넷 홈페이지[인터넷포털에서 제공하는 웹사이트(관리주체가 운영 · 관리하는 경우로 한정한다)를 포함하며, 인터넷 홈페이지가 없는 경우에는 해당 공동주택단지의 관리사무소나 게시판 등을 말한다. 이하 같다]에 공개하거나 입주자등에게 개별 통지하여야 한다. 다만, 입주자등의 세대별 사용내역 등 사생활 침해의 우려가 있는 것은 공개하지 아니한다.

1. 입주자대표회의의 소집 및 그 회의에서 의결한 사항

2. ~ 6. (생 략)

최초에 관리규약상 정원의 3분의 2 이상을 선출하였으나, 그 후 사퇴 등으로 관리규약상 정원의 3분의 2 미만이 남아 있는 경우 당초 선출한 정원 수를 기준으로 의결할 수 있는지

(법제처 2014. 12. 22. 회신 14-0376 해석례)

예시 상황

甲 아파트단지의 입주자대표회의 정원은 관리규약상 12명인데, 최초 구성 시 11명이 선출되었다. 이후 일부 동별 대표자가 사퇴하거나 해임됨에 따라 현재는 6명의 동별 대표자만 남아 있는 상황이다. 주택법령상 입주자대표회의는 구성원 과반수의 찬성으로 의결한다고 규정하면서 구성원의 의미를 원칙적으로는 관리규약으로 정한 정원을 의미하지만, 해당 입주자대표회의 구성원의 3분의 2 이상이 선출되었을 때에는 그 선출된 인원을 말한다고 규정하고 있다. 甲 아파트단지는 선출 당시 입주자대표회의 구성원의 3분의 2 이상인 11명이 선출되었으므로 이를 기준으로 11명의 구성원 중 과반수인 6명의 찬성으로 의결행위를 할 수 있다고 주장하고 있다. 하지만 이에 대하여 의결 당시 현원은 6명으로서 관리규약상 입주자대표회의 정원의 2/3를 충족하지 못하고 있으므로 주택법령에 따라 관리규약으로 정한 정원 12명을 기준으로 의결정족수를 산정해야 하고, 그 과반수인 7명 이상의 찬성이 있어야 의결행위를 할 수 있으므로 6명의 동별 대표자만으로는 의결행위를 할 수 없다는 주장이 제기되었다. 의결 당시 입주자대표회의 구성원 현원이 2/3 미만인 경우 의결정족수는 관리규약상의 정원을 기준으로 해야 하는 것일까? 구성 당시 선출된 인원을 기준으로 해야 하는 것일까?

질의 배경

○ 민원인이 거주하고 있는 공동주택(아파트)의 입주자대표회의 구성원의 수는 관리규약에서 12명으로 정하고 있고, 입주자대표회의 최초 구성 시 11명이 선출되었으나 이후 사퇴, 해임 등으로 현재는 6명의 동별 대표자가 선출되어 있는 상황임.

○ 민원인이 국토교통부에 해당 입주자대표회의가 의안을 의결할 수 있는지를 문의하였고, 이에 대해 국토교통부에서는 정원 12명의 과반수인 7명에 미치지 못하고, 현재 6명이 선출되어 있는 것은 정원의 3분의 2 이상이 선출되어 있는 경우가 아니므로 선출된 인원을 기준으로 과반수를 산정할 수 없으므로, 의결할 수 없다고 회신함.

○ 한편, 민원인이 해당 공동주택을 관할하는 A시에도 문의한바, A시에서는 최초 11명이 선출되었으므로(즉, 정원의 3분의 2 이상이 선출되었으므로), 이를 기준으로 과반수를 산정하면, 6명의 인원으로 의결할 수 있다는 의견임.

○ 민원인이 국토교통부의 의견과 달리하여 법제처에 직접 법령해석을 요청한 사안임.

질의 요지

「주택법 시행령」 제50조제5항에서는 입주자대표회의의 의결정족수를 산정할 때 그 기초가 되는 입주자대표회의의 구성원은, 원칙적으로 4명 이상으로서 관리규약으로 정한 정원을 의미하나, 그 구성원의 3분의 2 이상이 선출된 때에는 그 "선출된 인원"을 말한다고 규정하고 있는바,

「주택법 시행령」 제50조제5항에 따라 "선출된 인원"을 입주자대표회의의 구성원으로 하여 의결정족수를 산정할 때, 그 "선출된 인원"은 의결 당시 선출되어 있는 현원을 의미하는지, 아니면 최초에 선출된 인원수를 의미하는지?[52]

가. 의결 당시 선출되어 있는 인원수를 의미함

○ 「주택법 시행령」 제51조제1항에서는 입주자대표회의는 그 구성원 과반수의 찬성으로 의결한다고 규정하고 있고, 같은 영 제50조제5항에서는 입주자대표회의 구성원은 관리규약으로 정한 정원을 말하며, 해당 입주자대표회의 구성원의 3분의 2 이상이 선출된 때에는 그 선출된 인원을 말한다고 규정하고 있음.

- 따라서, 공동주택의 관리규약에서 입주자대표회의의 정원을 12명으로 정하고 있다면, 입주자대표회의의 구성원인 동별 대표자가 7명이 선출되어 있는 경우 7명 모두의 찬성이 있어야 의결이 가능하고, 정원의 3분의 2 이상인 8명 이상이 선출되어 있는 경우에는 그 선출되어 있는 인원의 과반수(5명 이상)가 찬성하면 의결할 수 있음.

나. 최초 선출 시 선출된 인원수를 의미함

위 사안의 공동주택의 경우 2013년 8월 23일 입주자대표회의 구성 신고 당시 관리규약으로 정한 정원(12명) 중 11명의 동별 대표자가 선출되었는바, 이

---

52 이 질의 요지는 실제 사실관계에 비추어 볼 때 이해하기가 쉽지 않다. 자세한 것은 해설부분 참조.

는 「주택법 시행령」 제50조제5항에 따라 관리규약으로 정한 정원의 3분의 2 이상이 선출된 경우에 해당되고, 사퇴, 해임 등으로 궐위되어 현재 6명이 남아 있는 경우라고 하더라도, 당초 선출된 인원(11명)의 과반수인 6명이 모두 찬성하면 의결할 수 있음.

※ 각 의견 비교

구분	"선출된 인원"의 의미	위 사안에 적용하는 경우		
		선출된 인원수	의결정족수	의결 가부
의결 당시 선출되어 있는 현원	선출되어 있는 현원 – 사퇴, 해임 등 궐위된 사람 **제외**	6명 → 3분의 2(8명) 이상* 이 선출되지 않음	7명 이상 찬성 (관리규약상 정원 12명의 과반수)	불가
최초 선출된 인원	최초 구성 시 선출된 인원 – 사퇴, 해임 등 궐위된 사람 **포함**	11명 → 3분의 2(8명) 이상 이 선출됨	6명 이상 찬성 (선출된 인원 11명의 과반수)	가능
* 관리규약상 정원은 12명임. 3분의 2(8명) 이상이 선출된 경우, 5명 이상이 찬성하면 선출하거나 의결할 수 있음.				

※ 현원에 따른 의결 가능범위 비교

〈의결 당시 선출되어 있는 현원으로 보는 경우〉

의결 불가		의결 가능	
선출된 인원(현원) < 의결정족수		7명 찬성	현원의 과반수 찬성
			(8명인 경우 5명 이상 찬성)

0명
현원   7명   8명   12명
                 (2분의 1 초과)   (3분의 2 이상)

〈최초 선출된 11명을 "선출된 인원"으로 보는 경우〉

의결 불가		의결 가능		
찬성가능 인원(현원) < 의결정족수		6명 이상	찬성	

0명
현원   6명   7명   8명   11명 12명
                    (2분의 1 초과)   (3분의 2 이상)

가. 결론

「주택법 시행령」 제50조제5항에 따라 "선출된 인원"을 입주자대표회의의 구성원으로 하여 의결정족수를 산정할 때, 그 "선출된 인원"은 의결 당시 선출되어 있는 현원을 의미합니다.

나. 이유

먼저, 「주택법 시행령」 제50조제5항에서는 입주자대표회의의 임원을 선출할 때 원칙적으로 관리규약으로 정한 입주자대표회의 정원의 과반수 찬성으로 의결하도록 규정하면서, 다만 정원의 3분의 2 이상이 선출된 때에는 그 선출된 인원의 과반수 찬성으로 의결할 수 있도록 규정하고 있는바, 그 취지는 정원의 과반수 찬성이라는 원칙적인 의결정족수를 엄격하게 적용할 경우에는 입주자대표회의가 현실적으로 의결정족수를 확보하기 어려워 그 기능을 수행하기 곤란한 점을 고려하여, 입법정책적으로 정원의 3분의 2 이상이 선출된 경우 해당 입주자대표회의의 대표성을 인정하여 그 선출된 인원의 과반수로도 의결이 가능하도록 의결정족수를 완화한 것입니다(법제처 2011. 10. 13. 회신 11-0495 해석례 참조).

그리고, 「주택법 시행령」 제50조제5항에 따라 "관리규약으로 정한 정원의 과반수"를 갈음하여 "선출된 인원의 과반수"를 의결정족수로 하려면 입주자대표회의의 구성원인 동별 대표자가 관리규약으로 정한 정원의 3분의 2 이상 선출되어 있어야 하는데, 해당 규정에서 말하는 "선출된 인원"이란 입주자대표회의의 구성원으로서 "동별 대표자 신분을 현재 가지고 있는 사람"을 의미하고, 동별 대표자로 선출되었다고 하더라도 이후 입주자대표회의가 의결할 당시 사퇴, 해임 등의 사유로 궐위된 사람은 "선출된 인원"에서 제외된다고 보아야 할 것입니다.

한편,「주택법 시행령」제50조제5항에 따른 선출된 인원은 입주자대표회의를 최초로 구성할 때 선출된 인원수를 의미하고, 여기에는 이후 궐위된 사람의 수도 포함된다는 의견(예를 들어, 정원 12명 중 최초 11명이 선출되었고, 이후 5명이 궐위되어 현재 6명이 동별 대표자로 있는 경우에도 "선출된 인원"은 11명이라는 의견)이 있을 수 있습니다. 그러나 입주자대표회의의 현원이 그 정원의 과반수에 미달하는 경우에도 의결할 수 있도록 허용하는 것은 입주자대표회의가 갖는 입주민의 대표기관으로서의 성격상 인정하기 어렵고, 또한 그러한 의견에 따를 경우 관리규약으로 정한 정원의 3분의 2 이상이 선출되어 있어 대표성을 인정할 수 있는 경우(예를 들어, 정원 12명 중 최초 11명이 선출되었고, 이후 3명이 궐위되었으나 현재 정원의 3분의 2 이상인 8명이 동별 대표자로 있는 경우)에도 그 선출되어 있는 인원의 과반수(5명 이상) 찬성으로 의결할 수 없게 되는 불합리한 결과가 된다는 점에서 그러한 의견은 타당하지 않다고 할 것입니다.

해설

우선, 본 사안의 질의 요지는 실제 벌어진 상황을 해결하려는 목적으로 질의한 사람의 입장에서는 오해하기가 쉽다. 따라서 다음과 같은 질문으로 이해하면 좋을 것이다.

"최초에 관리규약으로 정한 정원의 3분의 2 이상을 선출하였으나(예컨대,

12명 정원에 11명 선출), 그 후 사퇴, 해임 등으로 관리규약으로 정한 정원의 3분의 2 미만의 정원만 남아 있는 경우(현원 6명 남아 있음), 당초 선출한 정원수(11명)를 기준으로 의결정족수를 충족하는 것으로 보아 의결할 수 있는지?"

본 사안과 유사한 건으로 17-0352 유권해석을 언급할 필요가 있다. 그 사안에서는 관리규약에서 4명으로 되어 있던 동별 대표자가 4명으로 완전하게 구성된 후 1명이 궐위되어 3명이 되었다. 이 경우에 의결정족수를 산정할 때 관리규약으로 정해진 정원(4명)을 기준으로 삼아야 하는지 아니면 의결 당시 선출된 현원(3명)을 기준으로 해야 하는지가 쟁점이었다. 결론은 본 사안과 동일하게 현원인 3명을 기준으로 산정해야 한다는 것이어서 차이가 없다고 볼 수 있겠으나, 좀 더 깊이 들어가 보면 중대한 차이가 있었다. 본 사안은 관리규약상 정원인 12명의 3분의 2(즉, 8명)가 선출되지 못한 경우인 반면, 17-0352 사례에서는 관리규약상 정원 4명의 3분의 2, 즉 3명이 선출되었다는 점이다. 여기에 더해 17-0352 사례는 현원이 3명으로서 동별 대표자의 법정 최소확보인원인 4명을 충족하지 못한 사례인 데 반해, 본 사례는 현원이 6명으로서 최소확보인원은 갖추고 있다는 점이다. 그럼에도 불구하고 두 사례의 유권해석에 따라서 실제 적용되는 결과는 정반대가 된다.

즉 17-0352 사례는 현원 3명을 정족수로 해서 과반수인 2명의 찬성만 있으면 의결할 수 있게 되는 것인 반면에, 본 사례는 현원 6명이 있음에도 불구하고 애당초 정족수 요건을 갖추지 못해서 아예 의결을 할 수 없게 되는 것이다.

위 두 사례를 비교 검토해 보면 다음과 같은 결론에 이르게 된다. 첫째, 법상 최소확보요건인 4명은 의결정족수 산정 시 현원이 그 미만이 되어도 괜찮다는 것이고, 둘째, 현재 남아 있는 동별 대표자 숫자는 반드시 관리규약에서 정한 인원의 3분의 2 이상이 되어야 한다는 것이다.

〈주택법 시행령〉

제50조(입주자대표회의의 구성 등) ① 법 제43조제8항제2호에 따라 입주
자대표회의는 4명 이상으로 구성하되, 동별 세대수에 비례하여 법 제44
조제2항에 따른 공동주택관리규약(이하 "관리규약"이라 한다)으로 정한
선거구에 따라 선출된 대표자(이하 "동별 대표자"라 한다)로 구성한다.
이 경우 선거구는 2개동 이상으로 묶거나 통로나 층별로 구획하여 정할
수 있다.

② ~ ④ (생 략)

⑤ 입주자대표회의에서는 동별 대표자 중에서 다음 각 호의 임원을 그 구
성원(관리규약으로 정한 정원을 말하며, 해당 입주자대표회의 구성원의 3
분의 2 이상이 선출된 때에는 그 선출된 인원을 말한다. 이하 같다) 과반수
의 찬성으로 선출하여야 한다.

1. 회장 1명

2. 감사 1명 이상

3. 이사 2명 이상

⑥ ~ ⑨ (생 략)

제11장

동별 대표자 입후보 가능 여부에 관한 특수 사례

1	동별 대표자 선거에 단독 입후보하였으나 과반수 찬성을 얻지 못해 선출되지 못한 사람이 곧바로 다음 동별 대표자 선거에 입후보할 수 있는지 (법제처 2013. 5. 7. 회신 13-0123 해석례)

예시 상황

A는 甲 아파트단지의 동별 대표자 선거에 단독으로 입후보하였는데, 입주자등의 과반수 투표와 투표자 과반수 찬성을 얻지 못해 동별 대표자로 선출되지 못하였다. A는 甲 아파트단지의 동별 대표자 재선거에 다시 출마하려고 하는데, 주택법령상 이러한 사유가 결격사유로 명시되어 있는 것은 아니지만 이미 입주자등의 찬성을 얻지 못하였으므로 일종의 일사부재의의 원칙과 마찬가지로 곧바로 다시 출마할 수 없다는 주장이 제기되고 있다. A는 재선거에 출마할 수 없는 것일까?

질의 배경

○ 동별 대표자 선거 시 단독 입후보한 후보자가 입주자등의 과반수 투표와 투표자 과반수 찬성을 얻지 못하여 동별 대표자로 선출되지 못하였다면,

재선거 시 다시 후보자로 등록할 수 있는지에 대한 민원인의 질의에 대하여, 국토교통부는 입주자등의 과반수가 투표하지 아니하여 동별 대표자로 선출되지 못하였다면 같은 동별 대표자를 선출하기 위한 선거에 재출마할 수 있을 것이나, 입주자등의 과반수가 투표하였으나 투표한 사람의 과반수 찬성을 얻지 못한 경우라면 그 동별 대표자로 다시 입후보할 수 없다는 취지로 회신하였고, 종전에도 계속 이러한 내용으로 회신하였음.

○ 계속하여 동일한 질의가 계속되자, 종전 견해가 맞는지 내부적으로 논의를 거쳐 법제처에 법령해석을 요청함.

질의 요지

「주택법 시행령」 제50조에 따른 공동주택 동별 대표자 선거에 단독 입후보한 자가 투표자의 과반수가 찬성하지 아니하여 동별 대표자로 선출되지 못한 경우 곧바로 다음 재선거에 다시 입후보할 수 있는지?

주장 가능한 의견

가. 공동주택의 동별 대표자로 단독 입후보한 후 선출되지 아니하였을 경우에도 그 동별 대표자를 선출하는 재선거에 바로 입후보 가능함

○ 동별 대표자의 결격사유는 「주택법 시행령」 제50조제4항제1호부터 제10호까지에서 한정적으로 규정하고 있고, 그 외의 사항을 정할 수 있다는 내용을 담고 있지도 아니하며, 동별 대표자의 결격사유는 입주자의 피선거권이라는 기본적 권리를 제한하는 사항으로 법령에 명시된 이상으로 확대하거나 추가하여 해석할 수 없음.

○ 또한, 공동주택의 동별 대표자로 자격이 없다고 입주자등이 판단하면 다음 동별 대표자 선거에서 다시 선출하지 아니하면 되므로 동별 대표자의 결격사유를 해석으로 인정할 필요도 없음.

○ 따라서, 단독 입후보자로 출마한 후 선출되지 아니하였을 경우라도 이후 재선거에서 입후보를 제한하는 명문의 규정이나 해석상 제한을 인정할 수 없으므로 그 동별 대표자를 선출하는 재선거에 바로 입후보가 가능하다고 할 것임.

나. 공동주택의 동별 대표자로 단독 입후보한 후 선출되지 아니하였을 경우에는 그 동별 대표자를 선출하는 재선거에 바로 입후보할 수 없음

○ 「주택법 시행령」 제50조제4항 각 호에 규정된 결격사유는 필수적인 것으로 해당 규정을 제한적 규정으로 해석할 이유는 없고, 합리적인 범위에서는 해석상 그 외의 결격사유도 인정할 수 있다고 해야 하며, 적어도 다수결원리에 따라 결의한 입주자의 의사는 존중하는 것이 주민자치에 관한 법 논리에 합당하다고 할 것임.

○ 단독 입후보자로 출마한 후 투표자 과반수의 찬성을 얻지 못하여 동별 대표자로 선출되지 못하였다면 해당 입후보자에 대해서는 입주자등이 이미 부적격자로 판단하였다고 볼 것이고, 그렇다면 회의 운영에서 "일사부재의의 원칙"을 적용하는 것과 유사한 이유로 "그 동별 대표자"를 선출하는 경우로 한정하여 입후보를 제한하는 것도 과도한 제한은 아니라고 할 것임.

○ 따라서, 단독 입후보자로 출마한 후 선출되지 아니하였을 경우 투표자 과반수의 찬성을 얻지 못하면 "그 동별 대표자"를 선출하는 재선거에는 입후보할 수 없다고 할 것임.

최종 해석 내용

가. 결론

「주택법 시행령」제50조에 따른 공동주택 동별 대표자 선거에 단독 입후보한 자가 투표자의 과반수가 찬성하지 아니하여 동별 대표자로 선출되지 못한 경우 곧바로 다음 재선거에 다시 입후보할 수 있다고 할 것입니다.

나. 이유

먼저,「주택법 시행령」제50조제4항 각 호의 결격사유 규정이 열거규정인지 예시적 규정인지와 관련하여, 예시적 규정이 일반적으로 추상적·포괄적 성격을 가지는 일반조항을 두는 데 비해 위 규정은 구체적인 사유 10가지만 나열하고 있고 추상적·포괄적 조항은 두고 있지 아니한 것을 볼 때 그 내용 및 규정 형식상 한정적 열거규정으로 보입니다(법제처 2012. 12. 10. 회신 12-0510 해석례 및 대구지방법원 2012. 1. 27. 2011카합514 결정례 참조).

또한, 2010. 7. 6. 구「주택법 시행령」을 개정하여 제50조제4항에 결격사유 규정을 신설한 취지는 종전에 자율적으로 정하도록 하던 결격사유를 직접 규율함으로써「주택법 시행령」제50조제4항 각 호에서 규정한 결격사유 외에 새로운 사유를 추가하는 것을 허용하지 아니하려는 것(법제처 2012. 12. 10. 회신 12-0510 해석례 참조)이므로, 공동주택 동별 대표자 선거에 단독 입후보한 자가 투표자의 과반수가 찬성하지 아니하여 동별 대표자로 선출되지 못한 경우를 다음 재선거에서의 결격사유로 보아 입후보를 금지할 수는 없다고 할 것입니다.

한편, 다수결원리에 따른 주민의 의사를 존중하고 동별 대표자 선거에 일사부재의의 원칙을 적용하여야 한다는 이유로 동별 대표자 선거에 단독 입후보자로 출마한 후 선출되지 아니하였을 경우에 투표자 과반수의 찬성을 얻지 못하면 곧바로 다음 재선거에는 입후보할 수 없다는 의견이 있을 수 있으나, 다수결원리에 따른 주민의사의 존중은 해당 동별 대표자 선거의 결과를 통해 이미 반영되었다고 할 것이고, 일사부재의의 원칙은 회의의 원활한 운영을 위한 것으로 특히 소수파에 의한 의사방해를 배제하려는 데에 그 목적이 있으므로 결격사유 등 동별 대표자의 선출에 관하여 적용되는 원리는 아니라고 할 것입니다.

해설

본 사례의 쟁점은 한마디로 말해서 법령에 규정되어 있는 동별 대표자의 결격사유가 예시적 조항인지 아니면 열거적 조항인지라고 할 수 있다. 즉, 입후보자가 1명인 경우 득표율 요건(즉, 과반수 필요)을 다음 재선거에서 결격사유로 추가할 수 있느냐의 문제이다. 만약 법령에 규정되어 있는 결격사유가 예시적인 것이라고 본다면 추가가 가능할 것이다. 그런데 이에 대해서 정부의 유권해석은 일관되게 해당 규정을 열거적인 것으로 보았다. 따라서 추가하는 것은 불가능하다는 결론이 도출된다.

이 유권해석은 구 주택법령에 대한 해석이나 현행 공동주택관리법령의 구조도 동일하므로 여전히 유효한 유권해석이라고 볼 수 있다.

〈주택법 시행령〉

제50조(입주자대표회의의 구성 등) ① · ② (생 략)

③ 동별 대표자는 동별 대표자 선출공고일 현재 당해 공동주택단지안에서 주민등록을 마친 후 계속하여 6개월 이상(최초의 입주자대표회의를 구성하거나 제2항 단서의 규정에 의한 입주자대표회의를 구성하기 위하여 동별 대표자를 선출하는 경우는 제외한다) 거주하고 있는 입주자(입주자가 법인의 경우에는 대표자를 말한다) 중에서 다음 각 호의 구분에 따라 선거구 입주자등의 보통 · 평등 · 직접 · 비밀선거를 통하여 선출한다.

1. 입후보자가 2명 이상인 경우: 다득표자를 선출

2. 입후보자가 1명인 경우: 입주자등의 과반수가 투표하고 투표자의 과반수 찬성으로 선출

④ 다음 각 호의 어느 하나에 해당하는 사람은 동별 대표자가 될 수 없으며 그 자격을 상실한다.

1. 미성년자, 금치산자 및 한정치산자

2. 파산자로서 복권되지 아니한 사람

3. 금고 이상의 실형 선고를 받고 그 집행이 끝나거나(집행이 끝난 것으로 보는 경우를 포함한다) 집행이 면제된 날로부터 5년이 지나지 아니한 사람

4. 금고 이상의 형의 집행유예선고를 받고 그 유예기간 중에 있는 사람

5. 공동주택 관리와 관련하여 벌금 100만원 이상의 형을 선고받은 후 5년이 지나지 아니 한 사람

6. 제50조의2제2항에 따른 선거관리위원회 위원(잔여임기를 남겨두고 위원을 사퇴한 사람을 포함한다)

7. 주택의 소유자가 서면으로 위임한 대리권이 없는 소유자의 배우자나 직

계존비속

8. 해당 공동주택 관리주체의 소속 임직원과 관리주체에 용역을 공급하거나 사업자로 지정된 자의 소속 임원

9. 해당 공동주택의 동별 대표자를 사퇴하거나 해임된 날로부터 4년이 지나지 아니한 사람

10. 제58조제1항부터 제5항까지의 관리비, 사용료 및 장기수선충당금 등(이하 "관리비등"이라 한다)을 3개월 이상 연속하여 체납한 사람

⑤ ~ ⑨ (생 략)

| 2 | 분양대금과 취득세 등을 납부하고 주민등록을 마친 후 공동주택에 거주하고 있지만 사업주체의 사정으로 소유권 이전등기를 경료받지 못한 사람은 동별 대표자로 선출될 수 있는 입주자로 볼 수 있는지 (법제처 2013. 1. 14. 회신 12-0549 해석례) |

예시 상황

A는 甲 아파트 1동 101호를 분양 받아 분양대금과 취득세 등을 납부하고 주민등록을 마친 후 거주하고 있지만, 사업주체의 사정으로 인해 소유권 이전등기는 하지 못하였다. A는 甲 아파트단지의 동별 대표자 선거에 출마하려고 한다. 그런데, 이에 대하여 소유권 이전등기를 경료받지 못한 A는 주택법령상의 주택 소유자에 해당하지 않으므로 동별 대표자가 될 수 없다는 주장이 제기되고 있다. A는 동별 대표자에 출마할 수 있을까?

질의 배경

관할 구청이, 주민등록을 마치고 거주하고 있으며 분양대금 및 취득세 등을 납부 완료한 자는 소유권 이전등기 전이라도 입주자(주택의 소유자)로 보아 동별 대표자로 선출이 가능한지 여부에 대해 국토해양부에 질의를 하여 회신을 받았으나, 국토해양부의 회신에 대해 이견이 있어 법제처에 법령해석을 요청한 안건임.

공동주택을 분양 받아 분양대금 및 취득세 등을 납부하고 주민등록을 마친 후 거주하고 있는 자로서, 사업주체의 사정으로 소유권 이전등기를 경료받지 못한 자의 경우, 소유권 이전등기 전이라도 「주택법 시행령」 제50조제3항에 따라 동별 대표자로 선출될 수 있는 입주자로 볼 수 있는지?

주장 가능한 의견

가. 동별 대표자로 선출될 수 있는 입주자로 볼 수 없음

동별 대표자가 될 수 있는 입주자에 대해 「주택법」 제2조제12호다목은 '주택의 소유자 또는 그 소유자를 대리하는 배우자 및 직계존비속'으로 규정하고 있으므로 소유권 이전등기가 경료되지 않은 자는 동별 대표자로 선출될 수 있는 입주자로 볼 수는 없음.

나. 동별 대표자로 선출될 수 있는 입주자로 볼 수 있음

동별 대표자로 선출될 수 있는 입주자를 반드시 소유권 이전등기를 경료한 자로 한정할 필요도 없고, 분양대금 및 취득세 등을 납부하고, 주민등록을 마친 후 거주하고 있는 자임에도 사업주체의 사정으로 소유권 이전등기만을 경료받지 못한 경우라면 실질적으로 소유권을 행사할 지위에 있다고 할 수 있으므로 그러한 자는 주택의 소유자에 준하는 자로 보아 동별 대표자에 선출될 수 있음.

최종 해석 내용

가. 결론

공동주택을 분양 받아 분양대금 및 취득세 등을 납부하고 주민등록을 마친 후 거주하고 있는 자로서, 사업주체의 사정으로 소유권 이전등기를 경료받지 못한 자의 경우, 소유권 이전등기 전이라도 「주택법 시행령」 제50조제3항에 따라 동별 대표자로 선출될 수 있는 입주자로 볼 수 있다 할 것입니다.

나. 이유

살피건대, 「주택법」 제43조에 따른 입주자대표회의는 공동주택의 관리·감독을 위하여 입주자등이 자체적으로 조직한 단체로 입주자등의 선거로 선출된 동별 대표자로 구성하도록 되어 있고, 동별 대표자로 선출되는 것은 공동주택의 소유권을 외부에 행사하는 것이라기보다는 공동주택의 관리·감독을 위한 입주자등의 대표자로 선출되는 것이므로, 동별 대표자로 선출될 수 있는 입주자를 반드시 소유권 이전등기를 경료한 자로 한정할 필요도 없고, 분양대금 및 취득세 등을 납부하고 주민등록을 마친 후 거주하고 있는데도 다만 사업주체의 사정으로 소유권 이전등기만을 경료받지 못한 자라면 실질적으로 소유권을 행사할 지위에 있다고 할 수 있으므로, 주택의 소유자에 준하는 자로 보아 동별 대표자에 선출될 수 있다고 할 것입니다.

또한, 수분양자 등이 분양대금 또는 분담금을 전부 납부하였음에도 사업주체의 사정으로 소유권 이전등기를 경료받지 못하였다고 하여 공동주택의 관리권을 사업주체에게 그대로 남겨두는 것은 불합리하고, 원칙적으로 입주자는 공동주택의 소유자를 지칭하는 것이지만, 최초의 입주자대표회의를 구성함에 있어서 이미 적법한 사용승인 또는 임시사용승인을 얻은 공동주택에 사업주체의 동의하에 입주를 마친 수분양자를 배제하여야 할 아무런 합리적인 사유가 없다고 할 것입니다(서울고등법원 2012. 3. 21. 자 2011라1350 결정례 참조).

해설

본 유권해석 본문에서 언급된 서울고등법원의 판결 외에도 사안은 조금 다르지만 대법원은 「집합건물의 소유 및 관리에 관한 법률」에 따른 관리단 구성원에 관한 사건에서 수분양자로서 분양대금을 완납했음에도 분양자 측의 사정으로 소유권 이전등기를 경료받지 못한 경우에는 이러한 수분양자도 소유자에 준하는 것으로 볼 수 있다고 판단한 바 있다(대법원 2004마515 결정).

본 유권해석과 비교해서 같이 보아야 할 것이 13-0242 해석이다. 유사한 듯 보이지만 결론은 정반대로 나왔다. 차이점은 분양대금을 완납하였는지 여부였다. 즉, 13-0242 사안은 이 사안과 달리 분양대금이 완납되지 않았고, 그에 따라서 취득세 등도 당연히 납부되지 않았으므로, 단지 소유권 이전등기를 경료받기로 합의했다는 사정만으로는 그 사람을 동별 대표자로 선출될 수 있는 입주자로 볼 수 없다는 결론을 내렸다.

〈주택법 시행령〉

제50조(입주자대표회의의 구성 등) ① · ② (생 략)

　③동별 대표자는 동별 대표자 선출공고일 현재 당해 공동주택단지안에서 주민등록을 마친 후 계속하여 6개월 이상(최초의 입주자대표회의를 구성하거나 제2항 단서의 규정에 의한 입주자대표회의를 구성하기 위하여 동별 대표자를 선출하는 경우는 제외한다) 거주하고 있는 입주자(입주자가 법인의 경우에는 대표자를 말한다) 중에서 다음 각 호의 구분에 따라 선거구 입주자등의 보통 · 평등 · 직접 · 비밀선거를 통하여 선출한다.

1. 입후보자가 2명 이상인 경우: 다득표자를 선출

2. 입후보자가 1명인 경우: 입주자등의 과반수가 투표하고 투표자의 과반수 찬성으로 선출

　④ ~ ⑧ (생 략)

3

분양대금 중 일부를 납부하면 소유권 이전등기를 경료받기로 사업주체와 합의하고 이를 납부하였으나 사업주체의 사정으로 소유권 이전등기가 경료되지 않은 사람은 동별 대표자로 선출될 수 있는 입주자로 볼 수 있는지 (법제처 2013. 8. 14. 회신 13-0242 해석례)

예시 상황

A는 甲 아파트 1동 101호를 분양 받아 주민등록을 마친 후 거주하고 있다. 하지만 사업주체의 손해배상소송으로 인한 사정으로 인해 분양대금 중 80%를 납부하고 나머지 20%는 소송종결 후 납부하는 조건으로 사업주체와 합의하여 입주한 것이어서 아직 소유권 이전등기는 하지 못하였다. A는 주택법령상 동별 대표자에 출마할 수 있는 입주자에 해당할까?

질의 배경

사업주체 측으로부터 잔금유예를 받아 분양대금 중 일부를 납부하였으나 사업주체 측의 사정으로 소유권 이전등기가 경료되지 않은 경우, 주민등록을 마치고 거주하는 자를 입주자(주택의 소유자)로 보아 동별 대표자로 선출할 수 있는지 여부에 대하여, ○○도가 국토교통부에 질의를 하여 회신을 받았으나 국토교통부의 회신에 대해 이견이 있어 법제처에 법령해석을 요청한 안건임.

질의 요지

「주택법」 제2조제12호다목에 따르면 같은 법 제42조부터 제45조까지, 제55조 및 제59조의 경우에는 "입주자"를 "주택의 소유자 또는 그 소유자를 대리하는 배우자 및 직계존비속"으로 규정하고 있고, 같은 법 제43조 및 같은 법 시행령 제50조에 따르면 입주자대표회의를 구성하는 동별 대표자는 입주자 중에서 선거를 통하여 선출하도록 규정하고 있는바, 사업주체로부터 잔금유예를 받아 분양대금 중 80퍼센트를 납부하면 소유권 이전등기를 경료받기로 합의하고 분양대금의 80퍼센트를 납부하였으나 사업주체 측의 사정으로 소유권 이전등기가 경료되지 않은 자로서, 주민등록을 마치고 거주하는 자를 「주택법 시행령」 제50조제3항에 따라 동별 대표자로 선출될 수 있는 입주자로 볼 수 있는지?

주장 가능한 의견

가. 「주택법 시행령」 제50조제3항의 입주자로 볼 수 없음

○ 「주택법」 제2조제12호다목에서는 "입주자"에 대하여 "같은 법 제42조부터 제45조까지의 경우에는 주택의 소유자 또는 그 소유자를 대리하는 배우자 및 직계존비속"으로 규정하고 있음.

○ 사업주체와의 동의하에 잔금유예기간을 두고 입주를 하였으나, 어떤 사유에서건 분양대금을 전부 납부하지 않아 잔금 납부 전으로, 「지방세법」 제20조제2항제1호에 따라 취득세를 납부하지 않고 있으며, 잔금이 남아 있는 경우에는 소유권 분쟁 등의 우려가 있는 점 등을 감안하여 주택에 입주하였더라도 주택의 소유자로 보기 어려움.

○ 따라서 잔금유예 세대의 경우 입주자로서 동별 대표자에 출마하거나 선출될 수 없음.

나.「주택법 시행령」제50조제3항의 입주자로 볼 수 있음

○ 경기도 공동주택 관리규약 준칙 및 해당 단지 관리규약에 "입주자등의 자격은 소유자가 공동주택 1세대의 구분소유권을 취득(최초 입주 시에는 사업주체가 입주자에게 명도한 때를 말한다)한 때에 발생한다"라고 규정하고 있음.
○ 최초의 입주자대표회의를 구성함에 있어서 이미 적법한 사용승인을 얻은 공동주택에 사업주체의 동의하에 입주를 마친 분양자를 입주자로 보는 것이 타당함.
○ 따라서 잔금유예 세대의 경우 입주자로서 동별 대표자에 출마하거나 선출될 수 있음.

최종 해석 내용

가. 결론

사업주체로부터 잔금유예를 받아 분양대금 중 80퍼센트를 납부하면 소유권 이전등기를 경료받기로 합의하고 분양대금의 80퍼센트를 납부하였으나 사업주체 측의 사정으로 소유권 이전등기가 경료되지 않은 자로서, 주민등록을 마치고 거주하는 자는「주택법 시행령」제50조제3항에 따라 동별 대표자로 선출될 수 있는 입주자로 볼 수 없다고 할 것입니다.

나. 이유

살피건대, 「주택법」 제43조 및 같은 법 시행령 제50조에 따르면 입주자대표회의를 구성하는 동별 대표자는 입주자 중에서 선출하도록 규정하고 있고, 입주자는 같은 법 제2조제12호다목에 따라 "주택의 소유자 또는 그 소유자를 대리하는 배우자 및 직계존비속"을 의미하며, 「민법」 제187조에 따라 상속, 공용징수, 판결, 경매 기타 법률의 규정에 의한 부동산에 관한 물권의 취득은 등기를 요하지 아니하나 이를 제외한 일반적인 소유권 취득의 경우에는 등기를 요하는바, 소유권 이전등기를 경료 받지 못한 자는 공동주택을 분양 받아 주민등록을 마친 후 거주하고 있다고 하더라도 소유자로 볼 수 없으므로 원칙적으로 동별 대표자로 선출될 수 있는 입주자로 볼 수 없다 할 것입니다.

다만, 예외적으로 분양대금 및 취득세 등을 전액 납부하고 주민등록을 마친 후 거주하고 있는 경우 소유자에 준하는 자로서 동별 대표자에 선출될 수 있다고 할 것이나(법제처 2013. 1. 14. 회신 12-0549 해석례, 대법원 2005. 12. 16. 선고 2004마515 결정례 참조), 이 경우 소유자에 준하는 지위란 형식적으로 등기를 경료 받지 못하였다고 하더라도 이미 잔금이나 취득세 등을 모두 납부하여 등기예정자로 확정되어 있어, 실질적으로 소유권을 행사할 지위를 인정하더라도 이후 소유권 분쟁의 발생 우려가 없는 특별한 사정이 있는 경우와 같이 극히 예외적으로 인정되는 것인 만큼 이를 함부로 확대하여 적용해서는 안 될 것인바, 이 사안과 같이 잔금 및 취득세 등을 전액 납부하지 않은 경우, 이후 소유권 분쟁의 발생 가능성이 존재하는 등 소유권의 취득 여부가 확정되지 아니한 상태에 있다 할 것이어서 소유권에 준하는 지위는 인정되지 아니하므로 「주택법 시행령」 제50조제3항의 입주자로 볼 수는 없을 것입니다.

또한, 「주택법 시행령」 제50조제3항에서는 입주자 또는 임차하여 사용하는 자를 의미하는 입주자등에게 입주자대표회의를 구성하는 동별 대표자의 선출권을 부여하면서도 동별 대표자의 피선출권은 주택의 소유자 또는 그 소유자를 대리하는 배우자 및 직계존비속으로 한정되는 입주자에게만 부여하고 입주자대표회의에 많은 권한을 부여하고 있는바, 입주자대표회의를 구성하는 동별 대표자로 선출될 수 있는 입주자에 대해서는 이러한 주택법령의 입법취지와 관계규정 등을 고려하여 해석하는 것이 타당하다 할 것입니다.

한편, 실제 거주하고 있는 입주자에게 관리·감독권을 인정할 현실적 필요성이 있다는 점을 고려하여 입주자의 개념에 자신의 귀책사유 없이 또는 사업주체의 동의하에 잔금 일부를 납부하지 못하고 실제 거주하는 자를 포함시켜 해석하여야 한다는 견해가 있을 수 있으나, 「주택법」 제2조제12호다목에서 같은 법 제43조의 입주자는 주택의 소유자 또는 그 소유자를 대리하는 직계존비속을 말한다고 명확하게 규정하고 있으므로 현실적 필요성만을 내세워 입주자의 개념에 대하여 문언의 의미를 벗어나 과도하게 확장할 수는 없다고 할 것입니다.

해설

본 유권해석과 비교해서 같이 보아야 할 것이 12-0549 해석이다. 유사한 듯 보이지만 결론은 정반대로 나왔다. 차이점은 분양대금을 완납하였는지 여부였다. 즉, 12-0549 사안에서는 분양대금이 완납되었고, 취득세 등도 전부 납부되었던 데 비해 이 사안에서는 분양대금이 완납되지 않았고, 그에 따라서 취득세 등도 당연히 납부되지 않았으므로, 단지 소유권 이전등기를 경료받기로 합의했다는 사정만으로는 그 사람을 동별 대표자로 선출될 수 있는 입주자로 볼 수는 없다는 것이다. 다만, 본 건의 사실관계를 보면, 수분양자가 분양대금을 전액 납부할 의사가 있는 것으로 보이고, 단지 수분양자의 귀책사유 없이 잔금유예기간을 둘 수밖에 없는 사정이 존재한 것이라는 점을 고려하면 수분양자 입장에서는 불합리하게 생각할 여지가 충분하다고 본다. 다만, 법제처의 유권해석은 구체적인 사실관계를 고려하여 판단을 내리는 것이 아니고 법령 조문의 해석에 대한 일응의 기준을 제시해 주는 것이라는 점에서 이와 같이 결론을 내릴 수 없었을 것이라고 이해할 수 있다. 만약 소송으로 진행되었다면 그 결과가 본 유권해석과 동일한 결론을 내렸을 것이라고 장담하기는 어렵다고 본다.

어쨌건 본 유권해석은 구 주택법령에 대한 것이나 현행 공동주택관리법령도 동일한 체계로 규정되어 있으므로 여전히 유효하다고 볼 수 있다.

관련조문

〈주택법〉

제2조(정의) 이 법에서 사용하는 용어의 뜻은 다음과 같다.

　12. "입주자"란 다음 각 목의 구분에 따른 자를 말한다.

　가·나. (생 략)

　다. 제42조부터 제45조까지, 제55조 및 제59조의 경우: 주택의 소유자 또
　　는 그 소유자를 대리하는 배우자 및 직계존비속(直系尊卑屬)

〈주택법 시행령〉

제50조(입주자대표회의의 구성 등) ①·② (생 략)

　③ 동별 대표자는 동별 대표자 선출공고일 현재 당해 공동주택단지안에서
　주민등록을 마친 후 계속하여 6개월 이상(최초의 입주자대표회의를 구성
　하거나 제2항 단서의 규정에 의한 입주자대표회의를 구성하기 위하여 동

별 대표자를 선출하는 경우는 제외한다) 거주하고 있는 입주자(입주자가 법인의 경우에는 대표자를 말한다) 중에서 다음 각 호의 구분에 따라 선거구 입주자등의 보통·평등·직접·비밀선거를 통하여 선출한다.

1. 입후보자가 2명 이상인 경우: 다득표자를 선출

2. 입후보자가 1명인 경우: 입주자등의 과반수가 투표하고 투표자의 과반수 찬성으로 선출

④ ~ ⑧ (생 략)

4 | 외국인이 동별 대표자로 입후보할 수 있는지 (법제처 2015. 5. 12. 회신 15-0195 해석례)

예시 상황

주택법령은 주민등록을 마친 후 6개월 이상 거주하고 있는 입주자는 동별 대표자가 될 수 있다고 규정하고 있다. 그런데, 외국인등록과 체류지 변경 신고를 마치고 6개월 이상 거주하고 있는 외국인도 주택법령상 주민등록 을 마친 후 6개월 이상 거주하고 있는 입주자로 볼 수 있을까?

질의 배경

외국인인 입주자가 동별 대표자에 출마해서 당선되었는데, 이에 대해서 이 의를 제기하는 입주자들이 있어 아파트 관리소장인 민원인이 법령해석을 요청 한 사안임.

질의 요지

재외국민이 아닌 외국인이 공동주택 단지 안에서 「출입국관리법」에 따라 외 국인등록과 체류지 변경신고를 마치고 6개월 이상 거주하고 있는 입주자인 경 우, 그 외국인은 「주택법 시행령」 제50조제3항에 따라 해당 공동주택단지의 동 별 대표자가 될 수 있는지?

가. 외국인도 동별 대표자가 될 수 있음

「출입국관리법」 제88조의2에서는 외국인등록과 체류지 변경신고는 주민등록과 전입신고를 갈음한다고 정하고 있으므로, 외국인인 입주자가 외국인등록과 체류지 변경신고를 마쳤다면 주민등록을 한 것으로 볼 수 있고, 동별 대표자가 될 수 있음.

나. 외국인은 동별 대표자가 될 수 없음

법령의 문언상, "주민등록"을 하도록 되어 있고, 별도의 예외 조항도 없으므로 주민등록이 불가능한 외국인은 동별 대표자에 출마를 할 수 없음.

가. 결론

재외국민이 아닌 외국인이 공동주택단지 안에서 「출입국관리법」에 따라 외국인등록과 체류지 변경신고를 마치고 6개월 이상 거주하고 있는 입주자인 경우 그 외국인은 「주택법 시행령」 제50조제3항에 따라 해당 공동주택단지의 동별 대표자가 될 수 있습니다.

나. 이유

먼저, 외국인에 대해서 「대한민국 헌법」은 "외국인은 국제법과 조약이 정하는 바에 의하여 그 지위가 보장된다"고 규정하고 있고(제6조제2항), 이러한 헌법의 정신에 따라 여러 법령에서 외국인을 대한민국 국민과 동등하게 대우하고 있습니다. 다만, 선거권이나 공무담임권을 포함하는 참정권 등 대한민국 국민에게만 인정되는 기본권 분야에서는 명문의 규정이 없이도 외국인에게는 그와 같은 기본권이 인정되지 않는 것으로 해석될 수 있으나, 그 밖의 법률에서는 외국인에 대하여 제한하는 명문의 규정을 두지 않은 경우에는 외국인에 대한 제한은 없는 것으로 해석하는 것이 원칙이라 할 것입니다.

그런데, 동별 대표자의 자격에 대하여 정하고 있는 「주택법 시행령」 제50조제3항에 따르면 주민등록을 마친 후 계속하여 6개월 이상 거주하고 있는 입주자는 동별 대표자가 될 수 있습니다. 이는 공동주택의 관리와 관련하여 수시로 발생하는 이해관계를 조정하게 되는 입주자대표회의의 지위와 성격상 공동주택에 실제로 일정 기간 이상 거주하여 해당 공동주택단지의 사정을 어느 정도 파악하고 있는 사람이 동별 대표자로 선출될 수 있게 하려는 것이므로 이러한 '거주'의 측면에서는 대한민국 국민과 외국인을 달리 볼 이유가 없고, 「주택법」 제2조제12호에 따른 입주자의 정의에서도 대한민국 국민과 외국인을 구별하거나 외국인을 명시적으로 배제하고 있지 않습니다. 따라서 「주택법 시행령」 제50조제3항에서 외국인의 동별 대표자 자격이 제한되는 것으로 보기는 어렵다고 할 것입니다.

또한, 동별 대표자가 될 수 있는 자를 해당 공동주택단지에 주민등록을 마친 경우로 한정하고 있는 것은 주민등록이 6개월 이상 거주한 것을 증명할 수 있는 객관적인 수단이 될 수 있기 때문인데, 「출입국관리법」 제88조의2제2항에서는 외국인등록과 체류지 변경신고는 주민등록과 전입신고를 갈음한다고 규정하고 있으므로, 「주민등록법」 제6조에 따라 주민등록을 할 수 없는 외국인이 외국인등록 및 체류지 변경신고를 마친 때에는 주민등록을 한 경우와 마찬가지로 거주 사실에 대하여 객관적인 증명이 있다고 할 것입니다.

해설

우리 헌법에는, 외국인은 국제법과 조약이 정하는 바에 따라 그 지위가 보장된다는 규정만 있고, 헌법상의 기본권을 보장할 것인지에 대해서는 명시적인 규정은 없지만, 인간으로서의 존엄과 가치, 행복추구권 등 이른바 자연권은 외국인에게 인정되나 실정법상의 권리는 법률로써 제한할 수 있다고 보는 것이 일반적인 견해다. 이 건의 경우 실정법상의 권리라고 할 수 있는 동별 대표자 피선거권을 인정할 수 있느냐가 쟁점이라고 할 수 있는데, 해당 조항에서 외국인은 입후보할 수 없다는 제한 규정을 두고 있지 않으므로 피선거권이 인정된다고 본 것이다. 이 유권해석을 뒷받침할 수 있는 판례도 있는데 93가합73367 판결(서울민사지방법원 1993. 12. 16. 선고, 확정)은 주택을 임차한 외국인이 체류지 변경신고를 한 경우 「주택임대차보호법」 소정의 주민등록을 마친 것으로 볼 수 있다고 보았다. 이 유권해석은 구 주택법령에 관한 것인데 현행 공동주택관리법령에도 외국인의 입후보 가능 여부에 관한 규정을 두고 있지 않기 때문에 여전히 유효한 해석으로 보아야 할 것이다.

〈주택법 시행령〉

제50조(입주자대표회의의 구성 등) ① · ② (생 략)

　③동별 대표자는 동별 대표자 선출공고일 현재 당해 공동주택단지안에서 주민등록을 마친 후 계속하여 6개월 이상(최초의 입주자대표회의를 구성하거나 제2항 단서의 규정에 의한 입주자대표회의를 구성하기 위하여 동별 대표자를 선출하는 경우는 제외한다) 거주하고 있는 입주자(입주자가 법인의 경우에는 대표자를 말한다) 중에서 다음 각 호의 구분에 따라 선거구 입주자등의 보통 · 평등 · 직접 · 비밀선거를 통하여 선출한다.

1. 입후보자가 2명 이상인 경우: 다득표자를 선출

2. 입후보자가 1명인 경우: 입주자등의 과반수가 투표하고 투표자의 과반수 찬성으로 선출

　④ ~ ⑨ (생 략)

〈출입국관리법〉

제88조의2(외국인등록증 등과 주민등록증 등의 관계) ① 법령에 규정된 각종 절차와 거래관계 등에서 주민등록증이나 주민등록등본 또는 초본이 필요하면 외국인등록증이나 외국인등록 사실증명으로 이를 갈음한다.

　② 이 법에 따른 외국인등록과 체류지 변경신고는 주민등록과 전입신고를 갈음한다.

〈대한민국헌법〉

제6조 ① (생 략)

　② 외국인은 국제법과 조약이 정하는 바에 의하여 그 지위가 보장된다.

1	법령에 규정되어 있는 동별 대표자 결격사유 외의 결격사유를 관리규약에 추가로 둘 수 있는지 (법제처 2012. 12. 10. 회신 12-0510 해석례)

예시 상황

주택법령은 동별 대표자의 결격사유 10가지를 명시하고 있다. 甲 아파트단지는 동별 대표자로 선출된 사람이 정당한 이유 없이 회의에 3회 이상 불출석하는 등 불성실하게 직무를 수행하는 경우 제재할 필요가 있다고 판단하여 관리규약에 주택법령에는 없는 결격사유를 추가로 규정하려고 한다. 관리규약은 사적 자치의 영역이므로 주택법령에 없는 결격사유도 관리규약에 추가할 수 있는 것일까?

질의 배경

○ 민원인이 거주하는 아파트는 공동주택관리규약에서 동별 대표자의 결격사유에 대하여 「주택법 시행령」 제50조제4항 각 호에 규정되어 있지 않은 사유 8가지(예를 들어, 동별 대표자로서 정당한 사유 없이 연속하여 3

회 이상 불출석한 자는 다시 동별 대표자에 출마할 수 없음)를 추가로 규정하고 이를 주택법령에 따라 관할 구청에 신고하였는데,

○ 감독청인 구청은 동별 대표자 결격사유는 「주택법 시행령」 제50조제4항에서 정하고 있으므로 관리규약에서 추가로 규정할 수 없다고 하며, 해당 규정을 삭제하도록 시정을 요구하자,

○ 민원인은 「주택법 시행령」 제50조제4항은 예시적 규정에 불과하여 공동주택관리규약에서 동별 대표자 결격사유를 추가로 정할 수 있다고 주장하며 국토해양부에 질의했으나, 국토해양부의 회신과 의견을 달리하여 법령해석을 요청함.

질의 요지

「주택법」 제44조제2항에 따라 입주자와 사용자가 정하는 공동주택관리규약에서 같은 법 시행령 제50조제4항 각 호에 규정된 공동주택 동별 대표자의 결격사유 외의 결격사유를 추가로 규정할 수 있는지?

주장 가능한 의견

가. 관리규약에서 동별 대표자 결격사유를 추가로 규정할 수 없음

동별 대표자의 결격사유는 「주택법 시행령」 제50조제4항제1호부터 제10호까지에서 한정적으로 규정하고 있고, 그 외의 사항을 정할 수 있다는 내용을 담고 있지도 않으므로 해당 시행령과 다르게 개별 관리규약으로 결격사유를 추가할 수 없음.

나. 관리규약에서 동별 대표자 결격사유를 추가로 규정할 수 있음

「주택법」에서는 관리규약 제정권을 입주자등에게 주었는바, 「주택법 시행령」 제50조제4항 각 호에 규정된 결격사유는 필수적인 것이고 그 외의 결격사유에 대해서는 주민들의 결의로 정할 수 있다고 인정하는 것이 주민자치에 관한 법 논리에 합당하고, 해당 규정을 소관부처처럼 제한적·열거적 규정으로 해석할 이유가 없음.

최종 해석 내용

가. 결론

「주택법」 제44조제2항에 따라 입주자와 사용자가 정하는 관리규약에서 같은 법 시행령 제50조제4항 각 호에 규정된 공동주택 동별 대표자의 결격사유 외의 결격사유를 추가로 규정할 수는 없다고 할 것입니다.

나. 이유

먼저, 「주택법 시행령」 제50조제4항 각 호의 규정이 열거규정인지 예시적 규정인지 살펴볼 필요가 있는데, 예시적 규정이 일반적으로 추상적·포괄적 성격을 가지는 일반조항을 두는 데 반하여, 위 규정은 구체적인 사유 10가지만을 나열하고 있고 추상적·포괄적 조항은 두고 있지 않은 것을 볼 때 열거규정으로 보입니다.

또한, 일반적으로 결격사유란 임용·고용·위임관계 등에서 사용되는 개념

으로 고도의 전문기술 또는 윤리성이 요구되는 직(職)이나 사업 영역에 종사하는 자의 자질을 일정 수준 이상으로 유지함으로써 일반 국민을 불완전한 서비스로부터 보호하기 위한 것이지만, 그 결과로 해당 자격요건을 갖추지 못한 자는 특정 분야의 직업이나 사업을 영위할 수 없게 되어 헌법상 보장되는 기본권인 직업선택의 자유나 경제활동의 자유 등 사회활동에 있어 제한을 받게 된다고 할 것인바(법제처 2012. 6. 28. 회신 12-0346 해석례 참조), 그렇다면 결격사유를 규정하는 경우에는 공익상의 목적을 달성하는 데 필요한 최소한의 사유로 제한하여야 하고, 결격사유 규정의 해석 역시 가능한 한 엄격하게 하는 것이 타당하다 할 것입니다.

한편, 구「주택법 시행령」(2010. 7. 6. 대통령령 제22254호로 개정되기 전의 것을 말함) 제57조제1항제3호에서는 입주자와 사용자가 관리규약을 정할 때 참조하는 관리규약 준칙에 동별 대표자의 선임, 해임 및 임기에 관한 사항이 포함되어야 한다고 규정함으로써 공동주택 동별 대표자의 결격사유에 대하여는 규율하지 않고 자율적으로 정하도록 하고 있었는데, 이에 따라 지역별·공동주택단지별로 일관성이 없거나 지나치게 비합리적인 사유를 결격사유로 정하는 등 문제점이 발생해 왔습니다.

이에 따라 2010. 7. 6. 구「주택법 시행령」을 개정하여 제50조에 제4항 등 공동주택 동별 대표자의 결격사유 및 임기규정을 두면서 같은 영 제57조제1항제3호에서 동별 대표자의 임기에 관한 사항을 삭제하고 동별 대표자의 "선임"에 관한 사항을 동별 대표자의 "선거구 및 선거절차"에 관한 사항으로 한정하였는바,「주택법 시행령」제50조제4항의 입법취지는 자율적으로 정하도록 하던 결격사유를 직접 규율하려는 것이고,「주택법 시행령」제50조제4항 각 호에서 규정한 결격사유 외 새로운 사유를 관리규약에서 추가하는 것을 허용하지 않으려는 것이라고 할 것입니다.

한편, 관리규약은 자치규약으로서 결격사유를 추가로 규정할 수 있어야 한다는 의견이 있을 수 있으나, 공동주택의 사적 자치가 보장되어야 한다 하더라도 공동주택은 그 특성상 한 세대의 전속적인 주거공간이 아니라 여러 세대가 하나의 건축물에서 같이 주거생활을 하는 곳으로서 순수한 사적 자치의 영역이라기보다는 공법적 규율이 함께 적용되는 영역이라고 보는 것이 타당하다고 할 것입니다.

해설

이 사안과 관련된 유권해석으로 관리규약에 동별 대표자의 해임사유를 추가할 수 있는지를 묻는 질의에 대해 법제처는 추가할 수 있다는 취지로 결론을 내린 바 있다(12-0052 해석례). 그 사례는 아예 입후보를 할 수 있는 자격을 막는 결격사유에 관한 것이 아니고 이미 동별 대표자로 선출된 사람을 해임하는 경우에 관한 것이라는 점에서 본 사안과 차이가 있다. (더욱이 그 후 해당 조문이 개정되어 현행 「공동주택관리법 시행령」 제19조제1항제3호에서는 해임 사유를 자율적으로 관리규약으로 정할 수 있도록 하고 있다.)

본 유권해석은 그 후 사법부에 의해서도 지지되었는데 2013가합20919 판결 [서울북부지방법원 2014. 1. 23 선고 (확정)]이 그것이다. 그 주요 논거를 살펴보자. 법원은, 피선거권은 단체의 민주적 정당성을 확보하기 위한 고유하고 기본적인 권리로서 최대한 보장되어야 하므로 이를 제한하는 규정은 엄격하게 해석되어야 하는데, 주택법령에서 동별 대표자의 피선거권 제한 사유를 관리규약 등에 위임하고 있지 않은 이상 결격사유를 입주자대표회의가 임의로 창설할 수 없다고 보았다.

이 사안은 구 주택법령에 대한 것이기는 하나 현행 공동주택관리법령도 동일한 규율 내용을 갖고 있다. 그 현행 조항에 대해 또다시 해석 요청이 있었는데 그에 대해서도 법제처는 결격사유를 추가할 수 없다는 동일한 유권해석을 내린 바 있다(21-0709 해석례).

관련조문

〈주택법〉

제44조(공동주택관리규약) ① 시·도지사는 공동주택의 입주자 및 사용자를 보호하고 주거생활의 질서를 유지하기 위하여 대통령령으로 정하는 바에 따라 공동주택의 관리 또는 사용에 관하여 준거가 되는 공동주택관리규약(이하 "관리규약"이라 한다)의 준칙을 정하여야 한다.

② 입주자와 사용자는 제1항에 따른 관리규약의 준칙을 참조하여 관리규약을 정한다.

③ (생 략)

〈주택법 시행령〉

제50조(입주자대표회의의 구성 등) ① ~ ③ (생 략)

④ 다음 각 호의 어느 하나에 해당하는 사람은 동별 대표자가 될 수 없으며 그 자격을 상실한다.

1. 미성년자, 금치산자 및 한정치산자

2. 파산자로서 복권되지 아니한 사람

3. 금고 이상의 실형 선고를 받고 그 집행이 끝나거나(집행이 끝난 것으로 보는 경우를 포함한다) 집행이 면제된 날로부터 5년이 지나지 아니한 사람

4. 금고 이상의 형의 집행유예선고를 받고 그 유예기간 중에 있는 사람

5. 공동주택 관리와 관련하여 벌금 100만원 이상의 형을 선고받은 후 5년이 지나지 아니 한 사람

6. 제50조의2제2항에 따른 선거관리위원회 위원(잔여임기를 남겨두고 위원을 사퇴한 사람을 포함한다)

7. 주택의 소유자가 서면으로 위임한 대리권이 없는 소유자의 배우자나 직계존비속

8. 해당 공동주택 관리주체의 소속 임직원과 관리주체에 용역을 공급하거나 사업자로 지정된 자의 소속 임원

9. 해당 공동주택의 동별 대표자를 사퇴하거나 해임된 날로부터 4년이 지나지 아니한 사람

10. 제58조제1항부터 제5항까지의 관리비, 사용료 및 장기수선충당금 등(이하 "관리비등"이라 한다)을 3개월 이상 연속하여 체납한 사람

⑤ ~ ⑧ (생 략)

제57조(관리규약의 준칙) ① 법 제44조제1항에 따라 시 · 도지사가 정하는 관리규약의 준칙에는 다음 각 호의 사항이 포함되어야 한다. 이 경우 공동주택의 입주자등 외의 자의 기본적인 권리를 해하는 사항이 포함되어서는 아니된다.

1. · 2. (생 략)

3. 동별 대표자의 선거구 · 선출절차 · 해임사유(업무상의 위법행위로 한정한다)

3의2. ~ 22. (생 략)

② ~ ⑤ (생 략)

〈舊 주택법 시행령(2010. 7. 6. 대통령령 제22254호로 개정되기 전의 것)〉

제57조(관리규약의 준칙) ① 법 제44조제1항에 따라 시·도지사가 정하는 관리규약의 준칙에는 다음 각 호의 사항이 포함되어야 한다. 이 경우 공동주택의 입주자등 외의 자의 기본적인 권리를 해하는 사항이 포함되어서는 아니된다.

1.·2. (생 략)

3. 동별 대표자의 선임·해임 및 임기

4. ~ 22. (생 략)

② ~ ④ (생 략)

〈現 공동주택관리법 시행령(대통령령 제32076호)〉

제19조(관리규약의 준칙) ① 법 제18조제1항에 따른 관리규약의 준칙(이하 "관리규약준칙"이라 한다)에는 다음 각 호의 사항이 포함되어야 한다. 이 경우 입주자등이 아닌 자의 기본적인 권리를 침해하는 사항이 포함되어서는 안 된다.

1. 입주자등의 권리 및 의무(제2항에 따른 의무를 포함한다)

2. 입주자대표회의의 구성·운영과 그 구성원의 의무 및 책임

3. 동별 대표자의 선거구·선출절차와 해임 사유·절차 등에 관한 사항

4. ~ 29. (생 략)

② · ③ (생 략)

법령에 결격사유 규정이 신설되기 전에 동별 대표자로 선출된 자가 그 규정 시행 후에 결격사유에 해당하게 된 경우 그 자격이 상실되는지 (법제처 2011. 12. 29. 회신 11-0732 해석례)

예시 상황

A는 2010년 2월에 甲 아파트단지 동별 대표자로 선출되었다. 그런데, 2010년 7월 주택법령의 개정으로 관리비를 3개월 연속 체납한 사람은 동별 대표자의 자격을 상실하게 되었는데, A는 2011년 6월부터 8월까지 관리비를 3개월 연속 체납하였다. 2010년 7월 개정된 주택법령은 부칙에서 새로 신설된 결격사유는 법령 시행 후 최초로 동별 대표자를 선출하기 위하여 공고하는 때부터 적용한다고 규정하고 있으므로 A는 현재의 임기 중에는 해당 규정의 적용을 받지 않는다고 주장하고 있다. 개정된 주택법령의 규정은 해당 규정의 개정 전에 선출된 A에게 적용되는 것일까?

질의 배경

A가 동별 대표자로 선출된 후에 「주택법 시행령」의 개정으로 결격사유가 신설되어* 관리비를 3개월 연속 체납 시 동별 대표자 자격이 상실되게 되었음. A는 동 규정 시행 후 관리비를 3개월 연속 체납하였음.

이러한 경우에 A가 동별 대표자 자격이 상실되는지에 대한 질의임.

종전	개정
제50조(입주자대표회의의 구성 등) ①~③ (생 략) ④입주자대표회의에 두는 임원은 동별 대표자 중에서 선출하되, 회장 1인을 포함한 3인 이상의 이사 및 1인 이상의 감사로 구성한다. ⑤ (생 략) 〈신설〉	제50조(입주자대표회의의 구성 등) ①~③ (생 략) ④ 다음 각 호의 어느 하나에 해당하는 사람은 동별 대표자가 될 수 없으며 그 자격을 상실한다. 1. ~ 9. (생 략) 10. 제58조제1항부터 제5항까지의 관리비, 사용료 및 장기수선충당금 등(이하 "관리비등"이라 한다)을 3개월 이상 연속하여 체납한 사람 ⑤ (생 략) ⑥~⑧ (생 략)
	부칙 제2조(동별 대표자 등의 선출에 관한 적용례) ① 제50조제3항부터 제6항까지의 개정규정은 이 영 시행 후 최초로 동별 대표자 및 입주자대표회의의 임원을 선출하기 위하여 공고하는 때부터 적용한다. ② 제50조제7항의 개정규정은 이 영 시행 후 최초로 선출되는 동별 대표자부터 적용한다.

질의 요지

「주택법 시행령」(2010. 7. 6. 대통령령 제22254호로 개정된 것을 말함) 시행 전에 동별 대표자로 선출된 자가 같은 법 시행령 제50조제4항의 개정규정 시행 이후에 같은 항 제10호의 결격사유에 해당(관리비 3개월 연속 체납)하게 된 경우 그 자격이 상실되는지?

주장 가능한 의견

가. 「주택법 시행령」 시행 전에 선출된 동별 대표자는 부칙 제2조제1항에 따라 개정규정을 적용받지 않으므로 그 자격이 상실되지 않음

「주택법 시행령」 제50조제4항의 결격사유는 같은 법 시행령 부칙 제2조제1항에 따라 이 영 시행 후 최초로 선출되는 동별 대표자부터 적용되므로 이 영 시행 전에 선출된 동별 대표자는 개정규정의 적용대상이 아니라 할 것이므로, 시행령 시행 후인 2011년 8월에 관리비를 3개월 연체했다고 하더라도 「주택법 시행령」 시행 전에 선출된 동별 대표자는 그 자격이 상실되지 않음.

나. 「주택법 시행령」 시행 전에 선출된 동별 대표자가 개정 규정 시행 후에 관리비를 3개월 연체했다면 그 자격이 상실됨

○ 「주택법 시행령」 제50조의 제목은 "입주자대표회의 구성 등"으로 되어 있어 이는 동별 대표자의 선출, 선출 후의 자격상실, 입주자대표회의의 임원 선출에 관한 내용이 포함되는 데 반해, 「주택법 시행령」 부칙 제2조의 제목은 "동별 대표자 등의 선출에 관한 적용례"라고 되어 있는바, 이는 같은 법 시행령 제50조제3항부터 제6항까지 전체를 포괄하여 적용되는 것이 아니라 그중 동별 대표자 등의 선출에만 한정하여 적용되는 것임.

○ 따라서 「주택법 시행령」 부칙 제2조제1항의 규정내용은 동별 대표자 등의 선출에만 제한되므로 동별 대표자의 선출을 제외한 자격상실에 관해서는 동별 대표자가 「주택법 시행령」 제50조제4항의 시행 전에 선출되었는지 시행 이후에 선출되었는지에 관계없이 자격상실에 해당하는 행위가 시행 전에 이루어졌는지 시행 후에 이루어졌는지가 문제 된다고 할 것인바, 개정된 「주택법 시행령」 제50조제4항의 시행 전에 선출된 동별 대표자가 시행령 시행 후인 2011년 8월에 관리비를 3개월 연체했다면 그 자격을 상실함.

최종 해석 내용

가. 결론

「주택법 시행령」(2010. 7. 6. 대통령령 제22254호로 개정된 것을 말함) 시행 전에 동별 대표자로 선출된 자가 같은 법 시행령 제50조제4항의 개정규정 시행 이후에 같은 항 제10호의 결격사유에 해당(관리비 3개월 연속 체납)하게 되었더라도 그 자격은 상실되지 않는다고 할 것입니다.

나. 이유

일반적으로 결격사유란 임용·고용·위임관계 등에서 당해 법률관계의 당사자가 될 수 없는 사유, 국가가 창설하여 운영하는 각종 자격제도에서 그러한 자격을 취득할 수 없거나 그러한 자격을 기초로 업무를 개시할 수 없는 사유 등의 의미로 사용되는 개념으로, 특정 직업의 요건으로 결격사유를 두는 취지는 고도의 전문기술 또는 윤리성이 요구되는 직이나 사업 영역에 종사하는 자의 자질을 일정 수준 이상으로 유지함으로써 일반 국민을 불완전한 서비스로부터 보호하기 위한 것인데, 결격사유 규정은 사회생활의 안전과 건전한 경제질서 유지라는 공익상의 이유로 인정되는 것이지만 그 결과로 해당 자격요건을 갖추지 못한 자는 특정 분야의 직업이나 사업을 영위할 수 없게 되어 헌법상 보장되는 기본권인 직업선택의 자유나 경제활동의 자유를 제한받게 된다고할 것인바, 「주택법 시행령」 부칙 제2조제1항에서 "제50조제3항부터 제6항까지의 개정규정은 이 영 시행 후 최초로 동별 대표자를 선출하기 위하여 공고하는 때부터 적용한다"는 적용례를 둔 취지는 이러한 결격사유를 두는 의의와 그로 인하여 제한받는 기본권과의 관계를 비교 형량하여 동별 대표자의 결격사유 및 자격상실에 관한 규정이 신설됨으로 인해 개정규정 시행 전에 선출된 동별 대표자가 소급적으로 자격이 상실되는 불이익을 방지하여 기득권을 보호하고 법적 안정성을 확보하기 위한 것으로 보입니다.

그렇다면, 「주택법 시행령」 부칙 제2조제1항의 동별 대표자의 선출에 관한 적용례 규정은, 「주택법 시행령」 제50조제4항, 즉 동별 대표자의 결격사유 및 자격상실 규정을 동 규정이 신설되어 시행된 후 최초로 동별 대표자를 선출하기 위하여 공고하고 선출된 동별 대표자부터 적용되도록 하여 신·구 법령의 적용대상을 명백히 하기 위하여 둔 것으로 해석(법제처 09-0359 해석례 참조)되므로, 개정규정 시행 전에 선출된 동별 대표자는 「주택법 시행령」 제50조제4항의 개정규정의 적용을 받지 않는다고 할 것입니다.

해설

이 유권해석은 구 주택법령 규정에 관한 것이지만 부칙규정을 어떻게 해석할 것인지는 늘 문제 될 수 있기 때문에 여전히 의미가 있는 해석이다. 어찌 보면 본 유권해석은 당연한 것으로 보일 수 있겠으나, 해석대상이 되었던 부칙 규정을 입안할 때 좀 더 분명하게 규정할 수 있지 않았는가 하는 아쉬움은 남는다. 즉, 이 사례에서 둔 적용례는 신설된 결격사유를 임원 선출 공고 시부터 적용하도록 하겠다는 뜻을 표명한 것에 불과하기 때문에 그 규정에서 그 전에 이미 선출된 사람에 대해서는 결격사유를 적용하지 않겠다는 의미가 필연적으로 도출되는 것은 아니다. 따라서 이 사례와 같은 경우 신설된 결격사유를 적용하지 않게 하려는 뜻을 분명히 하기 위해서는 좀 더 적극적으로 "이미 선출된 사람에 대해서는 그 임기 동안에는 새로 규정한 결격사유를 적용하지 않는다(또는 종전의 규정에 따른다)"는 취지로 규정하는 것이 보다 좋았을 것이다.

〈舊 주택법 시행령(2010. 7. 6. 대통령령 제22254호로 개정된 것)〉

[본칙]

제50조(입주자대표회의의 구성 등) ① ~ ③ (생 략)

④ 다음 각 호의 어느 하나에 해당하는 사람은 동별 대표자가 될 수 없으며 그 자격을 상실한다.

1. 미성년자, 금치산자 및 한정치산자

2. 파산자로서 복권되지 아니한 사람

3. 금고 이상의 실형 선고를 받고 그 집행이 끝나거나(집행이 끝난 것으로 보는 경우를 포함한다) 집행이 면제된 날로부터 5년이 지나지 아니한 사람

4. 금고 이상의 형의 집행유예선고를 받고 그 유예기간 중에 있는 사람

5. 공동주택 관리와 관련하여 벌금 100만원 이상의 형을 선고받은 후 5년이 지나지 아니 한 사람

6. 제50조의2제2항에 따른 선거관리위원회 위원(잔여임기를 남겨두고 위원을 사퇴한 사람을 포함한다)

7. 주택의 소유자가 서면으로 위임한 대리권이 없는 소유자의 배우자나 직계존비속

8. 해당 공동주택 관리주체의 소속 임직원과 관리주체에 용역을 공급하거나 사업자로 지정된 자의 소속 임원

9. 해당 공동주택의 동별 대표자를 사퇴하거나 해임된 날로부터 4년이 지나지 아니한 사람

10. 제58조제1항부터 제5항까지의 관리비, 사용료 및 장기수선충당금 등(이하 "관리비등"이라 한다)을 3개월 이상 연속하여 체납한 사람

⑤ ~ ⑧ (생 략)

[부칙]

제2조(동별 대표자 등의 선출에 관한 적용례) ① 제50조제3항부터 제6항까
　　지의 개정규정은 이 영 시행 후 최초로 동별 대표자 및 입주자대표회의의
　　임원을 선출하기 위하여 공고하는 때부터 적용한다.
　　② (생 략)

제13장

그 밖의 특수 사례

1	"입주자등의 과반수"란 "총 입주예정 세대수의 과반수"를 말하는 것인지, 아니면 "실제 입주한 세대수의 과반수"를 말하는 것인지 (법제처 2011. 6. 16. 회신 11–0255 해석례)

예시 상황

甲 아파트단지는 10개 동으로 구성되어 있는데 10개 동의 총 입주예정자 중 과반수가 입주하여 주택법령상 입주자대표회의를 구성할 수 있는 요건을 충족하였다. 10개 동 중 1동은 78세대 규모로 건축되어 44세대가 입주하였다. 1동은 동별 대표자 입후보자가 1명이어서 주택법령에 따라 입주자등의 과반수로 선출해야 하는데 총 입주예정 세대수인 78세대를 기준으로 과반수의 찬성을 받아야 하는지, 실제 입주한 세대수인 44세대를 기준으로 과반수의 찬성을 받아야 하는지 논란이 일고 있다. 어떤 것을 기준으로 의결정족수를 산정해야 하는 것일까?

질의 배경

○ 민원인이 입주한 아파트의 여러 동 중 한 개 동은 총 78세대 규모로 건축

되어 그 과반수인 44세대가 입주함. 사업주체 측에서는 총 입주예정 세대수
(78세대)의 과반수의 찬성으로 동별 대표자가 선출되지 않는 한 계속 관리
할 의사를 표명하여, 입주자대표회의 구성이 난항을 겪게 됨.

○ 민원인은 「주택법 시행령」 제50조제3항제2호상 선거권자인 "입주자등"
에는 미분양 세대수는 포함되지 않는다고 주장하면서 국토해양부에 질의
하였으나, 국토해양부에서는 미분양 세대를 포함한 총 입주예정 세대수
를 기준으로 산정해야 한다고 해석하였음. 이에 민원인이 이견을 제시하
면서 법제처에 법령해석을 요청한 사안임.

질의 요지

「주택법 시행령」 제50조제3항제2호는 동별 대표자를 선출함에 있어 입후
보자가 1명인 경우 입주자등의 과반수 찬성으로 선출하도록 규정하고 있는바,
"입주자등의 과반수"란 "총 입주예정 세대수(총 건설 세대수)의 과반수"를 말
하는 것인지, 아니면 "실제 입주한 세대수의 과반수"를 말하는 것인지?

주장 가능한 의견

가. 총 입주예정 세대수의 과반수를 의미함

「주택법 시행령」 제50조제3항제2호는 동별 대표자를 선출하는 방법에 대하
여 입후보자가 1명인 경우에는 입주자등의 과반수 찬성으로 선출하도록 규정
하고 있는바, 이는 입주자대표회의를 구성하기 위한 동별 대표자를 선출함에
있어 그 대표성을 보장하기 위한 것이므로, "입주자등의 과반수"란 미분양 세
대를 포함한 총 입주예정 세대수의 과반수를 의미하는 것임.

나. 실제 입주한 세대수의 과반수를 의미함

「주택법 시행령」 제50조제3항제2호는 동별 대표자를 선출할 때, 입후보자가 1명인 경우에는 "입주자등의 과반수 찬성으로 선출"할 것을 명시하고, 같은 조 제2항은 "입주자등"을 "입주자 또는 사용자"로 정의하고 있으므로, "입주자등의 과반수"란 실제 입주한 주택의 소유자 또는 주택을 임차하여 사용하는 자, 즉 실제 입주한 세대수의 과반수를 말함.

최종 해석 내용

가. 결론

「주택법 시행령」 제50조제3항제2호 중 "입주자등의 과반수"란 실제로 입주한 주택의 소유자 또는 주택을 임차하여 사용하는 자 등의 과반수를 말합니다.

나. 이유

「주택법」 제43조제1항 및 제3항에 따르면 공동주택을 건설한 사업주체는 입주예정자의 과반수가 입주할 때까지 그 공동주택을 직접 관리하되, 입주예정자의 과반수가 입주하였을 때에는 입주자에게 그 사실을 알리고 그 공동주택을 관리할 것을 요구하여야 하고, 입주자는 그 요구를 받은 날부터 3개월 이내에 입주자대표회의를 구성하여야 하는데, 같은 조 제7항은 그 입주자대표회의의 구성 등에 관하여 필요한 사항은 대통령령으로 정하도록 규정하고 있습니다.

이에 따라 「주택법 시행령」 제50조제1항은 "법 제43조제7항제2호에 따라 입주자대표회의는 4명 이상으로 구성하되, 동별 세대수에 비례하여 법 제44조 제2항에 따른 공동주택관리규약(이하 "관리규약"이라 함)으로 정한 선거구에 따라 선출된 대표자(이하 "동별 대표자"라 함)로 구성한다"고 규정하고 있고, 같은 조 제3항은 "동별 대표자는 동별 대표자 선출공고일 현재 당해 공동주택단지 안에서 주민등록을 마친 후 계속하여 6개월 이상(최초의 입주자대표회의를 구성하거나 제2항 단서의 규정에 의한 입주자대표회의를 구성하기 위하여 동별 대표자를 선출하는 경우는 제외한다) 거주하고 있는 입주자(입주자가 법인의 경우에는 대표자를 말한다) 중에서 다음 각 호의 구분에 따라 선거구 입주자등의 보통·평등·직접·비밀선거를 통하여 선출한다"고 규정하고 있으므로, 동별 대표자의 선출권은 "입주자등"에게 있다고 할 수 있습니다.

한편, 「주택법」 제2조제12호다목 및 제13호에 따르면, 법 제43조의 "입주자"란 "주택의 소유자 또는 그 소유자를 대리하는 배우자 및 직계존비속"을 말하고, "사용자"란 "주택을 임차하여 사용하는 자 등"을 말한다고 정의하고 있으며, 같은 법 시행령 제50조제2항은 동별 대표자의 선출권을 가지는 "입주자등"을 "입주자 또는 사용자"라고 약칭하고 있습니다.

위 규정을 종합해 보면, 공동주택의 동별 대표자는 입주자대표회의의 구성원이 되는 자이고, 입주자대표회의는 공동주택 입주예정자의 과반수가 입주한 후에 비로소 구성되는 것이므로, 입주자대표회의의 구성원인 동별 대표자를 선출하는 경우에도 실제로 입주한 사람에게 선출권이 있다고 보아야 할 것입니다. 그렇다면 동별 대표자의 선출권을 가지는 "입주자등"이란 실제로 입주한 주택의 소유자 또는 주택을 임차하여 사용하는 자 등을 말하는 것으로 해석하는 것이 입주자대표회의로 하여금 공동주택을 관리하도록 하는 제도의 취지에 부합한다고 할 것입니다.

해설

이 유권해석은 최초로 입주자대표회의를 구성해야 하는 상황에서 발생할 수 있는 사안이다. 만약 특정 동의 입주예정 세대가 과반수에 미치지 못했다는 이유로 그 동의 동별 대표자를 선출할 수 없다고 한다면 그 동 입주자의 의사가 공동주택관리에 반영될 수 없게 되는 문제가 생긴다. 따라서 이런 경우에는 현재 입주한 세대의 과반수로 해당 동의 의사가 대표될 수 있다고 보는 것이 합리적이라고 생각한다.

이 유권해석은 구 주택법령 조항에 관한 해석인데 현행 공동주택관리법령에는 그 조항의 표현이 약간 다르다. 즉 입후보자가 1명인 경우 해당 선거구 전체 입주자등의 과반수 투표에 투표자 과반수의 찬성으로 선출하도록 되어 있다(「공동주택관리법 시행령」 제11조제1항제2호). "전체"라는 어구가 추가되어 있기는 하나 이 바뀐 조항 자체에 대한 유권해석은 아직 없다. 따라서 종전의 유권해석대로 현재도 실제 입주한 세대수를 기준으로 적용해야 할 것으로 본다.

〈주택법〉

제2조(정의) 이 법에서 사용하는 용어의 뜻은 다음과 같다.

　1. ~ 11. (생 략)

　12. "입주자"란 다음 각 목의 구분에 따른 자를 말한다.

　　가. 제13조 · 제38조 · 제86조 · 제89조 및 제98조의 경우: 주택을 공급

　　　받는 자

　　나. 제54조 및 제57조의 경우: 주택의 소유자

　　다. 제42조부터 제45조까지, 제55조 및 제59조의 경우: 주택의 소유자

　　　또는 그 소유자를 대리하는 배우자 및 직계존비속(直系尊卑屬)

　13. "사용자"란 주택을 임차하여 사용하는 자 등을 말한다

　14. ~ 15. (생 략)

제43조(관리주체 등) ① 대통령령으로 정하는 공동주택(「건축법」 제11조에

　따른 건축허가를 받아 주택 외의 시설과 주택을 동일 건축물로 건축하는

　경우와 부대시설 및 복리시설을 포함하되, 복리시설 중 일반인에게 분양

　되는 시설은 제외한다. 이하 같다)을 건설한 사업주체는 입주예정자의 과

　반수가 입주할 때까지 그 공동주택을 직접 관리하여야 하며, 입주예정자

　의 과반수가 입주하였을 때에는 입주자에게 그 사실을 알리고 그 공동주

　택을 제2항에 따라 관리할 것을 요구하여야 한다.

　② (생 략)

　③ 입주자는 제1항에 따른 요구를 받았을 때에는 그 요구를 받은 날부터 3

　개월 이내에 입주자대표회의를 구성하고, 그 공동주택의 관리방법을 결정

　(주택관리업자에게 위탁하여 관리하는 방법을 선택한 경우에는 그 주택

　관리업자의 선정을 포함한다)하여 이를 사업주체에게 통지하고, 관할 시

장·군수·구청장에게 신고하여야 한다.

④ ~ ⑥ (생 략)

⑦ 다음 각 호에 해당하는 사항 등에 필요한 사항은 대통령령으로 정한다.

1. 제1항에 따른 통지·요구의 방법 및 절차

2. 제3항에 따른 입주자대표회의의 구성·운영 및 의결사항

3. 관리주체의 업무

4. 관리방법의 변경

5. 공동주택관리기구(제4항에 따른 자치관리기구를 포함한다)의 구성·기
   능·운영

⑧·⑨ (생 략)

〈주택법 시행령〉

제50조(입주자대표회의의 구성 등) ① 법 제43조제7항제2호에 따라 입주
자대표회의는 4명 이상으로 구성하되, 동별 세대수에 비례하여 법 제44
조제2항에 따른 공동주택관리규약(이하 "관리규약"이라 한다)으로 정한
선거구에 따라 선출된 대표자(이하 "동별 대표자"라 한다)로 구성한다.
이 경우 선거구는 2개동 이상으로 묶거나 통로나 층별로 구획하여 정할
수 있다.

② 하나의 공동주택단지를 수개의 공구로 구분하여 순차적으로 건설하는
경우(임대를 목적으로 하여 건설한 공동주택은 분양전환된 경우를 말한
다)에는 먼저 입주한 공구의 입주자 또는 사용자(이하 "입주자등"이라 한
다)는 제1항의 규정에 따라 입주자대표회의를 구성할 수 있다. 다만, 다음
공구의 입주예정자의 과반수가 입주한 때에는 다시 입주자대표회의를 구
성하여야 한다.

③ 동별 대표자는 동별 대표자 선출공고일 현재 당해 공동주택단지안에서 주민등록을 마친 후 계속하여 6개월 이상(최초의 입주자대표회의를 구성하거나 제2항 단서의 규정에 의한 입주자대표회의를 구성하기 위하여 동별 대표자를 선출하는 경우는 제외한다) 거주하고 있는 입주자(입주자가 법인의 경우에는 대표자를 말한다) 중에서 다음 각 호의 구분에 따라 선거구 입주자등의 보통·평등·직접·비밀선거를 통하여 선출한다.

1. 입후보자가 2명 이상인 경우: 다득표자를 선출

2. 입후보자가 1명인 경우: 입주자등의 과반수 찬성으로 선출

④ ~ ⑧ (생 략)

〈現 공동주택관리법 시행령(대통령령 제32076호)〉

제11조(동별 대표자의 선출) ① 법 제14조제3항에 따라 동별 대표자(같은 조 제1항에 따른 동별 대표자를 말한다. 이하 같다)는 선거구별로 1명씩 선출하되 그 선출방법은 다음 각 호의 구분에 따른다.

1. 후보자가 2명 이상인 경우: 해당 선거구 전체 입주자등의 과반수가 투표하고 후보자 중 최다득표자를 선출

2. 후보자가 1명인 경우: 해당 선거구 전체 입주자등의 과반수가 투표하고 투표자 과반수의 찬성으로 선출

② ~ ⑤ (생 략)

전임자 임기 만료일 후에 동별 대표자가 선출된 경우 해당 동별 대표자 임기의 시작일과 만료일은 어떻게 되는지

(법제처 2014. 4. 8. 회신 14-0065/14-0122 해석례)

예시 상황

甲 아파트단지는 동별 대표자 A의 임기가 2020년 9월 30일 만료됨에 따라 새로운 동별 대표자를 선출하였다. 그런데, 동별 대표자 선출 절차가 지연되면서 2021년 4월 8일에 새로운 동별 대표자 B를 선출하였다. 그런데, 2021년 4월 4일 선거일정을 공고할 때 임기를 전임 동별 대표자 A의 임기가 만료된 다음 날인 2020년 10월 1일부터 2022년 9월 30일까지 2년간으로 명시하였고, 신고서에도 마찬가지로 임기를 명시하여 행정관청에 제출하였다. 하지만 B는 실제 동별 대표자의 지위에 있지도 않았고, 직무를 수행하지도 않았는데 A의 임기 만료일 다음 날부터 임기를 기산하는 것은 부당하고, 실제 선출된 날부터 2년의 임기를 보장받아야 한다고 생각하고 있다. B의 임기 시작은 언제부터일까? 그리고 B의 임기는 언제 만료될까?

질의 배경

동별 대표자 선출절차가 지연되어 전임자의 임기가 만료된 뒤 일정 기간이 경과한 후에 후임 동별 대표자가 선출된 경우 새로 취임한 사람의 임기의 시작일과 만료일이 언제인지에 대해서 민원이 자주 발생하자 관할 구청에서 국토교통부에 질의하였으나 그 답변에 이의가 있어 법제처에 법령해석을 요청한 사안임.

「주택법 시행령」 제50조제8항에 따르면 동별 대표자의 임기는 2년으로 한다고 규정하고 있는바, 전임자 임기 만료일 후에 동별 대표자가 선출된 경우,

　가. 동별 대표자 임기가 해당 대표자가 선출된 날부터 시작한다고 보아야 하는지, 기존 동별 대표자 임기 만료일의 다음 날부터 시작한다고 보아야 하는지, 아니면 관리규약에 규정된 날(취임연도의 특정일로 규정되어 있어, 이에 따르면 해당 대표자가 선출된 이후에도 임기가 시작하는 일자까지 공백이 발생하는 경우를 상정함)부터 시작한다고 보아야 하는지?

　나. 동별 대표자 임기의 만료점을 기존 동별 대표자 임기 만료일의 다음 날부터 2년이 되는 날로 보아야 하는지, 해당 동별 대표자가 선출된 날부터 2년이 되는 날로 보아야 하는지, 아니면 관리규약에 규정된 날부터 2년이 되는 날로 보아야 하는지?

주장 가능한 의견

　가. 질의 가

　1) 해당 대표자가 선출되어 실제로 업무를 개시한 날로 보아야 함

　임기의 기산점은 당선인 확정 이후의 날로 정하여야 하는바, 동별 대표자 당선 전의 일자로 임기를 소급하는 것은 타당하지 않으므로, 해당 대표자가 선출되어 실제로 업무를 개시한 날로 보아야 함.

2) 기존 동별 대표자 임기 만료일의 다음 날로 보아야 함

임기의 기산점을 반드시 실제로 선출되어 임기를 개시한 날로 볼 필요는 없고, 새로운 동별 대표자를 선출해서 임기를 시작하였어야 하는 날인 기존 동별 대표자 임기 만료일의 다음 날로 보아야 함.

3) 관리규약에 규정된 날로 보아야 함

「주택법 시행령」 제50조제8항에 따르면 동별 대표자의 임기는 2년으로 한다고 규정하고 있을 뿐, 그 임기의 기산점이나 만료점은 규정하고 있지 아니하므로, 자치규범인 관리규약에 규정된 날을 기산점으로 보아야 함.

나. 질의 나

1) 기존 동별 대표자 임기 만료일의 다음 날로부터 2년이 되는 날로 보아야 함

임기의 기산점이 뒤로 늦춰졌다고 하더라도, 임기의 만료점은 기존 동별 대표자 임기 만료일의 다음 날로부터 2년이 되는 날(관리규약에 정한 시점)을 기준으로 삼아야 함.

2) 동별 대표자가 선출되어 실제로 업무를 개시한 날로부터 2년이 되는 날로
   보아야 함

「주택법 시행령」 제50조제8항에 규정된 2년의 임기가 보장되어야 하므로, 동별 대표자가 선출되어 실제로 업무를 개시한 날로부터 2년이 되는 날을 임

기의 만료점으로 보아야 함.

3) 관리규약에 규정된 날(임기 기산점)로부터 2년이 되는 날로 보아야 함

「주택법 시행령」제50조제8항에 따르면 동별 대표자의 임기는 2년으로 한다고 규정하고 있을 뿐, 그 임기의 기산점이나 만료점은 규정하고 있지 아니하므로, 자치규범인 관리규약에 규정된 날을 기산점으로 보되, 법령에 규정된 바에 따라 2년의 임기가 보장되어야 함.

최종 해석 내용

(1) 질의 가

가. 결론

전임자 임기 만료일 후에 동별 대표자가 선출된 경우, 동별 대표자 임기는 해당 대표자가 선출된 날부터 시작한다고 보아야 할 것입니다.

나. 이유

살펴건대, 동별 대표자의 선출은 입주자대표회의를 구성하기 위한 것으로서, 입주자대표회의는 「주택법」제43조 및 같은 법 시행령 제51조제1항에 따라 공동주택의 관리와 관련한 사항을 그 구성원 과반수의 찬성으로 의결하여야 하는바, 동별 대표자가 입주자대표회의에서 의결권을 행사하기 위하여는 우선 「주택법」제50조제1항에 따라 동별 대표자로 선출되어 임기가 개시됨으로써

유효하게 임무를 수행할 수 있는 상태가 되어야 할 것입니다.

만약, 동별 대표자 임기가 기존 동별 대표자 임기 만료일의 다음 날부터 시작한다고 보게 될 경우, 공동주택의 관리와 관련한 사항을 의결할 때 실제로 동별 대표자로 선출되지도 아니한 사람에게 입주자대표회의의 의결권을 행사하도록 하는 불합리한 결과가 초래된다고 할 것이므로, 동별 대표자 임기의 기산점은 당선인 확정 이후의 날로 정하여야 하며, 그 선출 전의 일자로 임기를 소급하는 것은 타당하지 않다고 할 것입니다.

또한, 동별 대표자 임기가 관리규약에 규정된 날부터 시작한다는 의견이 있을 수 있으나, 전임자 임기 만료일 후에 동별 대표자가 선출되어 해당 입주자대표회의의 구성에 있어 이미 공백이 발생한 이 사안과 같은 경우, 동별 대표자의 임기가 관리규약에 규정된 날부터 시작한다고 보아 동별 대표자가 선출된 날 이후로도 실제 임기가 시작하는 일자까지 공백이 발생하는 것을 용인한다면 공동주택의 관리에 관련한 사항을 의결하는 입주자대표회의의 원활한 운영을 저해하는 결과를 초래하므로, 타당하지 않다고 할 것입니다.

(2) 질의 나

가. 결론

전임자 임기 만료일 후에 동별 대표자가 선출된 경우, 동별 대표자 임기의 만료점은 기존 동별 대표자 임기 만료일의 다음 날부터 2년이 되는 날로 보아야 할 것입니다.

나. 이유

살펴건대, 동별 대표자의 선출은 입주자대표회의를 구성하기 위한 것으로 동일한 공동주택단지에서 하나의 입주자대표회의를 구성하므로 동일한 입주자대표회의의 구성원인 동별 대표자는 동일한 기준으로 그 임기가 결정되는 것이 타당하다고 할 것인 점, 동별 대표자는 선출공고에 따라 선거를 실시하여 당선된 후 임기 개시일부터 업무를 수행하고 선출시기를 반드시 특정일에 하도록 되어 있는 것은 아닌데도, 만약 그 임기의 만료점을 해당 동별 대표자가 선출된 날이나 관리규약에 규정된 날부터 2년이 되는 날로 보는 경우에는 동별 대표자별로 그 임기의 만료점이 달라지게 되어 입주자대표회의의 원활한 운영에 지장을 초래할 수 있으므로 입주자대표회의라는 회의체에서 동별 대표자와 관련한 법률관계를 획일적으로 처리할 필요가 있다는 점 등에 비추어 볼 때(법제처 2013. 12. 6. 회신 13-0457 해석례 참조), 동별 대표자 임기의 만료점을 그가 선출된 날이나 관리규약에 규정된 날(임기 기산점)부터 2년이 되는 날로 보기는 어렵다고 할 것입니다.

그렇다면, 동별 대표자 임기의 만료점은 동별 대표자의 임기와 관련한 규정의 취지 등을 종합적으로 고려해서 판단하여야 할 것인데, 「주택법 시행령」 제50조제8항에서는 동별 대표자의 임기는 2년으로 하며, 한 번만 중임할 수 있다고 하여 공동주택 관리와 관련한 동별 대표자의 업무수행의 경직과 정체 및 입주자 상호 간의 분열과 반목을 방지하는 등 동별 대표자의 장기 직무수행에 따른 폐해를 방지하고자 하는 점, 보궐선거로 선출되어 전임 동별 대표자의 잔여 임기 중 업무를 수행한 경우에도 같은 규정에 따른 중임 제한 임기에 포함된다고 본 점 등을 종합적으로 고려하여 볼 때(법제처 2013. 8. 14. 회신 13-0314 해석례 참조), 개별 동별 대표자 임기 기간은 실제로 2년이 될 것을 요구하지 아니하며, 그 만료점은 기존 동별 대표자 임기 만료일의 다음 날부터 2년이 되는 날로 보는 것이 보다 입법취지에 부합한다고 할 것입니다.

또한, 「주택법 시행령」 제50조제1항에 따르면 동별 대표자는 동별 세대수에 비례하여 공동주택관리규약으로 정한 선거구에 따라 선출하게 되는데, 각 동별로 공동주택의 세대당 면적이 다를 수 있고, 이 경우 일반적으로 공동주택의 세대당 면적이 클수록 동별 세대수가 적게 됨에도 불구하고, 동별 대표자는 단지의 규모가 아닌 동별 세대수만을 고려하여 선출하는바, 동별 대표자의 선출은 하나의 회의체를 구성하기 위한 대표자를 선출하는 것으로서, 동별 대표자는 해당 동의 의견을 대변하는 지위와 함께, 해당 공동주택 전체에 대한 입주자 대표로서의 지위 또한 보유하고 있다고 할 것이며, 그렇다면 입주자대표회의에서 그 구성원들은 가능하면 동시에 선출되는 것이 바람직하고, 설사 동시에 선출되지 아니하였다고 하더라도 그 임기의 만료점은 동일하다고 보아야 할 것입니다.

한편, 「주택법 시행령」 제50조제8항이 입주자대표회의의 안정적인 운영을 위하여 동별 대표자의 임기를 2년간 보장한 것이라는 의견이 있을 수 있으나, 이 경우 동별 대표자의 임기의 만료일이 각 동별로 달라질 수 있을 뿐 아니라, 동별 대표자 선출 일정이 지연된 경우 등에는 이에 따라 동별 대표자의 임기가 불명확해져 오히려 입주자대표회의의 원활한 운영이 저해될 수 있는 문제가 있어 따르기 어렵다고 할 것입니다.

해설

첫 번째 질의와 관련해서는 대법원의 2007다6307 판결례의 취지를 보아도 그 결론은 타당하다고 할 수 있다. 그 판례에서 대법원은 새로운 동별 대표자의 선출절차가 위법하여 효력이 없다면 그 동별 대표자는 입주자대표회의 구성원으로서의 지위를 취득할 수 없고 종전의 동별 대표자가 여전히 입주자대표회의 구성원으로서의 지위를 가지는 것이고 필요한 범위 내에서 후임자가 선임될 때까지 직무를 수행할 수 있다고 보았다. 이를 본 유권해석 사례에 대입해보면, 동별 대표자 선출 지연에 따라 전임자가 여전히 필요한 업무를 수행할 수 있는 것이므로 그 기간을 추후 선출되는 후임자의 임기에 포함시킬 수는 없을 것이다. 이 유권해석은 구 주택법령 조항에 관한 것인데 현행 공동주택관리법령의 조문구성도 유사하므로 여전히 유효한 해석으로 볼 수 있다.

관련조문

〈주택법〉

제43조(관리주체 등) ① · ② (생 략)

③ 입주자는 제1항에 따른 요구를 받았을 때에는 그 요구를 받은 날부터 3개월 이내에 입주자대표회의를 구성하고, 그 공동주택의 관리방법을 결정(주택관리업자에게 위탁하여 관리하는 방법을 선택한 경우에는 그 주택관리업자의 선정을 포함한다)하여 이를 사업주체에게 통지하고, 관할 시장 · 군수 · 구청장에게 신고하여야 한다.

④ ~ ⑥ (생 략)

⑦ 다음 각 호에 해당하는 사항 등에 필요한 사항은 대통령령으로 정한다.

1. 제1항에 따른 통지 · 요구의 방법 및 절차

2. 제3항에 따른 입주자대표회의의 구성 · 운영 및 의결사항

3. 관리주체의 업무

4. 관리방법의 변경

5. 공동주택관리기구(제4항에 따른 자치관리기구를 포함한다)의 구성 · 기

능 · 운영

⑧ (생 략)

〈주택법 시행령〉

제50조(입주자대표회의의 구성 등) ① 법 제43조제7항제2호에 따라 입주자대표회의는 4명 이상으로 구성하되, 동별 세대수에 비례하여 법 제44조제2항에 따른 공동주택관리규약(이하 "관리규약"이라 한다)으로 정한 선거구에 따라 선출된 대표자(이하 "동별 대표자"라 한다)로 구성한다. 이 경우 선거구는 2개동 이상으로 묶거나 통로나 층별로 구획하여 정할 수 있다.

② ~ ⑦ (생 략)

⑧ 동별 대표자의 임기는 2년으로 하며, 한번만 중임할 수 있다.

⑨ (생 략)

제51조(입주자대표회의의 의결사항 등) ① 입주자대표회의는 법 제43조에 따라 그 구성원 과반수의 찬성으로 다음 각 호의 사항을 의결한다.

1. ~ 9. (생 략)

② ~ ⑤ (생 략)

사항 색인

《사항 색인》

이강섭

연세대학교 경영학과 졸업 (경영학사)
서울대학교 행정대학원 졸업 (행정학석사)
미국 시라큐스 대학교 맥스웰스쿨 졸업 (행정학석사)
미국 시라큐스 대학교 로스쿨 졸업 (Juris Doctor)
미국변호사 (뉴욕주, 뉴저지주)
제31회 행정고시 합격
제34대 법제처장

공동주택 법령에 관한
정부유권해석 해설
- 입주자대표회의 구성·운영을 중심으로 -

초판인쇄 2022년 5월 10일
초판발행 2022년 5월 10일

지은이   이강섭
펴낸이   채종준
펴낸곳   한국학술정보㈜
주소   경기도 파주시 회동길 230(문발동)
전화   031) 908-3181(대표)
팩스   031) 908-3189
홈페이지 http://ebook.kstudy.com
전자우편 출판사업부 publish@kstudy.com
등록   제일산-115호(2000. 6. 19)

ISBN 979-11-6801-430-5 93330